提升教师的教育境界

小学教师教育智慧的生成与培养

卢丽华 著

清华大学出版社

北京

内容简介

本书以新时代我国小学教育改革与发展的现实背景为依据，提出培养创新型、智慧型卓越小学教师的必要性及重要性。以此为研究的逻辑起点，首先，系统梳理国内外学者关于教育智慧及智慧型教师培养的相关理论学说，建构性地提出教师教育智慧的内涵，以及教育智慧在教师教育情怀、教育创新、教师专业发展方面的功能和价值。其次，提出智慧型小学教师的内涵，以及智慧型小学教师所应具备的职业特质，从理论上系统分析并论证了教师教育智慧生成的影响因素。最后，结合新时代我国小学教师教育智慧生成与培养的内在逻辑，提出培养智慧型小学教师的路径和建议，并以案例辅之。

本书是一本以小学教师的教育实践为研究对象的基础教育类学术著作，可作为一线小学教师的专业发展与学习读物，也可作为各类小学教师培养机构的参考资料，还可供师范院校，尤其是小学教育专业学生作为专业理论知识进行阅读和学习。

图书在版编目(CIP)数据

提升教师的教育境界：小学教师教育智慧的生成与培养 / 卢丽华著 . —北京：清华大学出版社，2020.9

ISBN 978-7-302-55650-3

Ⅰ.①提⋯　Ⅱ.①卢⋯　Ⅲ.①小学教师—师资培养—研究　Ⅳ.① G625.1

中国版本图书馆 CIP 数据核字 (2020) 第 101124 号

责任编辑：施　猛
封面设计：常雪影
版式设计：方加青
责任校对：马遥遥
责任印制：沈　露

出版发行：清华大学出版社
　　　　　网　　址：http://www.tup.com.cn，http://www.wqbook.com
　　　　　地　　址：北京清华大学学研大厦 A 座　　　　　邮　　编：100084
　　　　　社 总 机：010-62770175　　　　　　　　　　邮　　购：010-62786544
　　　　　投稿与读者服务：010-62776969，c-service@tup.tsinghua.edu.cn
　　　　　质 量 反 馈：010-62772015，zhiliang@tup.tsinghua.edu.cn
印 装 者：涿州京南印刷厂
经　　销：全国新华书店
开　　本：185mm×260mm　　　印　　张：11　　　字　　数：227 千字
版　　次：2020 年 9 月第 1 版　　印　　次：2020 年 9 月第 1 次印刷
定　　价：68.00 元

产品编号：088350-01

序

  卢老师的书即将付梓，希望我能为之写一篇序言。虽然写序是一件颇为劳神的事情，因为需要深度理解著述者的思想和内在精髓，才能有一定的述说基础，但我非常高兴能有这样的机会，对本书的研究内容先睹为快！更感之于盛情，也窃以为是一种责任和义务，为卢老师的著作奉上拙见。一则是因为书稿蕴含的独到思考视角、丰富且深刻的思想深深打动了我；二则是由于该书的内容，不但有深入的理论探索，更提供了在实践中可以遵循行动的范式和发展路径，让我为之赞赏；三则是出于对卢老师个人孜孜不倦、锲而不舍的教育探索精神的感动。

  首先，该书独具慧眼，紧紧围绕小学教育改革的核心问题，将教师专业发展问题作为全书谋篇的灵魂和主旨，可谓抓住了目前小学教育教学改革的关键点。诚然，教育改革的核心在于课程改革，课程改革的重点是课堂教学改革，课堂教学改革的核心在于教师的专业发展。目前，小学教育教学改革千头万绪，我们应该善于抓纲举目，牢牢把握推动育人模式创新这个方向点，紧紧抓住推进学校课程规划与实施这个关键点，找准落实深化课堂教学改革这个突破点，积极贯彻提升教师专业发展这个切入点，快速用好教育信息化助推课程改革这个支撑点。唯其如此，小学教育教学改革才能进一步走向深入发展，才能进一步走向高水平发展！而这一切环节的切入点和关键点，都要以教师专业素养的全面提升与发展为前提条件和保障条件。该书抓住了这一改革的核心和关键，难能可贵！

  其次，该书在抓准教师素养提升和发展的主题上，选取了教师教育智慧的生成与培养这一视角，由此我们不难看到作者的专业素养与独特的思考视域。毋庸讳言，教育是一项需要智慧的事业，教师更是一种需要智慧的特殊职业。20世纪德国著名哲学家雅斯贝尔斯认为：教育是人的灵魂的教育，而非理智知识和认识的简单堆积。正如该书中所言，智慧之于教师的重要性不只是能够进行创造性的教学，更是教师由优秀走向卓越，实现自我专业发展的有力武器。诚然，在传统的教学理念与育人模式下，我们一直奉行"教师要给学生一碗水，自己首先要有一桶水"的经典教学信条，这一教学信条实际上是把教师的专业成长归之于单纯的知识总量的增加，将教师的专业成长引向一场量化危机，这其实是对教师专业发展内涵的狭隘解读，是一种致力于培养"教书匠"的教师专业发展理念。在这样狭隘化的教师专业发展理念指引下，一线的中小学老师大多将知识学习作为自身专业成长的目标。当然，不可否认，知识和能力都是教师专业发展不可或缺的条件，但是知识和能力不等于教育智慧。今天，我们正处在一个信息化、数字化、网络化的时代，知识正以前所未有的速度在增长和更新，每个人都可以通过网络获取自己所需要的信息或知识。在这个知识内储化时代逐渐趋向衰落，而知识外储化趋向日益增强的情况下，智慧也就真正要从个体掌握知识过程中的"附属"角色，转换为"主要"角色了。这意味着今日的教师无须也不可能成为百科全书式的学者，但必须要拥有教育智慧。教师拥有了教育智慧，就可以深刻地理解宇宙间万事万物，就会觉察事物和情境的教育意义，并在教育实践中采取合理的决断和行动去处理教育问题。该书对于教育智慧的妙论和真知灼见，诚哉斯言，信哉斯言！

再次，该书不唯钩玄提要，着重对教师教育智慧主题的文献评析和理论思辨，更是基于实践取向的视角，在综合研究的基础上，提出了教师教育智慧生成和培养的路径及实践指导，间或以教学案例辅之，尤其增添了论述的灵性和鲜活的一线教学实践气息！全书理论研究与实践阐释杂糅，学术规范与叙事风格并显，浑然一体，毫无违和！

最后，我想说的是，卢老师教育学博士修习晋身，长期以来修身治学，孜孜不倦。后从沈阳大学引进到大连大学，更是不断钻研业务，勤奋工作，为学院小学教育国家级特色专业、教育部卓越小学教师培养计划项目，以及辽宁省一流示范教育专业的建设和发展，做出了非常突出的贡献！现在，又从教师教育智慧的视角，为我院小学教育专业建设提供了一份丰厚的学术素养。对此，我深表衷心的感谢！

百年大计，教育为本；教育大计，教师为本。新时代，新教育，新思考。小学教育的进一步改革和发展，亟需大量优秀卓越的小学教师。衷心希望该书的出版能够进一步激励优秀小学教师的大量涌现与快速成长！是为序。

庞国彬

2020年3月28日

目　录

第一章
绪论

　　教育是一项需要智慧的事业，教师更是一种需要智慧的特殊职业。正如20世纪德国著名教育哲学家雅斯贝尔斯(Karl Jaspers)所言："教育是人的灵魂的教育，而非理智知识和认识的堆积。"[①] 智慧之于教师的重要性不仅是能够帮助教师创造性地教学，更是教师由优秀走向卓越，实现自我专业发展的有力武器。

　　当前，我国学校教育文化正面临从知识文化到智慧文化的转型，引领智慧生成，培养创新型、智慧型人才已经成为新时代我国学校教育的新使命。新时代背景下，我们的学校教育更加需要创新型和智慧型的教师，教师创新的本质是高效率的变革与超越，是用新内容、新方法、新思维以及新思想来培育学生的核心素养，这种在教育过程中的高效率变革与超越能力即是教师的教育智慧。今天的小学教师比以往任何时期都更加需要创新、发现和探索的精神。因为，我们的小学教育正面临前所未有的机遇和挑战。

　　中华人民共和国成立以来，我国小学教育的发展已经实现了历史性的跨越，提高小学教育质量，创办高标准、高质量、有特色的小学教育，最大限度地满足我国公民对优质小学教育的需求已经成为新时期我国小学教育改革与发展的一项新的历史使命。在新的教育发展背景下，小学教师必须善于改变自身传统的"执行者"的角色定位与工作文化，不仅要用智慧点亮学生的智慧学习之路，更要用智慧积极建构自我走向卓越的教师专业发展之路。提升教师的教育境界，探索小学教育场域中教师教育智慧的生成与培养问题重要而且必要。

第一节　研究缘起

一、从知识文化到智慧文化：学校教育文化的变迁

　　学校文化是一种特殊的组织文化，是学校教育精神的体现，是教师与学生生存与发展的精神皈依。学校教育文化是学校组织内成员所认同的教育信念、教育观念以及教育规则

---

① 雅斯贝尔斯. 什么是教育[M]. 邹进，译. 北京：生活·读书·新知三联书店，1991：15.

的聚合体。它决定着人们的教育使命担当、教育价值追求和发展目标，同时也显现在学校的一切教育行为、各种物质载体、全部的符号体系以及校风、教风、学风之中。学校文化是学校发展的一种"软实力"。伴随我国社会文化的整体转型与发展，新时代背景下的学校教育文化也正在发生深刻变化。

(一) 引领智慧生成：新时代学校教育的新使命

21世纪以来，人类社会进入了一个全新的快速发展与快速变革的时代。在社会的快速发展与变革的进程中，人类的生存文化、生活理念及发展诉求都在随之悄然改变。正如未来学家阿尔文·托夫勒(Alvin Toffler)所言："第三次浪潮不仅仅是一个技术和经济学的问题，也涉及道德、文化、观念以及体制和政治结构。总之，它意味着人类事务的一场真正的变革。"① 在这场关涉人类生存文化变迁的变革中，智慧与创新成为时代发展的主旋律和根本动力。传统的知识文化观正在被具有创新与动态生成性特征的智慧文化观所取代，创新性与智慧性劳动成为社会个体参与社会实践的主要形式，培养具有创新能力的智慧公民成为新时代学校教育的新的历史使命。

引领智慧生成，培养创新型、智慧型人才已经成为新时代学校教育的新理念和人才培养的新诉求。这种智慧文化导向的教育思潮将促使人们转变原有的教育观念，不再把教育看成单纯的传授知识的工具。教育的目的在于开启国民智慧，培养智慧型公民。如果说传统教育的内核是知识，那么未来教育的视野应该是智慧。所以，今天我们的教育观必须实现由知识文化观向智慧文化观的转变。② 智慧文化视域下的学校教育要把培养学生的创新性思维品质作为教育的第一要务，要把教会学生思考、学会智慧学习作为教育的根本任务。

知识文化走向智慧文化，知识教育走向智慧教育，使受教育者获得学以成人的智慧、更好地生存及发展的智慧已经成为世界各国基础教育改革的共同的新追求。培养"有智慧的人"对传统教育的知识传递机制提出了改革诉求，同样，对教师的教育者职业角色也提出了新挑战。教师不再是单纯的"传道、授业、解惑"的知识传递者角色，而应是积极的教育新理念的开拓者，学生创造潜能的开发者。理想与现实之间，我们要正视新时代背景下，我们的教师在应对社会文化变迁以及学校教育改革发展诉求过程中表现出来的滞后性，我们需要对新时代的教育发展需求做出积极回应，重视教师教育智慧培养，正确认识培养智慧型、创新型教师的重要性和迫切性。

---

① [美]阿尔文·托夫勒, 海蒂·托夫勒. 创造一个新的文明[M]. 陈峰, 译. 上海：生活·读书·新知三联书店, 1996：5.
② 孙迎光. 教育的知识文化观与智慧文化观[J]. 教育理论与实践, 2000(1).

(二) 用智慧唤醒课堂：智慧文化主导下的教师教育理念革新

由知识教育走向智慧教育，培养"有智慧的人"的最终落脚点是学校课堂教学。课堂教学是教师教育智慧展现的重要媒介，是新教育改革实施的关键环节。新时期，伴随我国基础教育改革的不断深入，中小学课堂教学负载着人才培养模式改革与创新的重要使命，教师也正在尝试摒弃传统说教这一传授知识的方式，积极探索以课程开发者、创造者的身份，处理好教材与教法的关系，去寻求相应的课堂教学师生对话与活动的策略。

如何培养有智慧的学生，这是新时代基础教育阶段学校教育改革与创新发展要面对和思考的重要问题，也是中小学教师提升自身教育境界，进行智慧教学要面对的重要问题。当代中小学生视野开阔，思维活跃，反应灵敏，遇事善于分析，敢于亮出自己的观点。学生的这种积极主动的求索、创造精神，给我们的课堂教学加大了难度。它要求教师不仅要具有知识修养，而且要有灵活地运用知识、机智地处理问题和圆满地组织课堂教学的能力。[①]

此外，教育信息化时代的到来，越发增加了教师课堂教学的挑战度。教师应创造性地运用信息技术来丰富课堂教学形式，润泽课堂教学内容，而不是单纯地依赖信息技术手段作为新时代的教师，要用教育智慧迎接教育环境变迁的挑战。

(三) 用智慧引领教师专业成长：新时代教师自我成长方式的转变

教育是一项需要智慧的事业，教师更是一种需要智慧的特殊职业。智慧之于教师的重要性，不只是能够进行创造性教学，更是需要教师由优秀走向卓越，实现自我专业发展的有力武器。在传统的教学理念与育人模式下，我们一直奉行"教师要给学生一碗水，自己首先要有一桶水"的经典教学信条，这一教育信条实际上是把教师的专业成长归于单纯的知识总量的增加，将教师的专业成长引向一场量化危机。这其实是对教师专业发展内涵的狭隘化，是一种致力于培养"教书匠"的教师专业发展理念。在这样狭隘化的教师专业发展理念指引下，一线的中小学老师大多将知识学习作为自身专业成长的目标。诚然，知识和能力都是教师专业发展不可或缺的条件，但是知识和能力不等于教育智慧。

今天，我们处在一个信息化、数字化、网络化的时代，知识以前所未有的速度在增长和更新，每个人都可以通过网络获取自己所需要的信息或知识。在知识内储化时代逐渐趋向衰落，而知识外储化趋向日益增强的情况下，智慧也就真正要从掌握知识过程中成长的"附属"角色，转换为"主要"角色了。[②] 这意味着今日的教师无须也不可能成为知识的百科全书，但必须拥有教育智慧。教师拥有了教育智慧，就可以深刻地理解事物，觉察

---

① 肖远骑. 教育智慧刍议[J]. 教育研究, 2015(4) .
② 杨启亮. 体验智慧：教师专业化成长的一种境界[J]. 江西教育科研, 2003(10) .

事物和情境的教育意义，并在教育实践中采取合理的决断和行动处理教育问题。^①

　　新时代的教师专业成长应是基于教师教育智慧提升的内涵式成长，教育智慧是教师建立专业理想、树立教育情怀、拓展专业知识的智力基础。对于一线的小学教师而言，只有顺应新时代社会发展及教育发展的新趋势和新诉求，积极建构走向教育智慧生成的教师专业成长模式，才能通过自身的专业发展，启迪学生的智慧生成，在自身专业发展过程中体验教师职业幸福，过一种"智慧型"的教师生活。

二、重新认识小学教师职业

　　义务教育在培养与促进人的发展过程中起着重要的基础性作用。小学教育作为我国义务教育的起始阶段，在整个国民教育体系中更是发挥着关键性与奠基性作用。我国政府高度重视小学教育阶段的改革与发展，不断出台相关政策保障小学教育的高质量发展，从而满足我国公众对高层次小学教育的需求。

　　从世界各国人民对教育需求变化的规律来看，一般都要经历"享受教育—享受优质教育—享受优质的个性化教育以及享受阶段性学校教育—享受终身教育"的发展阶段。^② 当前，我国公民对小学教育的需求也正在由享受一般的小学教育向享受优质的、个性化教育转变。

　　百年大计，教育为本；教育大计，教师为本。习近平总书记指出："一个人遇到好老师是人生的幸运，一个学校拥有好老师是学校的光荣，一个民族源源不断涌现出一批又一批好老师则是民族的希望。"这生动说明了教师队伍在教育事业乃至整个国家和民族发展中的关键地位和战略意义。创办高标准、高质量、有特色的小学教育同样需要一支高层次、高水平的小学教师队伍。新时代背景下，小学教师培养开始进入提升培养层次的新阶段，传统师范教育的供给侧结构性改革已势在必行。改革传统的小学教师培养模式，提升小学教师培养的规格和层次，需要我们对新时代背景下的小学教师职业进行重新认识，正视新时代背景下小学教师职业内涵以及职业诉求的新变化。唯有这样，我们才能培养与时代需求合拍的卓越小学教师，才能建立一支高层次、高水平的卓越小学教师队伍。

　　(一) 新时代的小学教师应是富有创新、发现和探索精神的教育专家

　　自小学教师职业诞生以来，就是一个有着特殊职业内涵和社会意义的职业。小学教师面对的是6～12岁的儿童，承担的是对这一年龄段儿童实施启蒙教育与心智培养的责任。小学教育的启蒙性、基础性和未来性特点都决定了小学教师职业角色与职业内涵的特殊

① 胡朝阳. 论走向教育智慧的教师教育[J]. 湖南师范大学教育科学学报，2017(6).
② 傅维利. 科学发展观视域下的人民满意的教育[J]. 中国教育学刊，2008(1).

性。一名合格的小学教师不仅要具有多元化的知识结构，丰富的文化底蕴，敢于担当的精神，富于创新和发现的能力，更要有热爱儿童、无私奉献的职业情意与职业信念。[①]同时，小学教师工作也是一项具有不断变革与创新性需求的职业，每一个儿童都是一个具有特殊属性的成长中的个体，教师在帮助儿童获得心智成长的过程中，要同时具有"匠人"与"专家"的卓越品质。"匠人"意味着"高超的技艺"，是"最高级的技术工作者"，更为关键的是具有精细、严谨、追求卓越的创造精神以及用户至上的服务精神；[②]"专家"则需要以"创造""反思""判断""思考力"为支撑的高度专业化的实践智慧。只有具备上述职业素质，小学教师才能真正去发现儿童的潜能、引导儿童成长，并根据不同儿童的特点创造性地施加教育影响。

在新时代背景下，小学教育领域正面临前所未有的机遇和挑战。新基础教育改革的实施为小学教师的教育创新提供了无限可能，随着信息技术在教育领域的广泛应用，智慧教学对小学教师的教学改革与创新能力提出了更高层次的要求和期待。新时代，更加需要创新型小学教师，小学教师创新的本质是高效率的变革与超越，是用新的内容、新的方法、新的思维以及新的思想来培育学生的核心素养。

新时代背景下的小学教师，比以往任何时期都需要创新、发现和探索的精神。小学教师必须善于改变自身"执行者"的角色定位与工作文化，不能一味地把个人教育实践的改变寄托在他人提供的具体的、操作性指导任务上。[③]如果教师只习惯于完成"规定性的任务"，缺乏有主见的创新性思维和独立教育思考，其结果可能就是只能成为"教书匠"，机械地履行传递知识的职责，永远处于被动、从属地位，成长为"专家型"教师的教育理想将永远不可能实现。

(二) 新时代的小学教师应是最具教育情怀和教育理想的教育开拓者

伴随着教师职业准入制度的改革，小学教师职业的挑战性与竞争性不断增强，小学教师只有坚守初心，把教育当成自己的终身信仰，才能始终恪守内心深处崇高的职业信念，对这份职业抱以满腔的热情；只有让教育信仰成为自己的心灵图腾，才能在这样一个纷繁复杂、物欲横流的时代，依然保持那份定力，坚守"衣带渐宽终不悔"的信念。这就是教育者应有的教育情怀和教育初心。在新时代背景下，小学教师只有具备这样的教育情怀和初心，才能淡定、从容地面对外界的喧嚣，恪守教育者的教育良知。

此外，对教育真谛的敬畏与求索同样是新时代小学教师应有的一种教育情怀。我国著名特级教师于漪曾说："我有两把'尺'，一把是量别人长处，一把是量自己不足，只

① 卢丽华. 小学教育专业人才培养应关注的几个问题[J]. 教育探索，2014(11): 55-57.
② [日]佐藤学. 教师花传书：专家型教师的成长[M]. 陈静静，译. 上海：华东师范大学出版社，2016.
③ 叶澜. 思维在断裂处穿行——教育理论与教育实践关系的再寻找[J]. 中国教育学刊，2001(8): 1-6.

有看到自己的不足或缺点，自身才有驱动力。"教师的教学生涯应该是一个不断求索的过程，教师要不断地探索适合学生的教育路径。作为教师，每天都应该用心去解读学生的每一张笑脸或苦脸；用心去剖析学生每一次的洋洋得意或垂头丧气；用心去分享学生每一次的喜悦或分担每一次的失败。作为教师，应上下求索，去寻找和发现每个学生的个性特长，挖掘每个学生的生命潜能，谋求每个学生的个性发展、按需发展。在新时代背景下，小学教育领域的教育对象和教育环境都在发生着深刻变化，小学教师只有秉持对教育真谛的笃信和不断求索，才能做到择其善者而从之，才能调动和保护孩子的好奇心和探索欲。

在新时期，基础教育改革已经成为一种常态，小学教师只有顺应教育改革的趋向，积极地参与改革、适应改革、引领改革，做新时代小学教育的开拓者和改革的践行者，始终朝向理想教育的地平线，永不停息变革和创新的脚步，才能成长为专业化的教师。

小学教育对象的特殊性决定了要成为一名优秀的小学教师，还要以教师的爱、希望和责任的意向性为前提条件。这就要求小学教师不仅具有专业化的教师教育技能，更需要一种教育自觉意识，这种教育自觉意识既包括对自身教学实践的反思，也包括对小学教育真谛、价值和意义的领悟，坚定的职业信念和职业归属感是卓越小学教师不可或缺的"卓越品质"。

在新时代背景下，小学教师对教育情怀与教育理想的秉持，一方面需要内在的自觉与自律，另一方面也需要社会环境及国家政策的支持。提升小学教师的社会地位，鼓励更多优秀的人才加入小学教师队伍是深化教师队伍建设的关键。小学教师是塑造未来生命和灵魂的关键角色，增强小学教师职业吸引力势在必行。为此，2018年1月，《中共中央 国务院关于全面深化新时代教师队伍建设改革的意见》对我国基础教育教师队伍建设提出了明确的目标和任务，即经过五年左右的努力，使教师职业的吸引力显著增强，让教师成为人人羡慕的职业。完善教师待遇保障机制，强化地方政府责任，健全教师收入分配激励机制和职称评审制度，有效体现教师工作量和工作绩效，以此减少人才流失，鼓励教师长期从教、终身从教。

(三) 新时代的小学教师应是具有强大学习力与适应力的智慧型教师

中华人民共和国成立以来，我国基础教育的发展取得了举世瞩目的成就，伴随着基础教育改革的不断深入，新时期中小学课堂教学整体面貌已经发生了巨大变化，在一轮又一轮教育改革的推动下，各种新的教育理论、教育思想、教育观点纷至沓来，各种新的教育教学模式、方法、技术、手段不断涌进课堂。① 随着信息化时代的到来，小学教育领域又迎来了一场翻天覆地的变革，智慧教学、翻转课堂已经给传统的课堂教学模式带来了巨大冲击。小学教师在这些应接不暇、此起彼伏的教育新理念、新技术、新模式面前，只有表

① 刁培萼，吴也显. 智慧型教师素质探新[M]. 北京：教育科学出版社，2005.

现出强大的学习适应性，并保持跟进与改革创新的勇气，才能在不断变化的教育世界中，自主、理性、机智地选择自己的行动方式，获得必要的教育成就感与生存感。

新时代背景下的小学教师不仅要"育人"，更要"育己"。"教师育己"就是"教师在职业实践中对完美职业角色形象的探究和实践、思考和行动"。[①] "教师育己"亦是新时代背景下小学教师获得可持续专业发展动力和能量的必要途径，是小学教师专业发展的一项重要内容。"育己"既包括对专业知识、专业技能的再学习、再提升，也包括对自身育人理念、教育情怀的提升。"育己"的过程是小学教师修炼自身专业素养的过程，集学习、反思、改革、创新、超越于一体，这一过程对小学教师提高教育质量和自身的生命质量都具有决定性意义。教师自身专业素质是制约教师角色实现的关键因素。只有教师的主动发展，才会有学生的主动发展；只有教师的教育创造，才会有学生的创新精神。教师只有不断更新教育理念，具有与时代精神相一致的教育观、学生观，才能够因材施教，尊重学生的差异性、个别性。[②]

无论是学习力还是适应力的提升，都需要新时代的小学教师拥有自主、理性、机智地选择自己的行动方式的职业品质，拥有洞悉复杂教育局势、应对复杂教育挑战、获得可持续发展的能力，这些职业品质即是新时代的小学教师所应具备的核心素养和教育智慧。

综上，伴随着新基础教育改革的推进以及小学教育实践领域教育改革的不断深化，小学教师群体的职业挑战度不断增加，需要我们高度重视和深刻认识教师教育智慧的意义和价值，切实提高小学教师的教育智慧水平，努力探索智慧型小学教师成长的机制和途径，进而让智慧回归教育，让智慧唤醒课堂，让智慧引领小学教师专业成长。这是时代的呼唤，是小学教师专业成长的需要，是课堂教学焕发生机与活力的契机，也是新时代背景下小学教育教学改革的重大使命。

三、我国小学教育发展需要卓越的创新型、智慧型教师

(一) 我国小学教育进入新的发展阶段

1. 发展现状

中华人民共和国成立以来，我们砥砺前行，不断探索并建立了中国特色的小学教育教育体系，促进了小学教育的飞跃发展，为我国基础教育的改革与发展打下了坚实的基础。截止到2018年，全国共有普通小学16.18万所，比上年减少0.52万所，下降3.11%。另有小学教学点10.14万个，比上年减少0.16万个。招生1867.30万人，比上年增加100.74

① 叶澜. 教师角色与教师发展新探[M]. 北京：教育科学出版社，2017.
② 吴玉冬. 小学教师角色冲突的调适[J]. 教学与管理，2019(3)：6-8.

万人，增长5.70%；在校生10 339.25万人，比上年增加245.56万人，增长2.43%；毕业生1616.49万人，比上年增加50.59万人，增长3.23%。小学学龄儿童净入学率达到99.95%。

由上述统计数据，我们不难看到，新时期我国小学教育发展呈现一些新的特点和趋势：小学教育阶段的适龄人口在逐年减少，学校不断合并，专任教师需求量总体上呈现减少趋势，基础教育师资的总体需求已降低至30万人以下。伴随小学教育适龄人口的减少以及小学教育规模的缩减，我国小学教育发展已经开始进入一个全新的时代——追求高标准、高质量的小学教育时代。相应地，我国的小学教师培养也开始进入提升培养层次的新阶段，传统师范教育的供给侧结构性改革已势在必行。

2. 主要矛盾

自中华人民共和国成立以来，我国小学教育不断经历改革与创新发展的变化，办学质量在逐年提高。尤其是近些年来，伴随着我国义务教育发展水平的总体提升，我国一些城市和地区的小学教育已经开始跨入具有国际办学标准的先进行列。但是，我们必须清晰地认识到，在新时代背景下，我国小学教育的发展依然面临诸多严峻挑战，尤其是伴随着教育全球化进程的加快以及公民教育消费需求层次的不断提高，我国的小学教育发展正面临诸多新问题、新挑战与新矛盾，主要包括以下几个方面。

(1) 我国公众对小学教育的优质性、高端性以及多样性、选择性需求与现有的小学教育供给能力之间的矛盾正在日益突显。当前，我国小学教育的发展已经实现了历史性的跨越，提高小学教育质量，创办高标准、高质量的小学教育，最大限度地满足我国公众对优质小学教育的需求，已经成为新时期我国小学教育改革与发展的一项新的历史使命。但是，从当前我国小学教育的发展状况来看，我国小学教育阶段的优质教育资源供给能力还相对较弱，一些学校虽然在资源环境方面已经达到了较高的水平，但是学校的整体育人水平并不尽如人意，究其原因，我们的小学教育迫切需要一支高层次、高水平、智慧型、创新型的教师队伍。

(2) 小学教育实践领域对高层次、高水平小学教师的需求与现有的规模偏大、质量和层次偏低的师范教育供给之间的矛盾越来越突显。当前，我国师范生的供给远大于需求，数据显示，截至2018年，我国举办教育硕士专业的院校有144所，在校生人数达6.94万人，加之本科层次的师范院校毕业生，我国每年毕业的师范生有60多万人，而基础教育师资的总体需求已降低至30万人以下。这就使师范教育从规模扩张转型到控制规模、提升培养层次的新阶段。全面提高小学教育质量，扩大小学教育阶段优质教育资源供给，需要构建一支高层次、高水平的小学教师队伍，因此，高层次小学教师培养尤为重要，这为新时期的小学教师培养的规格与层次提出了新需求。

(3) 小学教育传统经典教学体系与小学教育改革与创新发展需求之间的矛盾突显。以教师为中心，强调教学过程的程序化、规范化和权威化，分数是检验教学效果的唯一标准，小学生越减越重的课业负担……这些现象依然普遍存在于我国小学教育实践领域，这也构成新时期我国小学教育改革与创新发展的障碍与阻力。我们不难发现，也经常费解并质疑：当下的小学课堂似乎并不缺少新的理论、方法和技术，也不缺乏改革与创新的热情和由此带来的繁荣局面。但是，长久以来，教育改革者们所期待的课堂教学应有的生机和活力为何迟迟不能激发出来？学生的创新能力与灵性为何依然得不到释放？我们认为，中国教育改革的最大阻力来自教师，小学教师固有的教育"惰性"和教学惯性严重阻碍了教师教育智慧的生成，也严重阻碍了学生的学习与探究智慧的生成。因此，小学教育改革与创新的关键在于培养具有创新意识的智慧型教师。

站在新时代的新起点上，回顾70多年来小学教育的发展历程和经验，正视新时代的机遇和挑战，对推动我国小学教育领域的深度变革和创新发展具有重要意义，尤其是对新时代背景下的我国卓越小学教师的培养具有重要的理论与实践意义。

(二) 培养高端的、创新型、智慧型教师是新时代小学教师培养的主旋律

培养高层次、高水平的智慧型小学教师已经跃升为新时期我国小学教师培养领域的一项核心议题。长期以来，在我们热衷于将各种理论模式引入、移植到小学课堂，并要求小学教师接受、认知、照搬和实施这些新的"东西"时，忽视了教师基于自身体验、感悟、反思、实践而形成的教育智慧的作用，甚至压抑了这种作用的发挥。由于这些"东西"没有内化为教师自身的智慧，并没有真正形成对教育现实的内在改变。因此，如果基于以上判断进一步追问：当下的课堂究竟缺少什么？或当前教师的素质中亟待加强什么？答案应该是一致的：教育智慧。[①]

在基础教育改革历程中，我们一度关注改革的目标和方向，关注新的教育理念、新的教学模式以及新的教学方法，却忽视了改革的执行者和实践者——一线中小学教师相应的核心素养的培育，导致很多新思想、新理念非但没有成为推动基础教育改革与发展的有利因素，相反成为一线中小学教师竞相抵制和批判的对象，更有甚者成为中小学教师的职业负担及专业发展进程中的羁绊。

改革与创新已成为新时代各级各类教育发展的主旋律，然而教育改革与创新的关键在教师，没有创新型、智慧型的卓越小学教师，小学教育领域的教育实践创新与发展就不可能落地生根。综上，新时代、新教育呼唤教育智慧及智慧型教师。

四、教育智慧是信息化时代教师最不可替代的能力，是优秀教师的基因

自20世纪90年代末开始，随着网络技术的迅速普及，整个中国社会的发展与信息技术

[①] 邓友超. 教师实践智慧及其养成[M]. 北京：教育科学出版社，2007.

的关系越来越密切，人们越来越关注信息技术对社会发展的影响，"社会信息化"的提法开始出现，联系到教育改革和发展，"教育信息化"的提法也开始出现了。政府的各种文件已经正式使用"教育信息化"这一概念，并高度重视教育信息化的工作。教育信息化是指在教育领域，全面深入地运用现代信息技术来促进教育改革与发展的过程。它的技术特点是数字化、网络化、智能化和多媒体化，基本特征是开放、共享、交互、协作，旨在以教育信息化促进教育现代化，用信息技术改变传统教育模式。教育信息化的发展，带来了教育形式和学习方式的重大变革，促进教育改革，对传统的教育思想、教育观念、教育模式、教育内容和方法产生了巨大冲击。教育信息化是国家信息化的重要组成部分，对于转变教育思想和观念，深化教育改革，提高教育质量和效益，培养创新型人才都具有深远意义，是实现教育跨越式发展的必然选择。

近几年来，关于信息化时代的教育以及对教育信息化的关注持续升温，教育改革、教育研究若缺少了信息化的背景和技术支持似乎就没有了新时代的意味和灵魂，甚至有学者大胆提出伴随着信息技术的迅猛发展，未来教师的存在价值问题。随着信息技术在教育领域的深度应用，科技对人力的替代效应不断显现。在小学教育领域，依靠信息技术的教学模式不断增加，翻转课堂、智慧教学以及多媒体技术在教学过程中的广泛运用，使得小学教师的教学自由越来越隐匿在教育技术的程序里，教师的教育过程越来越趋于同质化，一线小学教师对于多媒体教学技术的依赖程度已经越来越高，传统依赖教师教学经验的教学时代已经成为过去时。教师信息素养正在成为新时代衡量教师专业化水平的重要砝码之一。

在这样的时代背景下，我们不得不开始反思，教师凌驾于信息化教学技术和手段的核心素养是什么？教师在信息化教育世界里最应该坚守的职业品质和职业能力是什么？我们的教师教育，无论是职前还是职后，在信息化教育时代应该做出怎样的改革以适应新时代的教师培养需求？面对上述问题，我们还要进一步追问：在信息化主导的课堂教学中，我们最不能丢失或遗弃哪些传统的教学优势？在信息化课堂教学过程中，教师最不可替代的能力是什么？

答案应该是一致的，即无论时代怎样变迁，无论教育技术怎样发展，科技对人力的替代作用终究是有限的，课堂教学过程中教师与学生的情感交流，师爱的传递及对学生的潜在影响，这些都是现代化的教育手段所不能替代和超越的传统教学优势。此外，教师在教学实践中对教学的深层次的理性认识，对教育情景的创造性驾驭，以及尊重生命、关注个性的教育情怀和教育智慧，尤其是教师在探究教育教学规律的基础上，通过长期实践、反思、感悟而形成的教育智慧是信息化时代教师最不可替代的能力，是优秀教师的基因。

综上，信息技术在教育领域的充分应用是教育范式的一种转型，是新时代教育创新发展的需要，信息技术与小学教育课堂教学的深度融合，是时代发展所需，但是需要克服从传统教育到智慧教育的种种障碍，信息化教学走向包含智慧之爱的真正教育境界更加需要教师的教育智慧，新时代、新教育呼唤教育智慧和智慧型教师。

第二节 研究目的与价值

一、研究目的

关于教师教育智慧的研究不是一个新课题，我国一些学者早在十多年前便提出了培养智慧型教师的观点和想法，并付诸研究，形成了一定的研究成果。其中，具有代表性的有田慧生先生主编的《教育智慧与智慧型教师》研究丛书，对智慧型教师的素质及培养进行了深入研究。然而，关于教师教育智慧及智慧型教师培养的研究成果并未在基础教育实践领域产生较大反响，并未唤起一线中小学教师对教育智慧重要性的认识。时至今日，伴随着教育信息化时代的到来以及我国基础教育改革的不断深入，关于新时代中小学教师核心素养的讨论跃升为教师教育研究领域的新热点，教师教育智慧培养问题也再次引起教育学者的广泛关注。不同的是，人们开始关注并反思在教育信息化时代，现代化的教育手段所不能替代和超越的传统教学优势，人们开始认识到教育智慧是信息化时代教师最不可替代的能力，是优秀教师的基因。培养智慧型、创新型教师已经不再是单纯的理论性研究诉求，而是来自实践教育一线的强烈呼唤，本研究正是基于上述时代背景和教育诉求而展开的，具体研究目的如下所述。

(1) 对教育智慧及教师教育智慧的内涵、价值及特质进行全面、系统的分析与阐释，从理论上解读并明晰关于教师教育智慧的关键性问题。为一线小学教师如何做智慧型教师，理智应对教育问题提供有意义的指导策略。

(2) 澄清以往人们对于教育智慧的一些认识误区。通过相关的理论与实践研究，向人们宣示教育智慧是一种可以在实践过程中训练和培养的能力，教师教育智慧是一种来源于实践教育经验并可在持续有效学习过程中获得并提升的能力，教育智慧并非与生俱来的，也是需要后天习得并通过有效学习持续提升的。据此，充分调动一线小学教师的学习动力，为一线小学教师的专业发展赋能。

(3) 为职前小学教师培养以及小学教师的在职培训指明方向和目标。如果把职前小学教师培养看成一项"教育营养工程"，通过给予学生必要的教师学养与技养，为学生日后由优秀走向卓越打下坚实的"教育营养"基础，那么，本研究的目的则是为职前小学教师培养这项"教育营养工程"提供一份特殊的"菜单"，即明确教育智慧在职前小学教师培养中的重要意义，将教育智慧的核心要素列入职前小学教师培养的重要内容。同时，小学教师的在职培训环节也要跳出传统教育培训的樊篱，增加教师教育智慧训练与培养的教育环节。

二、研究价值

(一) 理论价值

教师强则教育强。小学教师肩负着为未来社会培养合格公民的重要责任，在提升基础教育质量及培养未来社会人才方面扮演着关键性角色。小学教师的素质和能力直接影响小学教育的质量，因此，小学教师的素质和能力构建问题在世界各国教育研究领域一直是一个热点话题。关于小学教师核心素养的构成与探究有共识、有争议，更有困惑，尚有一些理论与实践问题需要进一步深入探究与明晰。基于此，关于小学教育场域中教师教育智慧生成与培养的研究与探索便具有重要的理论与现实意义。

当前，关于教师教育智慧及智慧型教师培养问题的研究，无论是研究视角的选择还是研究内容的呈现都存在一些需要进一步探究的问题。以往的研究采用的是至上而下、由理论到实践的研究范式，遵循的是理论反哺实践的研究逻辑。本研究尝试基于一线卓越小学教师的教育实践感悟，以及教师教育智慧浸润教育实践的案例分析来总结归纳智慧型小学教师所具有的一般特质，反思教师教育智慧的构成要素、生成规律和特点，基于上述实践反思与总结探索小学教师教育智慧生成的逻辑思路，在理想与现实之间探寻最能培养小学教师教育智慧，实现智慧与创新教学的有效路径，为小学教育与育人模式的改革提供有效的理论支持。本研究是致力于探索教师教育智慧的一项专门理论研究，有着较为重要的理论意义。

首先，本研究首次对国内外已有的关于"教育智慧"及"智慧型教师"的内涵进行了系统梳理，并在此基础上从词源与词义分析的角度对"教育智慧"及"智慧型教师"的内涵做出了清晰的厘定，澄清了以往人们对教师"教育智慧"的认识与理解方面存在的问题，为人们开展教师教育智慧问题的相关理论研究提供了一定的研究基础。

其次，在阐释教育智慧及智慧型教师的相关理论的基础上，本研究建构性地提出新时代智慧型教师所应具备的基本特质，并以此为研究基础，分析并阐述影响小学教师教育智慧生成的关键因素，考查教师教育智慧在小学实践教学场域中的呈现与效果展现。上述研究是对已有相关研究成果的一次补充和拓展。

最后，在对国内外已有的相关资料进行梳理与重新架构的基础之上，较为系统和全面地向人们呈现了教育智慧及教师教育智慧研究的观点及研究脉络，为人们更加清晰地了解与研究教师教育智慧提供了新的研究资料与研究起点。

综上所述，关于小学教育场域中教师教育智慧的生成与培养问题的研究有着较为重要的理论与现实意义。就理论研究的学术价值而言，本研究有助于弥补教育研究领域关于教师教育智慧的认识与研究不足，是对已有研究成果的一次丰富和拓展，并将为教育智慧以及智慧型教师培养的相关后续研究提供一定的研究基础。

(二) 实践价值

本研究专门针对小学教师专业素养的理论与实践。研究的重点是分析并探究新时代背景下小学教师教育智慧的生成与培养问题。本研究以小学教师的智慧教学为研究对象，从一般性的教育事实以及教育实践过程中总结、概括具有普适意义与判断价值的经验性结论，即遵循从实践到认识的辩证唯物主义的认识与研究规律，探究教师教育智慧的相关理论与实践问题。本研究关于教师教育智慧素养的相关结论对于指导小学教师的专业发展与教学创新有着较为重要的理论与实践指导价值。

本研究建构性地提出教育智慧是一种可以在实践过程中训练和培养的能力，是小学教师提升自身专业发展水平，由优秀走向卓越的关键性素养。本研究可以对一线小学教师的专业发展形成正向的激励作用，增强一线小学教师的教育自信和专业发展的动力，形成正确的教师发展观和发展目标。

此外，关于小学教师教育智慧构成要素、形成规律及在教育实践领域的映射等研究成果能够为一线小学教师的专业学习提供有力的价值导引，并且能够为一线小学教师创新教学思维，增强教学悟性，更好地在教育实践场域中进行教学心智修炼提供必要的理论支持。

综上所述，伴随着我国新一轮基础教育改革的不断推进和课堂教学改革的不断深化，中小学教育教学改革正在进入攻坚阶段。改革进入攻坚阶段后所呈现的前所未有的艰巨性、复杂性，以及教学活动自身的特异性、多变性和不确定性都对教师洞悉复杂局势、把握复杂局面、应对复杂挑战的智慧品质和智慧水平提出了更高的要求。因此，高度重视和深刻认识教育智慧的意义和价值，切实提高教师教育智慧水平，努力探索智慧型教师成长的机制和途径，进而让智慧回归教育，让智慧唤醒课堂，让智慧引领教师专业成长，是时代的呼唤，是教师专业成长的需要，是课堂教学焕发生机和活力的契机，也是新时期教育教学改革的重大使命。①

---

① 刁培萼，吴也显. 智慧型教师素质探新[M]. 北京：教育科学出版社，2005.

第二章
教育智慧作为专业化教师的
职业属性与内在需求

在新一轮的基础教育改革过程中，关于"教育智慧"以及"智慧型教师"的提法越来越频繁，培养"智慧型教师"的呼声也越来越高。教育智慧是什么？教育智慧之于教师的特殊意义是什么？为何人们开始普遍关注教育智慧之于专业化教师培养的重要意义？对于上述问题的回答，需要我们对"智慧""教育智慧"及"智慧型教师"的内涵、特征与价值进行清晰的厘定，并将其置于新时代的宏观教育背景下去解读、阐释，我们才能够对智慧型教师的培养问题形成深刻的理性认识，才能充分理解教育智慧作为专业化教师的职业属性与内在需求的深刻内涵。

第一节　关于教育智慧的相关理论阐释

一、何谓教育智慧

(一) 智慧、教育智慧与教学机智

1. 智慧

"智慧" (Wisdom)是人文社会科学领域乃至日常生活中的常见话语，人们一般把它当作一个似乎非常明确的术语来使用，很少对其内涵进行详细分析。然而，智慧作为社会个体在认知世界与改造世界的过程中所表现出来的一种高级的、复杂的思考、辨析与决策能力，其超越普通、简单和低级的终极价值，一直是一种令人向往和追求的能力境界。因此，古今中外，关于智慧的研究与探索源远流长，人们渴望探索智慧生成的规律，渴望能够将其作为一种可资培养的能力让更多的人拥有。

我国古代关于"智慧"的探讨始于《墨子·尚贤中》："若此之使治国家，则此使不智慧者治国家也，国家之乱，既可得而知已。"颜之推的《颜氏家训·归心》有云："万行归空,千门入善,辩才智惠,岂徒《七经》、百氏之博哉?"古人将智慧描述为高级、复杂、令人追求的特定知识类型,是人类对生命意义及其现实相互关系的真正理解。[①]

西方哲学强调认知和社会关系对智慧的重要性,侧重智慧之于生命和生活的意义。美国学者斯顿伯格(Sternberg)和鲍威尔(Powell)认为:"智慧是从经验中学习的能量和适应环境的能量。"[②]洛克曾提到"智慧",它使得一个人能干并有远见,能很好地处理他的事务,并对事务专心致志。这是一种善良的天性,心灵的努力和经验结合的产物。[③]

《辞海》中,将智慧解释为:"对事物能认识、辨析、判断和发明创造的能力。"[④]《牛津英语词典》中的解释是:"对于有关人生和行为的问题能够做出正确判断的能力;在目标与手段的选择中表现出判断的公正合理。"

我国学者田慧生认为,在社会生活中,智慧是个体生命活力的象征,是个体在一定的社会文化心理背景下,在知识、经验习得的基础上,在知性、理性、情感、实践等多个层面上生发,在教育过程和人生历练中形成的应对社会、自然和人生的一种综合能力系统。它不只是一般意义上的聪明,甚至也不只是心理学概念中的智商,它是每个个体安身立命、直面生活的一种品质、状态和境界。[⑤]

尽管古今中外、不同学科视域下的不同研究者对智慧的认知与解读千差万别,但对智慧的内涵也有一些共同的理解与认知,主要体现在以下几方面。

(1) 智慧是一种涵盖个体多方面素质的高级的综合能力。智慧是由智力系统、知识系统、方法与技能系统、非智力系统、观念与思想系统、审美与评价系统等多个子系统构成的复杂体系孕育出的能力。它包括遗传智慧与获得智慧、生理机能与心理机能、直观与思维、意向与认识、情感与理性、道德与美感、智力与非智力、显意识与潜意识、已具有的智慧与智慧潜能等众多要素。因此,智慧并非单一的、简单的个体的聪明才智,它是一种丰富的、复杂的,具有多元结构的综合能力和素养,是社会个体在分析处理实践问题的过程中所表现出来的一种独特境界和超凡能力。

基于此,智慧不等于智商,智商高的人不一定是有智慧的人,智慧是智商的更高层次的境界,"智"是大脑的分析能力,"慧"是人的道德品质。一个聪明伶俐且道德高尚的人,才是有智慧的人。

(2) 智慧是建立在个体已有的知识、经验、经历基础上的一种可以不断增加和提升的素养和能力。智慧是一种需要在实践中感悟、反思、修炼与提升的能力,生活经验、实践阅历以及生命旅程都是智慧生成与不断增长的必要土壤,智慧的生成与增长与个体的实践

① 张卫东. 智慧的多元—平衡—整合论[J]. 华东师范大学学报(教育科学版),2002(4).
② 瞿葆奎. 教育学文集·教育与人的发展[M]. 北京:人民教育出版社,1989:426.
③ 洛克. 教育漫话[M]. 北京:教育科学出版社,1999:117.
④ 辞海. 1999,1691.
⑤ 田慧生. 时代呼唤教育智慧及智慧型教师[J]. 教育研究,2005(2).

经验、生活阅历是成正相关的。离开了上述条件和环境，智商和聪明才智也会囿于实践经验的匮乏、眼界与阅历的狭窄而变得黯然失色，难以发挥出其应然的价值和作用。

在社会生活中，智慧是个体生命活力的象征，是个体在一定的社会文化心理背景下，在知识、经验习得的基础上，在知性、理性、情感、实践等多个层面上生发，在教育过程和人生历练中形成的应对社会、自然和人生的一种综合能力系统。它不只是一般意义上的聪明，甚至也不只是心理学概念中的智商，它是个体安身立命、直面生活的一种品质、状态和境界。正因为如此，人们常讲人要有大智慧才会有大格局。智慧实际上涵盖个体多方面的素质，它融合了个体已有的知识经验、已有的经历。个体所经历的一切都有可能转化为智慧，"这种智慧和机智表达了我们整个身心的存在"。①

这也告诉我们，智慧是一种具有动态生成性特征的能力，它并非静止的、一成不变的，相反，它会伴随着个体的学习以及知识存量的增加而不断生长。

(3) 智慧是一种能够让实践效率提高，让选择与决策效果得到优化，让实践过程彰显独特魅力与价值的高级思维和能力。这也是人们之所以关注、研究智慧的含义及其生成的规律特点，追求智慧境界和状态的根本原因所在。智慧会让社会个体的劳动实践行为更加理性、科学、有意义或效率最大化。智慧让人可以深刻地理解人、事、物、社会、宇宙、现状、过去、将来，拥有思考、分析、探求真理的能力，智慧可以使我们做出导致成功的决策。

(4) 智慧的核心构成要素是创新性的思维品质。智慧是一种多元复合的素质集合体，在众多构成智慧的关键要素中，创新性思维是核心要素，它是发现、探索新价值、新思路、新元素的重要能力，是超越常规、平凡和一般价值的关键能力，因而，创新性思维是智慧的核心，是智慧价值的最大化体现。

从哲学意义上说，创新是一种人的创造性实践行为，这种实践行为的目的是增加利益总量，创意是创新的特定思维形态，意识的新发展是人对于自我的创新。创新是人类特有的认识能力和实践能力，是人类主观能动性的高级表现，是推动民族进步和社会发展的不竭动力。一个民族要想走在时代前列，就不能没有创新思维，也不能停止各种创新。

2. 教育智慧

"教育智慧"一词的英文是"Pedagogical Thoughtfulness"，《柯林斯词典》对Pedagogical的解释是"concerning the methods and theory of teaching"，原意中包含"育人"的成分；Thoughtful ness是Thoughtful的名词形式，意为"someone remember what other people want，need，or feel，and try not to upset them"。由此可见，教育智慧指的是教师教学的机智和智慧，其本质是智慧性(Thoughtfulness)和机智性(Tact)，这是一种反思性的智慧和情境性的机智。总体而言，教育智慧是一种教师内化的、能够以最佳方式迅速处理教育突发事件的能力。这种能力既是充满思想和谋略的，又是不假思索的，还是瞬间

---

① 马克斯·范梅南. 教学机智——教育智慧的意蕴[M]. 北京：教育科学出版社，2001：15.

反思的行动。这是一种超越了知识、技能和技术的素质。①

智慧概念的规范与抽象直接来自各个学科对它的研究与运用。早在20世纪初期，教育学领域便开始关注并提出教育智慧的概念，并提出了培养智慧型教师的理想。至此，关于教育智慧及智慧型教师的探究方兴未艾，伴随着近年来教师核心素养研究热度的提升，关于教师教育智慧素养的理论与实践探索也越来越丰富深刻。何谓教师的教育智慧素养？教育智慧的深刻内涵是什么？围绕上述问题，教育学研究领域展开了深刻讨论，形成了一系列研究成果。我们对这些研究成果进行了系统梳理和深度分析总结，概括为如下几个方面。

(1) 品质与能力说。持此种观点的代表性人物有我国学者田慧生先生，他提出教育智慧是良好教育的一种内在品质，表现为教育的一种自由、和谐、开放和创造的状态，表现为真正意义上尊重生命、关注个性、崇尚智慧、追求人生幸福的教育境界。作为教育的一种内在品质，教育智慧是应当渗透、内化于包括师生教育活动及教育目的、教育价值、教育过程、教育环境、教育管理在内的教育的一切方面的。教育智慧在教育教学实践中主要表现为教师对于教育教学工作的规律性把握、创造性驾驭、深刻洞悉、敏锐反应以及灵活机智应对的综合能力。② 这种观点以教育的本质、核心要素以及发展规律作为讨论的基点，触及了智慧的本源意义，为后续的教育智慧研究提供了有价值的思考线索。

此外，我国学者李长伟认为，教育智慧不是"教育技术"，也不是"教育科学"，而是教育实践者卓越品质的展现，"是一种与学生德性的获得相关的、合乎逻辑的品质"③。 此种观点将教育智慧定位成教育者内在的一种卓越的教育品质，是与教育者的教育情怀、教育修养及教育德性密切相关的一种高级素养。

持品质与能力观点的学者将教育智慧理解为卓越教育者的一种内在的高级修养和能力，是基于智慧内涵的深刻理解而延展出的关于教育智慧的解读与认知，具有深刻的学理依据，在教师教育智慧研究领域得到了回应与共鸣。

(2) 创新与效率说。持此种观点的学者认为，教育智慧是一种卓越的教育能力，是一种能超越普通和常规教育理念的教育创新，这种创新会给教育带来更高的效率和利益，会促进教育的发展。教育智慧的本质是一种基于教育实际问题而形成的新思想、新策略、新思路以及新方法，这些灵活的、富有创新性质的教育新行动会令教育耳目一新，使其更加美好，令人向往和期待。因此，教育智慧是教育革新和优质发展的重要推动力。

吴俊明老师认为，教育智慧的核心是教学智慧，教育智慧(教学智慧)是人对教育(教学)领域内的复杂事物及问题、问题的解决以及问题解决结果进行理性思考的创造性表现，是人的教育(教学)领域知识、经验和德行融合、概括、升华、内化和个性化的结果，

---

① 李树英.智慧教育需要教育智慧：教师专业发展的人文选择[J]. 现代远程教育研究, 2019, 31(6): 32-38.
② 田慧生.时代呼唤教育智慧及智慧型教师[J]. 教育研究, 2005(2)：50-57.
③ 李长伟．何谓教育智慧——从亚里士多德实践智慧的角度分析[J]. 教育理论与实践, 2013(7)：9-12.

有利于教育(教学)领域问题的有效解决。简单地说，教育智慧(教学智慧)是人在教育(教学)领域的智慧。①

此外，叶澜老师也指出，智慧不是简单的、一般的逻辑思维能力。实践中的智慧是透视实践、改造经验、提升自我的能力，它往往表现为怎样处理鲜活的、具体的复杂情境和过程中的各种情况，在这个过程中不断形成新的理解、新的思想。具有这种创造智慧，才能达到一种通达洒脱的境界。要达到这样的教育境界，需要教师有很高的综合素质，需要教师在教育教学实践中培育自己的创造精神。

教师没有创新的动机、意识和能力，就不会有教育的进步与发展，也很难培养出智慧型学生，创新是教育发展的根本动力和智慧之源。

(3) 素养与情怀说。关于"智慧"的研究得力于心理学、哲学和社会学的助推，教育智慧的深入探究自然要受到上述三个学科领域的研究成果的影响。现象学教育学的代表人物马克斯·范梅南(Max van Manen)率先提出了教育智慧的核心是指向儿童的关心品质，没有关心就没有真正的教育机智、教育智慧。② 教育智慧与其说是一种知识，不如说是对孩子们的关心。③ 基于关心和关爱的教育情怀是教育智慧生成的前提，没有教育之爱以及对教育事业的忠诚与热爱，便不会有教育的创新和教育智慧的生成。同时，智慧与伦理是密切相关的，教育智慧如果离开了教育的伦理性诉求，那么"教育智慧"就不是真正意义上的教育智慧，至少是不充分的、不全面的。

刁培萼等学者明确指出，教育智慧不是工匠性的技能、技巧，不是追求外在的模仿可以学得的。教育智慧是优秀教师内在的秉性、学识、情感、精神等个人独具的性格化的东西在特定情境下向外的喷涌和投射，它常常表现为教师在处理教育情境时的自持、分寸感、敏锐与机智。④ 此种观点将人们对教育智慧的关注由现象和实践层面转向内隐的精神、情怀与境界层面，为人们研究与分析教育智慧现象提供了一种新视角和思考路向。

此外，有学者认为教育智慧主要体现在教师的课堂教学世界里，是教师各种教育素养在教学世界里的集成反映。教学智慧是教师教育智慧的集中体现，教学智慧是教师个体在教学实践中，依据自身对教学现象和教学理论的感悟，深刻洞察并敏锐机智、高效便捷地应对教学情境而生成的融通共生、自由和美的境界的一种综合能力，这种能力包含多种具体教学能力的综合运用，是教师有关教学活动的感知、思维、创新、实践等多种能力整合后的高水平的系统能力。⑤ 此种观点将教育智慧看成教师的一种高级的综合素养，是教师多种优秀素质和能力的集成，而且各种素质之间是相辅相成的，共同为教育智慧的生成发

① 吴俊明. 从教学机智到教育智慧——关于教学机智的讨论之三[J]. 化学教学，2014(3)：6-10.
② 马克斯·范梅南. 教学机智——教育智慧的意蕴[M]. 北京：教育科学出版社，2001：15.
③ 马克斯·范梅南. 教学机智——教育智慧的意蕴[M]. 北京：教育科学出版社，2001：270.
④ 刁培萼，吴也显. 智慧型教师素质探新[M]. 北京：教育科学出版社，2005.
⑤ 杜萍，田慧生. 论教学智慧的内涵、特征与生成要素[J]. 教育研究，2007(6)：26-30.

挥作用。

综上，关于教育智慧内涵的研究呈现不同的基点和视角，在不同的研究视域下，人们赋予教育智慧不同的含义与内容。但是，不管基于何种视角，教育智慧作为一种解决教育情境问题的高级能力，其对教育的正向促进功能是肯定的。教育需要智慧，教师需要教育智慧，教育智慧会伴随教育改革的深入而呈现越来越丰富的内涵。

3. 教学机智

在教育智慧的研究成果中，教育智慧、教学智慧以及教学机智等概念经常被研究者与教育者使用，这些概念在一定程度上被约定俗成地异化为指向同一教育事实，具有统一内涵的教育专业术语。然而，事实并非如此，教育智慧、教学智慧以及教学机智等提法是基于智慧概念框架下的一组相近的、具有各自专业属性与所指的专业术语，不能将其等同使用。作为一项致力于教师教育智慧的专门理论研究，本研究需要本着严谨与科学的态度来对待并使用这些概念，需要对这些概念之间的区别与联系清晰地做出阐释。

机智，指聪明灵活，能随机应变，机智是良好的性情、敏锐的洞察力以及在紧急时刻快速反应的综合能力，机智与聪明才智意思相近。教学机智，是指教师在教学过程中所表现出来的灵活性，以及在应对复杂与突发教育情境问题时超出一般的应对能力。教学机智的形成，需要建立在教师的一定教学经验的基础之上，是教师在教育实践过程中经过潜心研究、感悟、反思与修炼而逐渐形成的一种教育能力。

由上述分析，我们可以看出"教学机智"在内涵上并不等同于"教学智慧"或"教育智慧"。教学机智是在特定情境下，教师应对特定意外事件时所表现的具有个别性的特点和能力；而教育智慧、教学智慧都能够广泛用于多种情境、多个事件，不限于特定的事件和情境。教学机智是教师的一种应急教育能力，是在特定教育事件和情境下的一种即时性的、被动的教育行动；教育智慧、教学智慧显然都不是应急的，是教师主动判断、辨析并选择教育行为的能力。教学机智、教学智慧与教育智慧的关系可概括为如下几方面。

(1) 教学机智是一种具有情境性的教育能力，是教育智慧的重要组成部分。教学机智与教育智慧相比较，教学机制的内涵更为简单，教学机智是一种在特定教育环境和背景下所展现出来的具有个性化特征的教育能力，教学机智与教师的教学经验、教育经历及智慧水平有很强的相关性。但是，教学机智只是教育智慧的一个构成要素，是教师教育智慧展现的一个方面，一个教学机智感强的教师并不一定称得上智慧型教师。

(2) 教育智慧是一种多维度、多层次的综合能力，是更为高级的教学机智和教学智慧。从教育智慧、教学机智及教学智慧各自所蕴含的教育能力层次和范畴来看，教育智慧是最高层次的能力，其蕴含丰富的、深层次的教育能力要素，其发生场域可以由课堂教学延伸到学校教育场域以外，教育智慧生成的时间和空间更为广阔，所涵盖的能力范畴也更大。教学机智和教学智慧则是特定教育时间、教育事件、教育环境下的一种教育应急能力，其能力范畴小于教育智慧。

(3) 教学机智侧重于教师的应变智慧，教育智慧则侧重于教师的探究与创新智慧，是教师系统洞悉教育实践过程，发现探索教育新方法、新策略的能力。教育智慧是教师教学机智形成的基本前提，一个有智慧的教师在面对突发性教育事件的过程中，通常会表现出足够的机敏性和智慧性，一方面会很好地引导学生在情境性教育事件中获得有益的启发和思考，因势利导形成宝贵的生成性教育资源；另一方面会及时止损，控制突发性教育事件的消极影响。教育智慧是一种包含教学机智在内的高层次的教育素养。相反，一个单纯具有教学机智的教师，除了具备较强的处理教育情境事件的能力外，不一定具备智慧的教育眼光、创新性的教学能力以及智慧的教育宏观规划与发展能力。

(4) 三者的相似之处在于，无论是教学机智、教学智慧还是教育智慧都是教师在教育过程中所表现出来的一种超越普通和一般的卓越的教育能力和品质，是教师由新手教师成长为专家型教师、由优秀走向卓越的必备条件。教学机智、教学智慧以及教育智慧都不是与生俱来的，都是教师长期在教育理论与实践过程中磨合而成的，是教师在专业发展过程中修炼而成的，是一种可变的，可以伴随着教师教学阅历的增加、教学经验的丰富以及教学能力的提升而不断增强的能力。

此外，在新时代背景下，学校教育领域正在经历一场前所未有的挑战与变革，教育环境的变迁、教育理念的革新都呼唤智慧型教师，培养教师的教学机智、教学智慧以及教育智慧，培养智慧型教师已经成为世界各国教育领域的一项共同追求。

(二) 教育智慧的本质与特征

通过对不同学者关于智慧以及教育智慧内涵的梳理，依据智慧及教育智慧的本源意义，笔者认为，教育智慧的基本内涵应是：教育智慧是教师在教育教学过程中所表现出来的一种出类拔萃的、卓越的教育综合能力。从认识论的角度来看，教育智慧是教师在教育世界里能够以更有广度和深度的视角、思维来观察、分析、思考教育世界的动态和过程；从实践的角度来看，教育智慧是教师能够将创新作为一种日常习惯贯穿于具体的教育实践活动中，并能够积极地促进教育的优质和最优化发展的能力。教育智慧内在地决定着教师教学工作的状态、质量和水平，进而能够对教师的教育质量产生重要影响。综上，教师教育智慧的本质特征主要体现在如下几个方面。

1. 集成性

教育智慧是教师在教育活动中的一种系统的整合性智慧，它不是教师某一方面的、单一性的职业技能或特殊能力，它是教师一系列优秀素养和优秀能力的组合。因此，具有教育智慧的教师大多是德、智、体、美、劳全面发展，综合素质、各项业务能力均表现出卓越品质的教师。在这些基本素质的基础上，冠以高尚的教育情怀和教育机智。与此同时，教育智慧的本质是教师内在的各种优秀"教育基因"的有序组合，而非简单的素质罗列，是教师适应教育复杂情境与变革的基本智力素质及与其相适应的情意素质的组合。它是教育主体的教育境界，包含教育理智、教育意识、教育能力、教育机智、教育艺术等，具有解决各种结构性冲突并善于将内外各种因素实现优化组合的能力。这种组合是由简单到复杂、由有低级到高级、由实践到意识的优化组合，具体见图2-1。

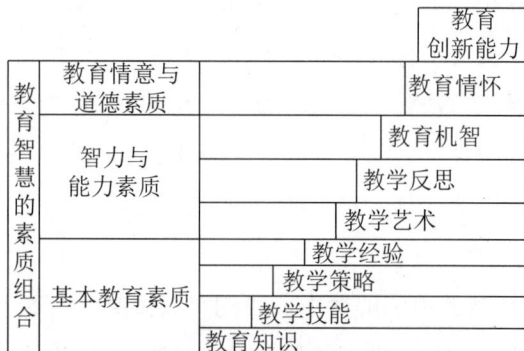

图2-1　构成教育智慧的素质组合序列

2. 独特性

教育智慧是教师内在的专业素养、智慧水平之于教育实践的一种高级能力。由于每位教师的年龄、教育经历、工作经历、生活背景、思维方式和行为特征等方面的差异性，使其对教学的感悟、体验以及应对教学问题的智慧表现方式、表现内容和表现水平也必然存在较大的差异性。异曲同工，都可以彰显教师教学的精妙得当，都可能表现较高水准的教学智慧。每位教师的教学智慧之形成及其外显，都是时、空、人等诸多因素交错影响的结果，都是独一无二的，而这使得智慧的教学具有鲜明的个性色彩。[①]

此外，教育智慧作为一种实践性的展现方式，要在具体的教育实践场域和教育事件中有效表现出来。因此，教育智慧是基于对教育教学实践的关注和行动而形成的特殊智慧。教育场域、教育环境以及教育情境的不同都意味着教师教育智慧在教育实践中的具体映射形式会存在很大的差异性，这也决定了教育智慧的个性化色彩。教育智慧在某种程度上具有不可复制性和不可模仿性的特点，教育智慧的个性化色彩也是教师教学艺术性形成的基础性条件。

3. 创新性

教育智慧的核心构成要素是教师卓越的创新精神和创新能力，创新是教育智慧的内核与灵魂，也是教育智慧的本质属性。教育智慧的本质就是教师运用新思想、新理念、新方法、新思路以及新策略来进行教育实践的能力。教育智慧对教学实践的关注和行动应是一

---

① 杜萍，田慧生.论教学智慧的内涵、特征与生成要素[J].教育研究，2007(6)：26-30.

种创造性的劳动，智慧的教学行为可能有模仿优秀教师的行为表现，但更多的是一种对当下教学情境的有针对性、创造性的行为，而且这种行为常常是对教学常规的突破，是用非常规的手段处理实践问题的一种方式。[①]

智慧的教学行为一定不是对某个人的教育论点、某个教学模式的照搬，也不可能是仿照某位同事、某位名师的教法，更不可能是对自己过去使用的教学方式机械地沿袭套用。因为每一位教师必须面对不断变化的教学对象和特定的教学情境，教师的个人经历、对教育理论的理解及应用是完全个人化的，而且是不断变化的，教学内容也需要逐步变化。迎接这一切变化着的因素，决定了智慧教学必然是一种再创造性的劳动。[②]

教育智慧的创新性特点，决定了衡量教师智慧教学的一个重要标准就是面对复杂多变的教育工作、教育情境性事件，教师能否具有灵活机智应对的能力，能否提出超越常规的建设性意见，能否创造性地驾驭复杂的教育实践问题。

4. 生成性

从对智慧以及教育智慧的内涵解读中，我们可以看到教育智慧的生成是一个基于经验积累的、渐进的、动态的过程。教育智慧会伴随着教师职业阅历的丰富、教学经验的增长以及专业学习的深入而不断增加。教育智慧的生成性特点，决定了教育智慧是一种可培养、可训练、可教化的教育能力和素质。同时，教育智慧的生成以及不断提升与教师个体的教育情怀、专业发展动力、职业规划能力以及教学能力都有着密切的关系。

教育智慧还具有动态多变的特征，教育智慧受教师个体的教育心理、教学情感、课堂教学存在状态的影响，因此，教师教育智慧的生成状态以及对教育实践的作用方式、作用效果，在不同的教学时间、教学空间以及教育情境下都会有所不同。此外，不同教师个体在教学智慧的表现方面也会不同，教师个体的教育智慧在教育实践场域中的具体表现形式、高效的教学与育人效果可以被他人借鉴、模仿和反思，可以给他人以启示，但很难被复制和重现。我国著名的教育家魏书生老师，他的实践教育智慧可以说是家喻户晓的，但是很难被其他教师学习和模仿。这种具有鲜明个性差异特点的教学智慧形态，也说明了教学智慧具有动态多变的特征。

5. 艺术性

教师教育智慧的另一个重要特征或核心属性是艺术性。艺术性即教育智慧本身对教育实践的一种关照方式，也是关照结果的一种呈现形式。教育智慧的魅力就在于它会使复杂困顿的教育事件简单化、清晰化，使枯燥乏味的教学内容生动、形象化，使失控的、尴尬的教育情境和谐化。教育智慧能将教学引入出神入化的艺术境界，能将学生的学习引入心领神会、触类旁通的状态，能将课堂教学引入和谐美好、令人神往的最高境界。具

---

① 杜萍，田慧生.论教学智慧的内涵、特征与生成要素[J].教育研究，2007(6)：26-30.
② 杜萍，田慧生.论教学智慧的内涵、特征与生成要素[J].教育研究，2007(6)：26-30.

有教学智慧的教师，不仅富有技巧性的执教行为，而且课堂上会呈现这样一种状态：行云流水般自然贯通，师生之间真情交融、用心投入并共同参与，达成真、善、美的和谐统一，教师和学生都从自觉走向自由忘我、探求智慧的新天地，这是一种理想的教学状态或境界。①

艺术性价值和创新性价值是教育智慧较为重要的两个价值追求，有助于教育走出传统教学思想和体系的束缚，由中规中矩、墨守成规走向追求自由和理想，使教育现实不断地朝向美好的教育理想境界逼近。同时，教学的艺术性和创造性会使微观的教育过程发生微妙的变化，会使教育充满无限生机和活力，会使教育的结果充满无限可能，会使课堂教学成为一个令人无限期待和神往的场域。

6. 价值性

人们关注、研究并无限向往教育智慧的根源在于教育智慧的无穷价值与能量。教育智慧的价值性并非单纯显性的教育效益的提升，更为珍贵的价值在于教育智慧会使教育达到最高的目的和境界，超越低级的物质利益的层面。"智慧"能够使世界上的生命达到最高目的(杜勒西达斯)，智慧涉及生活价值、人生意义，会引导个体过有意义的生活，使个体体验真正的快乐与幸福，即达到生命的最高价值境界。智慧的价值远远超过物质层面的利益，它会给生命带来无穷的、内在价值与能量。同样，教育智慧会将教师内在的教育热忱和教育欲望充分地调动起来，从而使教育超越知识传授的目的，以及功利主义的教育价值观，达到"学以成人"的最高价值境界。教育者和受教育者在教育的过程中能够共同感受教育的美好，追求有意义的教育生活。教育幸福，快乐教育才能够真正实现。

此外，教育智慧也是教育感性与教育知性、教育理性与教育悟性的统一。教育智慧生成的过程也是教师个体坚持在教育实践过程中自主创新与建构、自塑自律、自我设计与修炼的过程。

(三) 教育智慧是一种可以在实践过程中训练和生成的教育能力

教育智慧作为一种超越常规和普通的高级教育能力，其是否可以通过必要的教育培训而获得，一直以来都是教育研究领域的一个争论性较大的议题。一派观点认为，教育的技能、技巧、方法是可以模仿和复制的，可以通过教育培训的方式而获得，但是教育智慧是不能通过训练、培训的方式而获得的。教育智慧是一种夹杂着先天禀赋的复杂素质和能力，后天的努力不会形成真正意义上的教育智慧。正如加拿大学者范梅南(Max Van Menen)所认为的，教育智慧不是一种行为准则技术或方法，因而不能够传授，是一种以儿童为指向的多方面的复杂的关心品质。② 持反对意见的研究者则认为，智慧虽然不能像知

---

① 杜萍，田慧生. 论教学智慧的内涵、特征与生成要素[J]. 教育研究，2007(6)：26-30.
② 马克斯·范梅南. 教学机智——教育智慧的意蕴[M]. 北京：教育科学出版社，2001：9.

识一样直接传授，但它能够在获取知识和经验的过程中，经由教育的悉心呵护而不断得到开启、丰富和发展。[①] 教育智慧亦是一种可以在实践锻炼中获得的教育能力，教育智慧的形成途径也是多方面的，教育智慧会经历一个由低级到高级、由简单到复杂的变化发展过程。决定教育智慧的影响因素也是多维的，教育知识、教育经历、教育经验、教育伦理、教育动机等都会影响教育智慧的生成过程以及增长速度。

我们认为，教育智慧是一种复杂的、综合性的教育能力，构成教育智慧的要素中，先天智力水平只是一个部分，后天的教育培训以及个体的学习实践都会对培养和习得教育智慧产生重要影响。教育智慧的可生成性体现在以下几个方面。

1. 知识可以转化为智慧

知识既是智慧生成的必要条件，也是智慧的重要来源。知识不等于智慧，但是知识在一定条件下是可以转化为智慧的，这为培养智慧型教师提供了智力支持。人们一般把在改造世界的实践中获得的认识和经验称为知识，知识是人们认识世界的媒介，同时也是人们改造世界的工具，知识会开阔人的眼界和格局，提升人的心智水平。所以素有"孤陋而寡闻""博学而多才"的观点，意思就是只有具备丰富广博的知识，才能增长个体的才能和智慧，才会形成敏锐的洞察事物特征与发展规律的能力。从此意义上说，知识是智慧生成的必要前提，有智慧的人一定是有知识的，但是有知识未必有智慧，知识转化为智慧需要一定的条件。

(1) 知识转化为智慧，离不开个体对知识的深层次的理解、认知、顿悟、抽象以及运用。知识的最初形态就是对事实的一种静态的描述与呈现，只有经过个体的思维加工，负载了个体的价值取向的知识才有了"灵魂"和"生命"，才会成为一种有意义的存在。描述性知识经过个体的思维加工后，就会转化为一种超越知识原有能量和价值的，更为"精致化"的新知识、新观点与新思想，这种新知识、新观点与新思想便是智慧。因此，在知识转化为智慧的过程中，个体对知识的深层次的理解、认知、顿悟以及运用是必要的"转换器"。

(2) 知识转化为智慧，需要个体的好奇心、想象力和创造力。心理学认为，好奇心(Curiosity)是个体遇到新奇事物或处在新的外界条件下所产生的注意、操作、提问的心理倾向。好奇心是个体学习的内在动机之一，是个体寻求知识的动力，是创造性人才的重要特征。好奇心会驱使个体不断地去探索各种事物的属性，从而获取更多的知识。想象力(Imagination)是人在已有形象的基础上，在头脑中创造出新形象的能力。想象力是感性与知性间的一种中介性先天能力，在人的判断认识方面起着不容忽视的重要作用。创造力(Creativity)是指产生新思想、发现和创造新事物的能力。它是成功地完成某种创造性活动所必需的心理品质。创造力，是人类特有的一种综合性本领。

[①] 邓友超. 教师实践智慧及其养成[M]. 北京：教育科学出版社，2007.

个体需要有足够的好奇心和想象力，才能将潜在的求知欲望、发现并探究事物内在属性的动机调动起来，才能对知识进行深层次的理解、认知、顿悟、抽象以及运用，才能将知识转化为智慧。

(3) 知识转化为智慧需要个体对知识以及对生活的热爱。真正热爱知识、热爱生活和生命的人才能超越对知识的功利性价值追求，而去发现、追寻知识的本源和最深层的价值意蕴，也才能够发现并感悟到知识的最高境界——知识之于生活、生命的美好价值，知识才能转化为智慧。教师也只有真正热爱教师职业，才能摆脱物质世界的功利性诱惑，才能在职业生活中获得自由和快乐，从而创造出伟大的教育价值，成为智慧型教师，实现自我价值。

2. 经验可以上升为智慧

经验是从多次实践中得到的知识或技能，哲学上指人们在同客观事物直接接触的过程中，通过感觉器官获得的关于客观事物的现象和外部联系的认识，而且是通过反复接触、实践而获得的熟悉度较高的认识。伴随着经验水平的提升，人们会从经验中汲取能够使办事效果更为优化的"营养"，沿着实践的轨迹以及在实践中积累的经验、方法，在不断地反思、回味及探索过程中，新思路、新策略、新技巧便会应运而生。"熟能生巧"是对这一结论的最好解释。熟练了就能找到窍门，实现驾轻就熟、得心应手乃至游刃有余。这些在反复的实践过程中获得的"技巧""窍门儿""捷径"以及新方法、新技能就是"智慧"的初级形态，初级形态的"智慧"在个体的反思及创造性思维的润泽下会生成更高级的实践智慧，从而将个体的实践行为引入科学与艺术相结合的最佳境界，展现出个体个性化的实践智慧。按创造性的方式以智慧去解释和修正经验，这就是教育的根本任务。[①]

3. 教育可以培养创造性人才，也可以培养智慧型教师

《国家中长期教育改革和发展规划纲要》(2010—2020)中，将创造性或创新性人才培养作为未来教育发展的重要战略目标。如今，我们的教育在培养创新性与创造性人才方面已经取得了较大成就，实践证明教育可以培养创造性人才。同样，教育也可以培养具有创新意识和创造能力的智慧型教师。创造性是人类思维的高级形态，是人类智力能力的集中表现。我国学者林崇德先生将创造性定义为：根据一定的目的，运用一切已知信息，产生出某种新颖、独特、有社会意义或个人价值的产品的智力品质。这里的"产品"即以某种形式存在的思维成果，它既可以是一个新概念、新思想、新理论，也可以是一种新技术、新工艺、新作品。不管是"新产品"还是"新思维"，都有一个共同特点，即"创造性"。[②]教育可以通过有效的教育手段和途径培养具有创新能力的学生，同样可以培养有智慧的教师。源于智慧型教师的一个核心品质是创新性思维，在教育的过程中善于运用新

---

① [澳] W. F. 康内尔. 二十世纪世界教育史[M]. 张法琨，等，译. 北京：人民教育出版社，1990：171.
② 林崇德. 教育的智慧[M]. 杭州：浙江教育出版社，2019：241.

思想、新理论、新策略来对教育对象施加创新性的教育影响。因此，教育培养智慧型教师的关键环节就是培养教师的创造性与创新性教育思维和职业品质。从此意义上说，培养智慧型教师与培养创新性人才具有异曲同工的效果。不同的是，智慧型教师的培养除了要培养教师的创新性职业品质外，还要遵循教师教育的特殊规律性，要在教师的职业伦理、一般性职业素养、职业情怀的培养中也渗透创新性思想。

培养卓越的具有创新精神与创新能力的智慧型小学教师也是《中共中央国务院关于全面深化新时代教师队伍建设改革的意见》以及卓越教师培养计划2.0中关于新时代教师培养的目标要求。

二、教育智慧的功能与价值

"教育智慧能够使教师具有敏锐感受、准确判断生成和变动过程中可能出现的新情势和新问题的能力；具有把握教育时机、转化教育矛盾和冲突的机智；具有根据对象实际和面临的情境及时做出决策和选择、调节教育行为的魄力；具有使学生积极投入学校生活，热爱学习和创造，愿意与他人进行心灵对话的魅力。教师的教育智慧能使他的工作进入科学和艺术结合的境界，充分展现个性的独特风格。教育对于他而言，不仅是一种工作，也是一种享受。"[①]20世纪末，叶澜老师在基础教育改革过程中的这番研究心得与思考是对"教育智慧"功能与价值的最为全面和透彻的概述。今天，人们关于中小学教师"教育智慧"的关注度不断攀升，应该源于教育智慧的功能和价值在新时代的基础教育实践中所表现出的强大功效。

(一) 教育智慧与教育情怀

教育智慧能够影响教师的教学能力，提高教育的质量，使教学成为一个充满期待的发现与探索的创造过程，这是教育智慧外在的、普世的功能与价值。教育智慧最深层的价值意蕴是为教育者的教育实践提供价值性与原则性的引领，为教师创造性地实施教育进行超越性引领，这种超越是教师对教育事业的崇尚心境、情感依附和无限景仰——教育情怀，将教师的教育修养和思想感情引上顶峰，培养最有情怀的教师是教育智慧对教育实践最高层面的功能和价值。

教育情怀是教育者对教育事业产生的心境和情感依附，是教师专业成长的动力机制和专业发展的情感向心力，体现了教师对于教育的理解、热爱、忠诚和信念程度，表现为主观上的从教意愿和专业发展愿景。[②]富有教育情怀的教师致力于超越知识与能力的精神层

---

① 叶澜. 新世纪教师专业素养初探[J]. 教育研究与实验，1998(1)：41-46.
② 刘炎欣，王向东. 论教育情怀的生成机制和升华路径[J]. 中国人民大学教育学刊，2018(2)：131-142.

面的心灵感召与灵魂感染,对学生始终表现出爱的教育态度。对儿童的睿智的爱——是我们的教育修养和思想感情的顶峰。[①] 这种睿智的爱是理性或智慧的爱,它区别于父母等具有血缘关系的、本能的爱,是理性的、人道的、教导人生活的爱——因对人性的深刻认识和对个性一切长短的深刻理解而充满崇高的精神。[②]

教育情怀是教师群体能够秉持教育初心,像对待生命一样珍爱教育事业,把教书育人作为一生无悔追求的根本动力。好的教育不仅需要有知识渊博、能力卓越的教师,更需要有教育情怀的教师,教师的教育情怀是教育本真意义得以实现的重要保障。本真的教育就应是"直面人的生命,通过人的生命,为了人生命质量的提高而进行的社会活动,是以人为本的社会中最体现生命关怀的一种事业"。[③] 教育情怀作为教师的一项重要的职业品质,一直以来都备受关注,尤其是在教育市场化的今天,教师教育情怀的培养尤为重要。那么,教师教育情怀到底是一种怎样的境界?应包含哪些精神品质呢?需要我们深入、理性地省思,我们认为,教师教育情怀应包含如下要素。

1. 教育信仰

把教育当成自己的终身信仰是教师教育情怀的最高境界。信仰是一种强烈的信念,是一种积极的行动情绪,也是一种灵魂式的爱。教师对教育事业的景仰、崇尚与热爱是教师教育情怀的首要之义,也是教师由优秀到卓越所应具备的重要的职业品质。教师,不应是单纯的职业,也不是纯粹的事业,而是能让人终身陶醉其中,为之倾情付出所有的一种人生追求。因此,有情怀的教师不单纯把教育事业看成安身立命的一种谋生手段,更是一种情感的寄托和诉求,教师职业会带给他们强烈的职业归属感。我国著名特级特级教师于漪曾说:"做教师应终身不渝,教师身上应凝结着朴素而真诚的理想主义气质。"

长久以来,教育作为一种价值负载的"崇善"活动,担负着如何使文化功能和对灵魂的铸造功能融合起来的责任。教师承载了人们对教育的神圣使命的价值预期,"教师"常被赋予一种神圣而崇高的精神内涵,"春蚕到死丝方尽,蜡炬成灰泪始干",这句诗一直以来都被用来形容教师职业的奉献精神,这种奉献的动力即应来自教师的教育信仰。

在新时代背景下,我们的教育依然需要教师的这份职业信仰,更加需要有情怀的教师。只有这样,我们的教师群体才能在物欲横流的强大物质世界面前,毅然决然地选择教师职业并为其奋斗终生,坚守"衣带渐宽终不悔"的信念,让教育信仰成为教师的心灵图腾。

2. 追求教育真谛

对教育本真意蕴及最深层次价值和内涵的崇尚、求索与执着是教师教育情怀的本质内

---

① 蔡汀,王义高,祖晶. 苏霍姆林斯基选集(5卷本)第5卷[M]. 北京:教育科学出版社,2001:434.

② 蔡汀,王义高,祖晶. 苏霍姆林斯基选集(5卷本)第5卷[M]. 北京:教育科学出版社,2001:425.

③ 叶澜. 教育理论与学校实践[M]. 北京:高等教育出版社,2000:136.

涵。教育的初心是求真，这需要教师在教育的场域中，有不断探索与发现的精神，探寻教育发展的本质规律，探索并发现适合每个孩子的最佳教育路径，追求没有功利的、平等的教育。教师对教育真谛的追寻不仅表现在对教育知识、教育规律及教育方法的不断求索，使之不断接近理想的真实状态，更要表现为对学生人格和心灵的唤醒，要让学生在教育的世界里"学以成人"。"教育绝非单纯的文化传递，教育之为教育，正在于它是一种人格心灵的'唤醒'，这是教育的核心所在。"[①] 因此，教师对教育真谛的追寻，必然要以质朴、真诚的教育态度去面对儿童的自然本性，并对其心灵和个性发展施以润物细无声的教育影响。

教师对教育真谛的追求过程，也是其教育理想、教育情怀的释放过程，是其不断超越自我、实现向上生长与发展的过程。

3. 教育之爱

没有爱，就没有教育，教育之爱是教师教育情怀的重要组成部分。教育之爱是一种来自灵魂深处的对教育事业、对教学行为以及对学生的爱。教育是直面人的工作，很难相信，一个不喜欢和人接触，甚至憎恨同类的人，一个内心狠毒的人，会做好教育工作。教育必须有温情的投入，教师才能在教育教学的过程中，成为一个耐心的倾听者、恰当的协助者、积极的回应者、用心的讨论者。它意味着教师对教育具有情感的悦纳，这也是教师专业认同的内涵之一。[②]

爱的信仰是教师从事基础教育，走近孩子世界的基础性力量和动力，唯有爱的信仰才能使教师忘我地投入中小学的教育世界中，教育之爱是牵引小学教师在教育的世界里不断前进、走向卓越的核心动力。

4. 对教育的敬畏之心

对教育持有敬畏之心，也是一种教育情怀，是教师必要的教育良知，是教育纯洁性的保障。教师要在教育过程中，秉持教育的初心，坚持有所为与有所不为的原则。敬畏感是由敬仰和畏惧两种情感相互协调、相互平衡构成的一种积极情感，这种情感不仅仅作为一种对自然的反应，更重要的是使人获得基本的伦理观念与文化观念。敬畏感根植于中国传统文化中，并且成为教育场域中建构意义空间的精神前提。[③] 教师对教育存有必要的敬畏之心，在教书育人的过程中才能坚持公平正义的行为准则，才能在喧嚣的教育世界中，从教育的初心出发，自觉维护教育秩序及教育者应有的尊严。相反，教师缺乏对教育应有的敬畏感，教师在教育世界里的物质性诉求欲望就会丧失有效的约束屏障，教育的权力寻租行为就会肆意发展，教育的信任性危机就会出现。诸如知识教学过程的异化、教师教育生活平庸化等教育问题也会接踵而至。树立教师在教育场域中的敬畏之心，维护教学的文化

---

① 邹进. 现代德国文化教育学[M]. 太原：山西教育出版社，1994：73.
② 李伟言. 论"爱"作为教师的信仰[J]. 新教育家，2014(2)：20-23.
③ 张金远. 教育场域中敬畏感的缺失与重塑[J]. 当代教育科学，2017(12)：26-30.

性、秩序性，涵养教师的教育情怀，是新时代智慧型教师培养的重要内容之一。

综上，教育情怀是一种涵盖多种教育心理与职业品质的积极情感，是教师专业发展过程中不可或缺的核心素养之一。对于今天的师范教育来说，我们不一定能招到最优秀的学生，但我们一定要培养出最有情怀的教师。因此，探究教师教育情怀的生成机制和升华路径，思考教师教育情怀的生成机理，构建教师教育情怀培养的策略体系尤为重要。

教育智慧与教师教育情怀的生成与培养关系紧密。教育智慧是教师追求教育真谛，促进教师群体形成良好的专业伦理规范认知结构的必要前提。教育情怀的基本构成要素及其形成与发展的基本规律表明，教师教育智慧与教育情怀之间是相辅相成的，教育智慧在提升教师的专业化水平过程中发挥着关键性作用，通过提高教师的专业发展水平及其职业成就动机，可以促进教师对自身职业行为规范的内化与自律。

个体道德认知与发展的规律表明，个体的职业成就动机与发展水平越高，越容易产生强烈的职业归属感，也就越容易自觉地以所属群体的职业规范约束自己的行为。因此，想通过教师群体内化的美德来实现社会赋予教育的各种价值预期，必须把提升教师的专业化水平、提高其职业成就动机与发展水平作为重点。教师自身的专业素质和职业地位得到提高后，其精神层面的职业诉求便会不断提高，教育情怀便会成为一种自觉的职业伦理选择行为，并会成为其职业实践的价值指挥棒。同时，个体道德情怀需要对物质需要存在较大的依赖性，通过提高教师的专业化水平，提高教师群体的生存利益，在一定程度上也可以强化教师主体的职业道德自律意识，从而转化为规范其职业行为的动力。

需要指出的是，在提升教师专业化水平的过程中，我们不仅要用更高的知识与专业能力标准来塑造教师，更要努力营造和建立诚信、公平、充满教育之爱的教育环境和氛围来陶冶教师，最终使教育情怀成为一种源于教师良心，实现其职业发展目标和理想的必然价值选择。

(二) 教育智慧与教育创新

进入二十一世纪以来，创新成为社会发展的动力引擎，社会的进步、教育的发展都离不开创新的贡献。发展创新性教育，培养学生的创新意识和创造能力，即培养创新型人才已经成为世界各国教育改革与发展过程中的一项共同诉求。所谓创新型人才，就是具有创新精神和创新能力的人才，通常表现出灵活、开放、好奇的个性，具有精力充沛、坚持不懈、注意力集中、想象力丰富以及富于冒险精神等特征。当前，我国正处于社会经济发展的重要战略机遇期，大力培育创新型人才，为建设创新型国家和全面建设小康社会，提供坚强的人才保证和智力保障，尤为迫切和重要。从一定意义上说，创新型人才正以前所未有的时代需求承载着推进国家自主创新，在激烈的国际竞争中占据主动，实现中华民族伟大复兴的历史使命。这也让我们更加清晰地认识到，新时代背景下培养创新型人才的重要性，以及在基础教育场域中鼓励孩子进行创新与创造，鼓励教师进行教学创新的重要意义。

教育创新是通过新思想、新理念、新策略、新思维对教育内部的各要素进行创新性设计、规划与重组，从而使教育不断推陈出新、与时俱进，实现教育现代化与教育效益的最大化的过程。教育创新的本质是新的教育生态环境的构建，教育教学模式的变革以及教育对象学习途径、学习理念、学习方式的创新与优化。教育创新是一个具有裂变效应的、系统化的、渐进的过程。随着信息化时代的到来，科学技术的迅猛发展，信息技术不仅冲破了学校的围墙，打开了课堂教学的边界，而且正在迅速"剥夺"教师的传统教学工具、方法与理念，以信息化为标志的信息技术正在掀起学校教育领域的一场育人模式的深刻变革，新的教育理念、教育文化和课堂教学生态正在悄然形成。

教育创新的主体是教师，因此，教师是教育创新的关键。培养学生的创新精神和创新能力，需要教师在教育的过程中摒弃传统教育思维和教育理念的束缚，善于运用新技术、新手段来改革传统的育人模式，没有教师的教育创新意识和创新能力就不会有教育的创新以及创新性的教育。教师要想真正发挥在教育创新中的关键性、引领性作用，单纯具备知识与方法是远远不够的，还需要教师具备自信、诚实、开放、合作、勇敢和坚毅等卓越的创新性职业品质，具备独特的创新思维模式。创新思维是创新的核心基础，它决定了创新的方向和高度。在教育创新过程中，教师的教育革新精神以及对教育真谛的探知欲望是教育创新的内在动力，而能够唤起教师的教育革新精神及对教育真谛的探知欲望的就是教师的教育智慧。

教育智慧是教师进行创造性教育劳动的重要前提和保障，也是培养学生创新性思维的重要前提，教育智慧是教育创新和优质发展的重要推动力，具体体现在以下几方面。

(1) 教师教育智慧能够创新课程教学的内涵，让课程延伸为学生全面成长的"跑道"。教育创新的落脚点在课堂教学环节，教师的教育智慧能够改革传统的知识"灌输"模式，改变沉闷的单向度的知识传递模式，创设出真诚、自由、开放的教学氛围。教育智慧会将教师的教学行为引向超越教材、超越课本、超越课堂的智慧境界，能将课程教学中每一次不期而遇的"意外"转化为积极的、有利于学生创新性思维培养的生成性课程。教师进行课堂教学创新的标志性事件是教师对教学过程中的"典型错误"、最佳范例、珍贵瞬间以及来自学生的奇思妙想进行智慧性引导与拓展性延伸。一个缺乏教育智慧和教学机智感的教师很难捕捉到课堂教学中的这些宝贵的生成性资源，并创造性地引导、开发和应用，也极不容易在教学过程中开启新思路、发现新技巧，在探索中开创一片新的教育天地。

(2) 教师教育智慧能够让教学过程充满创造和发现的喜悦，让教学成为一个积极的、有意义的探索与创造过程。有智慧的教师常常会将课堂教学引入欢快愉悦的氛围之中，学生的学习情趣会很好地被调动起来，从而由被动接受变为主动参与，由"浅学"转入"深学"，由知识学习上升为智慧学习。教育智慧能够将师生之间的日常教育沟通变为有意义的智慧交流，对学生的创新性思维培养起到潜移默化的影响。

与此同时，智慧型教师的教学语言常常是充满启发性、激励性、探索性和挑战性的，会将学生潜在的好奇心、求知欲、竞争意识及创新意识充分地调动起来，将学生的学习引入全身心投入的状态，将学生的创新与创造潜质充分地挖掘出来。

教育智慧在教学过程中的渗透与呈现方式是多种多样的，但是其育人成效具有共同特征，具体表现为：教育智慧会润物细无声地滋养学生的心灵，呵护学生的想象力、好奇心，从而将其带入创新与发现的世界；教师的教育智慧会给学生带来无尽的学习自由与创新空间，会给学生的创新意识、创新能力觅得释放的空间和平台；教师的教育智慧会赋予学生崇高的人生理想，引导学生跳出平凡和庸俗化的世界，进而去发现并接纳新事物的美好。

(3) 教育智慧是教育革新和"向上生长"的重要引擎。教育智慧会引导教师在教育的过程中发现教育的问题，并对问题形成的深层次原因产生深度思考，在反思与探究的过程中发现教育改革与创新的时机，并将引领教育改革的方向，不断将教育推向更高水平和境界。拥有教育智慧的教师，一定也是热爱智慧和创新的教师，他们在教育的道路上会拒绝墨守成规、趑趄不前，会永远保持对新理念、新思想、新技能的追求热情，会在教育创新的路上不断遇到由教育创新带来的美好和成就感。

(4) 以爱和责任为基础的教育智慧是教师进行教育创新的原动力。追求卓越、对教育的热爱、对学生的热爱以及责任意识是教师进行教育创新的动力之源。热爱可以产生巨大的行动动机和智慧能量，可以让人为了某个目标不知疲倦地去努力、奋斗、反思与改进，从而迎来一个又一个新发现、新成就。责任意识是教师勇于承担，敢于挑战新问题、新任务的基本前提，是教师扎根课堂教学、解决教育实践问题的根本动力。

创新引领时代发展，引领教育融入新时代，为新时代的教育改革与发展赋能。教育创新的能力是新时代背景下教师难以被替代的能力之一，是优秀教师的基因，是一种应该贯穿教师教学实践的思维习惯。一代又一代教师的接力，一点思考、一次微改变、一种变通、一次融合，无数个微不足道的、接地气的实践积累，就会带来大的突破。"高素质""专业化"和"创新型"的教师就是这样成长起来的。[①]

(三) 教育智慧与教师专业发展

当基础教育迈入核心素养时代，教师的专业发展和专业成长也跃升为基础教育领域的一个核心议题。教师的专业发展是指教师基于自我原有的知识和教育经验，在新的教育思想及教师发展理念指引下，依据教师职业发展规律，不断学习、提升、改进自我，以顺应教师职业发展需要的过程。教师的专业发展是其专业知识结构不断更新、优化与升级的过

---

① 罗滨. 人才培养升级需要具有创新能力的教师[J]. 北京教育，2019(3)：16-17.

程，是其专业精神、教育情怀不断升华的过程，也是其教育视野不断开阔、教育格局不断扩大的过程。教师专业发展应是教师的终身性职业诉求，是教师由新手教师成长为卓越教师的重要路径。

1. 教师专业发展的内涵与使命

教师专业发展是一个长期的、系统的、具有动态生成性特征的复杂过程，是教师职业生涯中必须经历的一个蜕变过程，也是教师维系其教育者职业身份的必要保障。同时，教师专业发展的内涵和需求与教师所处时代的政治、经济、文化发展背景密切相关。在新时代背景下，教师专业发展被赋予了新的时代内涵和特殊使命。

(1) 以社会主义核心价值观为引领——塑造新时代的教师职业精神与职业理想。教师专业发展要有鲜明的时代感和方向感。在新时代，教师专业发展要以社会主义核心价值观为引领，发展教师的职业精神与职业理想。社会主义核心价值观是社会主义核心价值体系的内核，体现社会主义核心价值体系的根本性质和基本特征，反映社会主义核心价值体系的丰富内涵和实践要求，是社会主义核心价值体系的高度凝练和集中表达。社会主义核心价值观强调要以培养担当民族复兴大任的时代新人为着眼点，强化教育引导、实践养成、制度保障，发挥社会主义核心价值观对国民教育、精神文明创建、精神文化产品创作生产传播的引领作用，把社会主义核心价值观融入社会发展各方面，转化为人们的情感认同和行为习惯。

社会主义核心价值观为新时代的教师专业发展提出了新诉求和新方向。教师在专业成长的过程中要树立宏大的教育理想，建立为国家教育事业奋斗终生的家国情怀。教师的专业发展不仅是自身的生存需要，也是国家教育事业发展的需要，要建立着眼于未来和创新的教育理想和信念，放大自身的教育格局，将追求教育自由、平等、公正作为自身专业发展的目标和理想，将和谐、友善、合作作为专业发展的行为准则。

(2) 智慧教育时代教师专业发展的新内涵——强调教师教育智慧的人文关怀性。伴随着信息化与大数据时代的到来，信息技术不断刷新各项"教育纪录"，新技术正以前所未有的速度改变着教育世界，从教育理念、教育内容、教育手段、教育形式到教师的专业发展，无一例外地面临新机遇和新挑战。新技术及其在学校教育场域中的应用直接催生出智慧教育的新话语。智慧教育是教育领域对信息技术挑战的积极回应，以运用新教育技术、智能化教学手段为主要特征。

需要指出的是，智慧教育对智慧人才的培养不仅需要新的教育手段，更需要教师充分应用其教育智慧来实现。因此，在智慧教育时代，教师既要合理利用智慧教育技术来提升教学效能、调适教学策略、选择教学评价和实施精准教学，还要特别关注教师与学生的交往，以及对学生主体和个体潜能的理解和挖掘。这种强调人文关怀的教育智慧恰是智慧教育时代教师专业发展的新内涵。[①]

---

① 李树英. 智慧教育需要教育智慧：教师专业发展的人文选择[J]. 现代远程教育研究，2019，31(6)：32-38.

(3) 智慧文化背景下教师专业发展的新诉求——培养专业情意和提升智慧学习能力。21世纪以来，人类社会已经步入以学习和创新为发展动力的智慧文化时代。在这样的时代背景下，教育的培养目标是具有智慧学习能力的"智慧型"劳动者。教师的教育劳动特点也相应地发生了变化。在智慧文化背景下，我们需要重新建构教师的教育者职业身份，教师要由传统的知识传递者变为知识文化的传播者，要由学生学习的教导者变为学生学习的建构者和协同者，教师要实现与儿童的无障碍沟通，贴近儿童的生活与思想世界，从而获得儿童的价值认同所具备的特殊的专业情怀和理念。

此外，在智慧文化背景下，对教师专业发展的根本要求就是教师要建立起智慧学习的意识和能力。智慧学习是教师运用信息化时代的先进设备和技术进行辅助学习的一种能力，智慧学习不仅体现为教师在学习过程中对信息技术的操作性应用，更体现为对信息技术的创新性应用。教师不仅要具有驾驭信息技术的能力，更要有对其进行反思、改造与创新的能力。在智慧文化背景下，教师要将学习作为一项终身性的追求，要有运用新技术、新产品、新设备进行信息化学习的能力，同时，要保持必要的文化价值理性和技术理性，不能形成对信息技术的盲目依赖性，要创造性地使用新技术、新产品，引领教学能力提升与创新。

2. 教育智慧在教师专业发展过程中的作用

新时代背景下的教师专业发展被赋予了新的时代性诉求，充满无限的可能性与挑战性。教师需要以创新的眼光、不懈的努力以及更大的智慧去完成这一任务和使命，实现自我的职业价值。笔者认为，教师的教育智慧在应对教师专业发展的新需求和新挑战过程中将发挥关键性作用，教育智慧是教师走向卓越和优异的重要能力保证。教育智慧在教师专业发展过程中的重要作用主要体现在以下几个方面。

(1) 教育智慧是智慧教育环境下，教师在专业发展过程中进行智慧选择的重要能力基础。教育智慧是教师在多元化的智慧教育环境中进行教育价值判断、教育路径选择以及智慧性沟通交流的必要素质和能力基础。只有具备足够的教育智慧，教师才能在上述教育环境中游刃有余地去履行自我的教育者职业角色，很好地完成教师专业发展的目标和任务。

(2) 教育智慧能够为教师专业发展所需知识的积累和技能的提升提供关键性的智力支持。教师专业发展既需要教育专业知识的积累和教育技能的提升，又需要教育理念的转变和更新。学习专业知识是教师专业发展的基础，丰富的教育智慧会为教师的专业知识学习提供有力的智力支持，帮助教师提高专业知识学习的效率，迅速增长教育知识，为其专业发展水平的提升奠定扎实的知识基础。此外，学校教育场域是教师专业发展的实践舞台，教育智慧是教师根植于教育现场，运用教育机智和敏锐的教育洞察力进行智慧教学的重要保障。

(3) 教育智慧是教师专业发展取得成功的重要影响因素之一。对教师专业发展水平能够产生重要影响的因素主要包括教师自我的成就动机水平、教师的专业发展认知水平、教师的教育知识结构、教师的教育智慧水平、教师的教学研究力与反思力以及教师的教育创新能力。其中，教师的教育智慧在教师的专业发展过程中发挥着最为关键的基础性作用。实践证明，在一线的小学教师队伍中，专业化发展水平较高的教师往往是在实践教育过程中更具教育智慧的教师，教育智慧是教师向上发展、取得巨大教育成就、由优秀走向卓越的重要能力保障。

综上所述，教育智慧在教师的职业生涯发展过程中发挥着不可小觑的重要作用。它不仅可以唤起教师最深层的教育热情以及对教育真谛的执着追求欲望，更可以将教师的教学引向创新与成功的巅峰，将教师的专业发展带向更高的层次和境界。教育智慧对于基础教育领域的教师来说更为重要。基础教育对象的特殊性，教学环境的复杂性，更加需要教师具有这种超越知识、技能和技术的素质——教育智慧。教育智慧是新时代的小学教师所应具备的重要核心素养之一，是卓越小学教师应具备的卓越品质之一，是卓越小学教师培养的重要内容之一。然而，在小学教育实践场域中，由于教师教育智慧的内在性与潜隐性特点，教育智慧在教师专业成长过程中的重要意义并未得到应有的重视，关于小学教师教育智慧生成规律与培养方面的专门研究更是稀缺。我们应切实关注教师教育智慧的培养问题，将培养智慧型教师作为小学教师培养的一项重要使命。

第二节　智慧型教师

智慧型教师是近年来教育研究领域学者关注比较多的一个议题。对这一议题的关注源于人们对新时代教师所应具备的核心素养以及对当前中小学教育教学改革历程的研究与反思。在新时代背景下，基础教育领域的教师应具备哪些关键性的核心素养？智慧型教师的内涵是什么？应该具备哪些特质？这是研究并关注智慧型教师不能回避的几个关键问题，也是研究智慧型教师问题的逻辑起点。

一、智慧型教师的内涵

教师作为学校教育教学活动的主要实施者，承载着为学校教育发展以及学生个体的成长服务的重要责任与使命。自教育诞生以来，关于教师角色和形象的讨论就从未停止过，教师在学生的学习与成长过程中所扮演的角色，教师的职业内涵及其所应具备的基本素养，在不同的社会时代背景下会呈现不同的内涵和价值意蕴。因此，教师角色是历史的产物，在不同的历史时期和时代背景下具有不同的特征。

在传统教育形式中，教师一直在口口相传的教育模式中扮演着"传道、授业、解惑"的知识传授者角色，利用有限的技术，面对有限的学生，传授相对固化的知识。这种基于常规知识传递的教育者职业角色甚至一直延续到现代，尽管今天学校的教育教学模式在一定程度上发生了变革，但是本质上并没有发生颠覆性改变。直至信息化时代的到来，信息技术正以前所未有的速度改变着整个世界，也引发了教育领域的深刻变革。21世纪以来，学校教育发展不断呈现新趋势、新形态，教师也开始被赋予全新的角色和定位。联合国教科文组织指出："在不断变化的全球化世界中，必须根据教育面临的各种新要求和挑战，不断调整和反思教师的使命和职业。"①

科学技术的迅猛发展，给教育带来的最大冲击与挑战就是科技对人力的替代作用在学校教育领域的彰显，传统师生关系走向瓦解，以反对中心、权威和本质为主要特征的后现代主义教学观逐渐开始统领教育发展，学校教育开始进入一个充满变化与创新性发展诉求的全新时代。传统教师职业角色形成赖以支撑的条件，在信息化时代已经发生急剧的变化，时代发展的外部诉求为教师角色再造提供了有利契机。传统教师职业角色在人工智能时代面临的首要挑战就是教师的能力、素质构成在新的教育形态及教育诉求面前所表现出的滞后性与不适应性。

在新时代背景下，社会对教育的质量性及层次性需求无限扩大，人们对教育的需求正由"有学上"转向"上好学"。此外，人的全面发展需求也向传统的学校教育、教师的教学创新能力提出了更高要求。新时代的学生——这些号称"移动网络原住民"的群体，不仅有着丰富的知识结构面、灵活的思维模式，更有着比以往任何时期的受教育者都开阔的视野和眼界。面对教育对象的变迁，学校课堂教学除了制度化的要求之外，是否还有足够的吸引力？这一疑问对传统教师教学提出了挑战。在这样新时代环境下，教师迫切需要提升自我的综合素养，培养与新的教育时代发展相适应的教育能力——智慧型教师应运而生。

智慧型教师作为教师教育研究领域的一个新兴概念，其广泛的指称功能和富有时代感的教育意蕴，使其成为新时期教师教育研究中出现频率很高的一个名词，并已经固化为一个内涵丰富的教师学概念，被引入新时代的很多教育学专著之中，为人们研究和学习所用。尽管"智慧型教师"一词经常出现在研究者的教师教育话语和研究视域之中，但是关于"智慧型教师"的内涵一直缺少统一的、权威性的界定。基于不同的研究背景和研究需要，"智慧型教师"经常被赋予不同的价值意蕴。作为本研究的一个核心概念与研究主线，我们需要对"智慧型教师"的内涵进行全面解析与厘定。

---

① 联合国教科文组织. 反思教育：向"全球共同利益"的理念转变[M]. 联合国教科文组织总部中文科，译. 北京：教育科学出版社，2017：47.

(一) 不同学者多重研究视域下的智慧型教师内涵

伴随着智慧教育研究热度的提升，关于智慧型教师的研究也呈现逐年上升的态势，很多学者基于不同的认识视角对智慧型教师的内涵、特征及形成规律等问题进行了分析与论证，虽然没有统一性的定论，但为人们思考与认识智慧教育以及智慧型教师提供了丰富的理论参照。关于智慧型教师内涵的探讨，主要形成如下几类具有代表性的观点。

(1) 基于智慧型教师的卓越品质来界定其内涵。我国学者刁培萼等人提出，智慧型教师就是具有较高教育智慧水平的教师。智慧型教师的教育智慧是教育科学与艺术高度融合的产物，是教师在探求教育教学规律基础上长期实践、感悟、反思的结果，也是教师教育理念、知识学养、情感与价值观、教育机智、教学风格等多方面素质高度个性化的综合体现。智慧型教师向现代教师的成长提出了更全面的要求和更高的发展境界——在实践与理论的紧密结合中全面提升自身的教育智慧水平。[1] 这一观点清晰地描述和分析了智慧型教师所应具备的核心素养，也将智慧型教师的研究推向了高潮，后续很多学者的研究都引入并借鉴了该项成果。

基于智慧型教师的卓越品质来界定智慧型教师的内涵，代表性的研究成果还有李润洲老师的观点，他提出智慧型教师在外在表现上丰富多彩，或幽默风趣或侃侃而谈或妙语连珠等，但智慧型教师丰富多彩的外在表现实质上皆是其卓越的智能和崇高的德行的体现。智慧型教师是具有卓越的智能和崇高的德行的教师。[2] 这一观点的最大亮点和贡献在于，明确地将崇高的师德作为智慧型教师的卓越品质之一，丰富和拓展了关于智慧型教师的研究成果。

(2) 基于价值论的视角阐述智慧型教师的意义和价值，从而得出关于智慧型教师的描述性定义。刘福波老师认为，智慧型教师是我们对教师工作状态的一种理想目标与设计。凡是品德高尚，尊重教育教学基本规律，善于抛出问题激发学生思维，引领学生健康成长、和谐发展的教师，都应该称之为智慧型教师。[3] 这一定义对智慧型教师的意义和价值给出了较为客观全面的概括，这是一个朴素的描述性定义，为我们认识智慧型教师的功能和价值提供了有益启发。

此外，邓友超老师在研究中指出，以智慧型教师作为对教师的整体境界、专业发展的总要求，将从客观上对教师的理论学养和综合实践素质提出更加全面的要求。提倡智慧型教师，在一定程度上会使教师的专业发展更为协调、完整和全面。[4] 田慧生、王萍等人也基于智慧型教师培养的特殊意义和价值进行了深入分析，为我们深入理解智慧型教师的内

---

[1] 刁培萼，吴也显. 智慧型教师素质探新[M]. 北京：教育科学出版社，2005.

[2] 李润洲. 智慧型教师成长的课程论解读[J]. 当代教育科学，2018(2)：38-43.

[3] 刘福波. 智慧型教师培养谈[J]. 基础教育论坛，2019(1)：21-22.

[4] 邓友超. 教师实践智慧及其养成[M]. 北京：教育科学出版社，2007.

涵以及重要意义提供了广阔的思考空间。

(3) 基于教师专业发展的视角来构建智慧型教师的内涵。智慧型教师作为新时代教师专业发展的一项核心诉求和理想境界,被赋予了极高的价值性预期。正如罗勇所指出的,教师专业成长包括实践方法的发展与理念思想的发展两个方面,前者是教师专业成长的基础要求,后者关系着教师专业水平的整体提升。教师的专业发展实践实质上是通过各种途径促进自身的"术"与"道"共同发展。[①] 教师的专业成长必须要谋求"术"与"道"的共同发展,才能完成教师从实践到理念的全面发展。"术"和"道"是教师专业发展必备的两个基础性条件,也是教师由"知识型教师"走向"智慧型教师"的必备素质。此外,相关学者还明确提出,智慧型教师就是具备使其走向最高境界的专业发展的关键智慧和能力的教师。

基于教师专业发展的视角来构建智慧型教师的内涵,将智慧型教师与教师的专业发展结合起来解读智慧教师的内涵,很好地诠释了智慧型教师研究与培养的重要价值与现实意义。

(二) 关于智慧型教师的一般意义层面的理解与界定

何谓"智慧型教师"?关于"智慧型教师"的本源意义以及最初的价值解释是什么?对"智慧型教师"的基本内涵的理解是理性地看待并客观地评价智慧型教师及其培养问题的前提。

综合国内外不同研究者关于"智慧型教师"内涵的理解,笔者认为,无论基于何种研究背景与研究视角,关于"智慧型教师"的理解都不能抽离几个基本的教育事实和要义。

(1) 智慧型教师是那些善于对受教育者创造性地施加教育影响,并能够引导受教育者进行创新性学习,取得创新性教育与学习效果的教师。卓越的教育智慧和创新创造能力是智慧型教师的本质属性,也是对智慧型教师价值最具解释效力的定义,而不具有创新意识与实施创新教育能力的教师一定不是智慧型教师。智慧型教师通常会表现出强烈的教育改革与创新意愿,他们主动克服教育惯性与惰性,拒绝墨守成规、在教育的世界里趑趄不前,他们通常活跃在教育改革一线,是教育改革与创新发展的主要推动力量。

(2) 智慧型教师是那些有着崇高教育理想和教育情怀,对育人和课堂教学有着执着的价值追求的教师。智慧型教师对待教育事业往往有着特殊的情感,这种情感是一种超越了物质与生存等功利性需求的精神性诉求,这种精神性诉求会不断激励、鞭策智慧型教师像对待生命一样去珍视教育事业,在教育的旅途中不断去探索和攀登智慧教学的高峰。智慧型教师通常会把培养卓越的创新性人才作为自我人生价值实现的最高追求。在智慧

---

① 罗勇. 教师专业发展中"术"的突破与"道"的提升[J]. 教育理论与实践, 2019(23): 24-26.

型教师的教育世界里，教育就是一切，一切都是为了教育，对美好教育的追求是永无止境的。

(3) 智慧型教师是那些有着超乎寻常的教学机智和精湛教育技艺的教师。智慧型教师首先必须是一个有着超乎寻常的教学机智和精湛教育技艺的教师，这是智慧型教师的职业能力基础。从这个意义上来说，智慧型教师是"教书匠"与"教育家"双重身份的融合。"教书匠"意味着智慧型教师要具备"高超的育人技艺"，是"最高级的教育技术工作者"，更为关键的是在教育的过程中要具有精细、严谨、追求卓越的创造精神以及用户至上的服务精神。"教育家"则需要以"创造""反思""判断""思考力"为支撑的高度专业化的实践智慧。"教书匠"与"教育家"的完美融合是对智慧型教师的最贴切的描述和界定，这一界定将智慧型教师的卓越职业品质与教育形象深刻地展现了出来。

(4) 智慧型教师是那些将学习与发展作为一项终身修炼，具有不断"向上生长"动力的教师。智慧型教师应是兼具学习能力和发展动力的教师，他们既是教育者，又是学习者，对新事物、新思想、新知识、新技艺有着强烈的好奇心与学习欲望，在职业生涯中时刻保持学习与发展状态。智慧型教师的成长轨迹应是呈螺旋式上升的，唯有将学习视为一项终身性的职业修炼，智慧型教师才能具有用之不竭的智慧之源以及与时俱进的发展智慧。

(5) 智慧型教师是那些兼具较高智商、情商与逆商的优秀教师。智商(Intelligence Quotient，IQ)，即智力商数，具体是指个体在数字、空间、逻辑、词汇、记忆等方面的能力，也称智慧、智能，智商是人们认识客观事物并运用知识解决实际问题的能力。情商(Emotional Quotient，EQ)，主要是指人在情绪、意志、耐受挫折等方面的品质。逆商(Adversity Quotient，AQ)，是指人们面对逆境时的反应方式，即面对挫折、摆脱困境和超越困难的能力。

智慧型教师在智商、情商与逆商方面都应具有较高的天赋，在教学与育人的过程中会展现出高超的育人智慧，会以智慧的方式面对并解决职业生涯中的挫折经历。与此同时，智慧型教师教学的艺术性、教学的幽默感以及机智感的展现都需要优秀的智商与情商基础。

综上，我们认为，智慧型教师是那些有着崇高教育理想和教育情怀，对育人和课堂教学有着执着的价值追求，在职业素养方面有着超乎寻常的教学机智和精湛的教育技艺，善于对受教育者创造性地施加教育影响，并能够引导受教育者进行创新性学习，取得创新性教育与学习效果的教师。同时，智慧型教师也是兼具较高智商、情商与逆商，将学习与发展作为一项终身修炼，具有不断"向上生长"动力的优秀教师。

(三) 智慧型教师与知识型教师、研究型教师内涵辨析

近年来，关于教师职业角色与职业身份问题的研究成果越来越多，教师职业被赋予五花八门的"头衔"，其中出现频率及关注热度较高的有"知识型教师""研究型教师"

等提法。在教师教育研究领域，"知识型教师""研究型教师"以及"智慧型教师"等概念经常被研究者与教育者通用为一类概念，在理解与使用的过程中似乎有"大同小异"的趋向，这些用来形容新时代教师的"专有名词"在一定程度上已经被约定俗成地异化为指向同一职业身份，具有统一内涵的关于教师的时髦称谓和万能解释。然而，事实并非如此，知识型教师、研究型教师以及智慧型教师等教师职业角色定位是基于教师职业角色内涵框架下的一组相近的、具有各自特殊属性与所指的特定称谓，不能将其混用。作为一项致力于新时代教师职业角色问题的专门理论研究，本研究本着严谨与科学的态度来对待并使用这些概念，需要清晰地阐释这些概念之间的区别与联系。

(1) 关于知识型教师与研究型教师的内涵解读。知识型教师，顾名思义，是以传授固定的知识经验和已知的知识原则为主要教学目的，注重对教材书本知识的传递和教授，在教育教学过程中追求程序化与模式化的教学逻辑，习惯于维持原有的教学秩序和教学现状的一种传统的教师职业角色类型。

知识型教师通常具有以下特点：其一，教学思维与教学方法的模式化。知识型教师擅长教授固定的以学科体系为主要特征的教材知识，喜欢延续传统的教学方法，教学改革的适应能力较差，教学通常缺少灵活性与创新性。其二，以获取更多知识"存量"为教育价值追求，缺乏宏大的教育理想和教育情怀。知识型教师对知识本身是不"回避"的，亦有着较强的知识性学习诉求，但是在对待知识的态度以及使用知识的方法上存在保守性。知识型教师通常注重的是获取知识本身的价值，而非探索其背后所蕴藏的丰富教育价值以及知识内在的对教育的创新价值。因此，知识型教师常常只顾及眼前的"教育风景"，而缺乏对教育的宏大眼界和格局。其三，知识型教师通常缺乏反思、创新、改革以及锐意进取等职业品质和教育素养。

注重知识、以知识为本位的教育观在我国有着悠久的历史，并对教师的专业发展产生了深远的影响。知识型教师在我国传统的应试教育背景下曾有着旺盛的生命力，知识型教师与应试教育"互相照应""相辅相成"，共同构成影响我国教育改革与创新发展的巨大阻力。由于长期受知识本位的教师观影响，我国基础教育领域的教师在迎接新基础教育改革的过程中，表现出强大的教学改革"惰性"与适应性"困难"。为了避免教学受到外界的"干扰"，使教学操作起来更加便捷，教师往往本能地用老办法应对新情况，缺乏必要的教师专业发展意识，在短时间内，教师的教学看似获得了较高的效率，但从长远来看，人生命中极其宝贵的东西——智慧的生成则可能受到抑制，从而导致教学在看似繁华的改革表象中逐渐失去生机与活力。[①]

研究型教师是伴随着近年来我国基础教育改革的推进而出现的关于新型中小学教师培养的另一种声音。研究型教师就是具有较强的研究意识和研究能力的教师。研究型教师主

---

① 毛菊.知识型教师困境之探微[J]. 当代教育科学，2007(3)：87-88.

要是针对我国一线中小学教师教育理论素养"贫困"、教学反思意识缺乏、在教学过程中发现和探究教育现象和问题能力欠缺等问题而提出来的，旨在塑造具有研究意识与研究能力的一线教师，为基础教育改革的深入发展提供必要的师资保障。

研究型教师理念的提出，是对传统的知识型教师角色的一次颠覆，使一线的中小学教师群体开始认识到教学不单单是简单的知识传授，教师不再单纯是"教书匠"，更要成为教育实践领域里的研究者、探索者与发现者。研究型教师一度被认为是中小学教师专业成长的高级阶段，被教育改革者们所推崇，在基础教育改革与实践领域引起了较大反响。近年来，我们一直提倡研究型教师的培养，总体效果是好的，但也出现了一些值得反思的问题。其中一个值得注意的问题就是研究型教师的功利主义教育价值取向问题，一线中小学教师为了追求"研究型教师"的标签和职业光环，带着明显的功利性动机，为了研究而去研究，忽视实践教学质量和过程，将研究视为一种获取教育利益的工具，而使研究型教师角色走向异化。

(2) 与知识型和研究型教师相比，智慧型教师更具有创造性、伦理性和实践性特征。如果说知识代表的是经验，研究代表的是观念和思想，那么智慧代表的则是一种精神、一种品质、一种境界、一种能力、一种文化。卓越的本质是"超越"，永不满足、不断追求、永无止境。智慧型教师是集"智慧"与"卓越"于一体的优秀教师。

与知识型和研究型教师相比，智慧型教师更具有创造性。智慧本质上代表的就是高级别的创造与创新能力。智慧型教师的一个核心素养就是在教育教学过程中善于创造性地对学生施加教育影响，运用更有智慧的方式启发学生心智发展，知识型和研究型教师则鲜有威兼具创新意识和智慧型教育执行能力。

与知识型和研究型教师相比，智慧型教师更具有伦理性。研究发现，与一般教师相比，智慧型教师的情意品质呈现一种共性，即拥有更为虔诚的敬业精神与更为炽热的爱生情愫；突出表现了积极、坚持、开放、幽默、个性的人格特质；具有担当责任、崇尚民主、怀抱良心的伦理情怀；具有热爱生命、坚守信仰、追求艺术的审美情趣。[1]

与知识型和研究型教师相比，智慧型教师更具有实践性智慧。知识型教师注重的是静态知识的呈现，强调知识本身的程序性以及如何有逻辑性地表达和呈现知识，鲜有关注知识与学生的创新性发展之间的关联性，以及知识以何种方式和形式更好地作用于学生，启发和培养学生的智慧发展。研究型教师虽然具有研究教育现象与教育规律的意识，注重理论与实践的结合，但是在实践教育场域中富有教育机智地实施教学的实践教育智慧和能力远达不到智慧型教师的境界。灵活机智地应对教育的情境性问题，在实践教育过程中捕捉生成性的教育资源，启迪学生的潜在智慧发展，是智慧型教师所能达到的最高教育境界。

① 王萍，田慧生. 智慧型教师情意品质的发现与认同——基于智慧型教师成长的案例[J]. 中国教育学刊，2015(3): 80-85.

(3) 智慧型教师兼具知识型教师、研究型教师的特质，是一种具有更高层次和更高境界的教师类型。无论是知识型教师、研究型教师还是智慧型教师，都是不同历史时期，教育发展到不同阶段的产物。特定的社会文化及教育背景催生了知识型教师以及研究型教师的教师职业角色类型，上述教师职业角色在教育发展的特定时期也对教育的发展起到了重要的推动和引领作用。从上述教师职业角色类型的诞生序列来看，智慧型教师是新时代的产物，但是在一定意义上也继承并延续了知识型教师及研究型教师角色内涵里的"优秀基因"，是对前者的一种超越性的创新。智慧型教师在教育的世界里，也要重视对学生知识经验与基本知识原则的教授过程，也要不断更新自我的知识"存量"，追求知识的"量化价值"，对教育基本知识的"质"与"量"的崇尚是教师的基本性职业诉求，关于这一点，智慧型教师与知识型教师以及研究型教师都是相同的。

此外，智慧型教师也有着强烈的研究意识，对受教育者创造性地施加有意义的教育影响，机智地处理课堂教学情境性事件本身就需要足够的研究意识与研究智慧，教学创新与智慧教学的过程也是一个充满研究、发现、探索与挑战的过程，教师只有具有强烈的探究与研究意识，才能在教育的世界里不断开创新天地，引领一个又一个教育新时代的到来。因此，智慧型教师是在知识型与研究型教师基础之上发展起来的一种更高层次的教师类型，是对前者的超越与创新。智慧型教师与知识型、研究型教师之间的发展关系如图2-2所示。

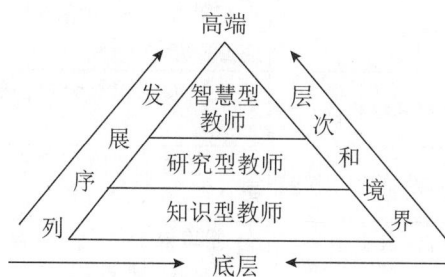

图2-2 智慧型教师与知识型、研究型教师发展关系

(4) 智慧型教师与知识型、研究型教师相比具有更丰富的内涵和更高的目标指向。从上述关于智慧型教师与知识型、研究型教师内涵的分析中，我们可以看出，与知识型和研究型教师的单一性的教育价值指向性相比，智慧型教师是一种有着更为丰富的教育指向性和功能性的教师类型。智慧型教师将教师的职业内涵和职业诉求由知识领域拓展到实践领域，由教育的物质世界拓展到教育的精神世界，由单一性的职业素质拓展到综合化的核心素养。智慧型教师丰富的职业内涵及职业发展诉求源于新时代赋予新教育的新的历史使命，在新的教育时代背景下，智慧型教师肩负着为社会培养创新性人才的重要使命，其需要树立更高的职业理想与职业信念，需要带着对教育事业的景仰与敬畏之心走进教育和育人世界，需要对课堂教学有着更为执着的价值追求和期待，如此才能不辱时代使命，最大

化地实现自身在教育世界里的人生价值。为了能够更系统、更清晰地展现不同类型教师的内涵和主要特征及其之间的差异性，下面将其整理成表格，如表2-1所示。

表2-1 "知识型""研究型"及"智慧型"教师的主要区别

类型 指标	"知识型"教师	"研究型"教师	"智慧型"教师
职业角色定位	传统意义上的知识传授者，程序化教学的复制者	教育研究者，教学反思者，"专业化"水平较高的教学研究型教师	"教书匠"与"教育家"的融合体，教育创新者，新教育的开拓者
职业理想与信念	成为有文化、有知识的好老师，稳定的教学工作状态，成为"名师"，功利化的教育价值取向	在教育教学领域形成自己的教育特色，有一定的教学研究成果	拥有宏大的教育理想和教育情怀，追求卓越与创造精神，追求教育真谛
教学及育人目标	应试教育，培养会考试、会死记硬背的学生	素质教育，遵循教育规律，培养合格学生	培养创新性人才，开创智慧教学新模式
对待知识的态度	理解、记忆、复制、传承、静态化	理解、探究，将研究视为个人重要的成长基础	创新、发现、创造性运用、生成新知识
教育综合素养	偏向于单一性的知识传授技能	注重教学与研究素养以及教学反思能力	拥有一系列卓越的教育品质和能力
教学的创新性	追求稳定的教学风格和形式，拒绝变革	对教学创新具有一定的回应度，但大多缺乏实践创新能力	对教学创新有着执着的追求和动力，有着很强的教学创新和智慧教学能力
教学机智和能力	教学机智感缺乏	重视教学机智和情境教学能力培养	教学机智感强，善于高效应对教学情境性问题
专业发展动力	知识学习情绪和动机高	专业发展意识充分，但过于狭隘	专业发展动机很强，向上生长意识强
与学生相契合的基本精神	学生仰慕与崇拜的知识权威	平等中的"首席"，启发引导	教育之爱，共情、共勉、共创、共建
教育权力运用方式	权威与管制、自上而下、主导、专制	沟通与对话、平等、民主、协商、尊重	智慧交流、服务、合作创新、协同共享

二、智慧型小学教师的特质

从心理学的角度来看，特质是对行为的一种概括和抽象的描述，是一组有内在相关或内在联系的行为，"它可以表现出一个人特有的相对稳定的行为方式"。[1] 特质具有抽象性、稳定性和相对性等特征。研究并分析智慧型小学教师的特质，抽离出关于智慧型小学教师的一般性的职业属性和能力品质，对于我们深入理解、认识并培养智慧型小学教师有着重要的现实意义和价值。

---

[1] 梁宁建. 基础心理学[M]. 北京：高等教育出版社，2004.

　　小学教师是一个有特殊社会意义和职业内涵的职业。原因在于，小学教师面对的是6～12岁的儿童，小学教育的启蒙性、基础性和未来性特点都决定了小学教师职业角色与职业内涵的特殊意义。作为一名合格的小学教师，不仅要具有多元化的知识结构，丰富的文化底蕴，敢于担当、富于创新和发现的精神，更要有热爱儿童，无私奉献的专业情意与职业信念。上述职业品质也是对小学教师特殊职业形象的一种概括和抽象描述。

　　小学教师职业的特殊性还体现在，在新时代背景下，小学教师还是一个充满挑战的、处在不断变化之中的职业。基础教育改革已经成为一个常态化的教育变革事件，不断向小学教育领域提出新的、更高的、符合时代发展需要的教育改革诉求，作为教育改革的直接承载者与实施者——一线小学教师需要不断面临来自各方面的新挑战，必须积极回应各种改革与创新发展性诉求，才能在不断变化的教育世界里获得可持续性发展。

　　因此，小学教师职业是一个具有无限挑战度和发展空间的职业，小学教师由合格走向优秀和卓越更加需要具有足够的教育勇气和教育智慧。此外，成为一名卓越的智慧型小学教师，除了要具备普通智慧型教师所应具有的崇高的教育理想和教育情怀，对育人和课堂教学执着的价值追求，以及超乎寻常的教学机智和精湛教育技艺，还需要具备小学教师由优秀走向卓越的关键性条件和特殊智慧素养，主要包括如下几个方面。

(一) 与时俱进的教育理念与教育知识基础

　　正确认识与理解小学教育的本质、目的、制度及教学过程规律等教育理念是小学教师开展教育与教学工作的必要前提。同时，小学教师还要具备必要的有关教育教学的间接经验。间接经验是指教师主体在习得一定的教育理论的基础上，有意识地建构的面向教育实践、追求科学化的教育理念和学科知识的总和，是指"储存于教师个体头脑中、为教师个人所享用的关于教育诸方面的理性认识成果"。[①] 间接经验是前人在实践过程中总结、积累并概括出来的具有普遍意义和价值的认识和知识，是后人进行社会实践的必要认识基础和前提。间接经验能够为社会个体的实践带来有意义的启发性智慧，间接经验中常常蕴藏创新的种子，是社会个体进行创新性实践不可跨越的基础。

　　智慧型小学教师在对学生创造性地施加教育影响、实施智慧教学的过程中，同样需要具备必要的教育间接经验和教育知识基础，需要从教育前辈以及前人的教育世界里获取有意义的教育经验和启发。这是其遵循小学教育规律，尊重基础知识教学规则的重要前提。

　　对于智慧型小学教师而言，其追求的是一种超越平凡和常规的卓越的教育境界。由合格到优秀再到卓越的教育境界的实现，单纯依靠历史性的知识经验是远远不够的，需要其从历史经验中抽离教育智慧，基于新时代背景重新构建自我的教育知识与认知结构，从而使自身的教育知识结构永远保持与时代同步，只有获得与时俱进的教育知识基础，才能拥

---

① 　邓友超，李小红. 论教师实践智慧[J]. 教育研究，2003(9) .

有新时代的教育视野和教育格局，在小学教育的实践世界里做出富有创新价值的教育选择和贡献。

21世纪以来，人类社会的知识正以前所未有的速度迅猛增长，知识推陈出新的速度越来越快，快速的知识变迁也在不断加快教育改革的步伐。在不断更新的教育知识世界里，人们开始对现存教育的普遍正确性予以反思，基础教育领域成为人们反思的首要对象。基础教育在应对社会变革以及人类社会新的发展诉求过程中所表现出来的滞后性开始引起人们对基础教育价值及其实施范式的深刻反思。反思的结果是：基础教育领域需要改革传统的教育理念和教育模式，要打开教育创新的大门，迎接新思想、新理念、新知识、新教育，要用智慧点亮基础教育的改革之路。至此，基础教育领域开始了一场"马拉松"式教育改革长跑。引领并真正参与这场"长跑"比赛的就是一线的中小学教师，能够在这场关乎教育改革成败的教育改革"长跑"比赛中脱颖而出的就是那些具有与时俱进的教育理念与教育知识基础的智慧型教师。

与时俱进的教育理念与教育知识基础是保障一线小学教师能够始终走在基础教育改革前沿，运用新时代的教育视野洞察小学教育教学实践现象与问题的基础和前提。同时，与时俱进的教育理念与教育知识基础也是智慧型小学教师理性智慧生成的前提。

智慧型小学教师是具有理性观念的教师。理性观念是教师的主观认识、思想理念，属于康德所说的"纯理性"。小学教师的"纯理性"对于教育实践具有一种"前定"的效果倾向，即有怎样的"纯理性"，便会产生怎样的实践倾向，"纯理性"发挥着教育观念对教育实践的指导作用。著名哲学家西塞罗(M. T. Cicero)曾精辟地论述过理性与智慧的关系，他说"当理性发展成熟和完善，便被恰当地称之为智慧"。这就是说，智慧是一种成熟和完善的理性。[①] 小学教师在理性观念方面的智慧，是其成长为智慧型教师的关键性条件。

(二) 拥有童心，了解并熟悉儿童的文化世界

"童心"指孩子般的心灵，儿童般的心情，形容直率、纯真的心理，不带有任何杂质的心灵境界。小学教师的最高教育境界就是拥有一颗童心，了解并熟悉儿童的主流文化，善于用儿童的视角去看世界、看儿童、看教育、看自己，这样才能走进儿童的心灵世界，实现与孩子的无障碍沟通，才能获得关于小学教育真谛的真切感悟，才能收获真正意义上的教育幸福感。

对于智慧型小学教师而言，拥有一颗纯净的、儿童般的心灵，是他们一心一意、干干净净做教育，摒除一切功利主义教育价值取向，保持教育初心的原始动力。因为，只有拥有不带有任何杂质的心灵境界，才能使他们发现并愿意接纳教育的真善美，才能在喧嚣的

---

① 刁培萼，吴也显. 智慧型教师素质探新[M]. 北京：教育科学出版社，2005：122.

教育世界里触碰教育的最高境界。

拥有童心，了解并熟悉儿童的文化世界，小学教师才能在教育实践过程中真正做到与儿童的平视和智慧交流。用儿童的语言来和儿童进行交流，才能达到智慧交流的境界；把儿童潜在的好奇心、学习动机和兴趣调动起来，小学教师才能在与儿童的交流过程中捕捉到有益的教育契机和生成性教育资源，创造性地对儿童施加教育影响，培养儿童的创新思维和创造能力，真正进入儿童的世界，从而实现对儿童的智慧教育。拥有童心，了解并熟悉儿童的文化世界，小学教师才能走进孩子的教育世界，探索到符合儿童身心发展规律和现实需求的教育方式，才能最大限度地发掘儿童的潜力，引导儿童兴趣发展，完成智慧教学。

拥有童心，了解并熟悉儿童的文化世界是智慧型小学教师的教学智慧表现之一，也是智慧型小学教师所特有的专业情意。专业情意是小学教师职业情感发展的一项重要内涵。所谓专业情意是指小学教师为了实现与儿童的无障碍沟通，贴近儿童的生活与思想世界，从而获得儿童的价值认同所具备的特殊的专业情怀和理念。专业情意是小学教师实现专业化所应具备的情感智慧，是其成长为智慧型教师的必要条件。

拥有童心，了解并熟悉儿童的文化世界之所以是智慧型教师的专属职业品质，是因为在我国，作为基础教育起始阶段的小学教育曾一度被"知识教育"所充斥，小学教师与小学生之间的"教育逻辑关系"一度处于颠覆状态，小学教育世界的人文性意蕴抽离，小学教师的本体性道德缺失等问题比比皆是。在小学教育实践过程中，小学教师应有的对小学教育意义尤其是对儿童生命意义价值的关注成为稀缺性教育事件，以至于人们对小学教师职业角色的意义性遮蔽现象产生了深刻反思，呼唤回归"童心"、回归"本真"的教育声音越来越强烈，智慧型小学教师培养需求应运而生。

(三) 拥有基于教学机智和教学经验的实践教学智慧

智慧型小学教师教学智慧的直接表现就是在教育实践领域中，习惯性地运用富有个性化的新思想、新理念及新技术，创造性地对学生施加教育影响，从而促进学生的智慧成长。智慧型小学教师的实践教育智慧具体表现在教师的教学方法、教学风格、教学语言以及教学评价的独特性等方面。智慧型小学教师在小学教育的实践领域中常常喜欢打破常规和传统教学模式的束缚，善于开创基于新思想、新技术的具有自身教学特色的教学模式，从而带给学生一个充满新奇和愉悦体验的教育创新过程。

这种富有挑战度与创新性的教育探索过程，并非所有教师都能够完成，它需要教师具备足够的教学机智和教学经验，能够在程序化的教育世界里发现新的教育机遇，将其演化为教育创新的媒介，生成创新性的教育资源。学生的认知能力和创新意识在与教师共同探索发现新的教育资源的过程中，也会经由教育的悉心呵护而得到开启、丰富和发展。从此意义上说，智慧型小学教师的课堂教学是真正意义上的"教学相长"与智慧生成的过程。

实践教学智慧作为智慧型小学教师突出的卓越教育品质之一，除了表现为教师在实践教学过程中对新方法、新策略以及新技术的创新性使用外，还突出表现为教师在小学教育教学实践领域的智慧性语言表达。小学教师的教学语言应富有"儿童性"，应是基于儿童视角的一种特殊的教学意义的传递。智慧型小学教师更会将这种具有特殊意义的教学语言演绎到更高的水平和境界，在课堂教学、知识传递以及与学生的日常交流过程中，其语言通常表现出超强的"智慧性内涵"。智慧型小学教师的教学语言对小学生而言充满了亲切感、感召力、启发性与教育性，使师生之间产生相互吸引的"教育魔力"，学生会乐于沉浸在智慧型小学教师所创设的语言环境里，身心愉悦地进行学习。在这样的教学语言浸润下，学生会完全消除对学习的恐惧感和厌学情绪，会积极主动地学习、探究性地学习，在学习的过程中既能收获知识、能力，又会获得一种积极的情感体验，为其日后良好人生观、价值观的形成打下良好的心理环境基础。

诚然，智慧型小学教师的实践教学智慧是一种非常难得的高级教育智慧，会对小学生的学习和身心发展产生重要的积极影响，但是，智慧型小学教师的教学实践活动常常表现出鲜明的个性化特征，是基于教师个体教学经验以及教学思想的一种独特教学魅力的展现。因此，智慧型小学教师的教学风格和教学经验呈现方式通常不易被模仿和复制，具有鲜明的个性化特征。

(四) 卓越的教育感知力、洞察力与反思力

教师教育智慧有两个核心表现："自我教育"的生起与坚持，对环境的洞察和灵活应对。教师觉察力是教师对自身的存在以及世界"是什么"的非语言的感知和意会，对教师教育智慧的生成具有重要意义：一方面，教师本体觉察力是教师做好自己和超越自己的基础；另一方面，教师外在觉察力是教师洞察现实和融入现实的基础。教师需要通过爱和好奇、体验敏感性训练、本体觉察和外在觉察的转换等策略来提升觉察力，生成教育智慧。[①]智慧型小学教师有着比普通教师更为睿智的教育觉察力，他们善于在不断变化的小学教育世界里，发现儿童的每一个细微变化，善于洞察并发现儿童内心世界的情感变化，敏锐的洞察力加之师爱的情感智慧会为儿童的身心健康发展架起一座智慧的桥梁。

卓越的教育感知力、洞察力与反思力是智慧型小学教师情境性教学智慧生成的基础性条件。敏锐的教育感知力有助于智慧型小学教师发现并捕捉到常人难以发掘的珍贵的瞬间教育契机，从而使教学过程获得意想不到的教育效果。此外，卓越的教育感知力和洞察

① 于泽元，田慧生. 觉察力在教师教育智慧生成中的意义与提升策略[J]. 国家教育行政学院学报，2011(3)：17-22.

力也是小学教师实施个性化素质教育的重要前提，善于发现每个孩子内在的闪光点，才能有针对性地对每个孩子施加有意义的教育影响。可以说，只有拥有良好的觉察力，小学教师才有能力对现实教育环境有深刻的洞察，并做出灵活的反应，才能在充满教育挑战的小学教育世界里做好自己的教育，做出风格和特色，做到卓越。良好的教育感知力和觉察力不仅是教师了解和融入外在世界的能力，也是教师自我"向上生长"的力量之源，还是教师进行自我选择和创造的源泉。综上，小学教师的觉察力是其获得教育智慧的核心能力之一。

此外，卓越的教学反思力也是智慧型小学教师的主要教育特质之一。关于教师反思力的重要性，李镇西老师这样认为："优秀老师和普通老师的区别，其实不在于做，而在于思。带着一颗思考的大脑从事每一天平凡的工作，则是优秀教师的特质。"[1]伴随教育实践的思考是教师教育智慧生成的重要途径，也是智慧型小学教师获得卓越的教育与教学能力的重要途径。智慧型小学教师通常具有教学反思的习惯和能力，课堂教学的过程、教学中的表扬与激励、教学方法的实施与效果、与学生的交流与互动……每一个教学单元和教学情境的结束都意味着一次教学反思的开始，智慧型小学教师会坚持对每一个蕴含教育因素的细节以及自我的"教育经历"进行回放、审视和追问："这样的教育选择方式合理吗？""如果不这样处理会有怎样的，不同的教育结果？"基于教育实践的反思是智慧型小学教师不断学习与自我提升的最佳方式，反思后所形成的新的教学智慧会在新的实践中予以应用和发展，从而使智慧型小学教师的教学过程永远保持发展与创新的活力。

(五) 创新性的教育思维品质

创新思维，是指以新颖独创的方法解决问题的思维过程，通过这种思维能突破常规思维的界限，以超常规甚至反常规的方法、视角去思考问题，提出与众不同的解决方案，从而产生新颖的、独到的、有社会意义的思维成果。创新思维的本质在于用新的角度、新的思考方法来解决现有的问题。创新性的教育思维是智慧型小学教师最卓越的核心品质，是其教学创新、实施智慧教学、引领小学教育创新发展的重要能力基础。

创新性的教育思维品质是智慧型小学教师在教育教学实践过程中探索原创性教学逻辑，形成独特教学风格和品质，达到教育教学卓越境界的关键。这种带有强烈探究意识的、能动性的思维品质，能促使小学教师在教育教学过程中充满问题意识，拒绝墨守成规，把发现新问题、提出新方案作为一项始终不渝的职业追求。

智慧型小学教师在备课、讲课以及评课的过程中，常常会基于独特的教育视角，提出与众不同的、具有更高水平的教育见解，对于提高教师的教学效率具有重要的价值指引与启发意义。智慧型小学教师普遍具有探索性与差异性的创新思维，对于小学教育场域中

---

[1]　李镇西. 班主任的智慧从何而来？ [EB/OL]. 镇西茶馆，2018-12-31.

的常规性教学过程和教学事件，通常会提出不同的创新发展方案和对策，在教学策略选择、教学内容设置等教学环节都会展现新颖的、独特的教学魅力与智慧。

(六) 拥有基于师爱的情感智慧

"教育爱是小学教师人格的灵魂。"小学教师的教育爱之情感不同于母爱，它是在教育环境、教学实践中形成并发展起来的高级社会性情感，体现着人类特有的一种无私、深沉、持久的理智之情、事业之爱，凝结着教师对教育理想的憧憬、对真善美的追求、对祖国人类未来的奉献。[①] 小学教师每天面对的是6~12岁的心智发展尚不成熟的儿童，试想一个没有爱心和耐心、不爱孩子的老师，如何能够做到用心去启发和保护孩子的好奇心，引导并影响孩子的创新意识发展呢？小学教师特别需要用目光、笑容、肤触以及各种体态语言向儿童传递爱的信息，使小学生建立对学校及老师的依恋、信任关系。[②] 从此意义上说，教育之爱是任何一位小学教师从事小学教育事业的基本职业素养之一，是小学教师获得教师职业准入资格的先决条件之一。日本学者皇至道在其所著的《人类的教师与国民的教师》一书中，也将教育之爱作为小学教师所应具备的基本核心素养之一，他将小学教师的特质归纳为四个方面：教育信念，热爱儿童，教育技能和实践反思。[③]

教育之爱作为小学教师在教育实践过程中所应具备的一种高级社会情感，被普遍认为应是小学教师从教的基本职业素养，这一点得到了国内外研究领域的一致认同。我国《小学教师专业标准》中明确指出，小学教师要具有爱心、耐心、细心和责任心，小学教师要关心、爱护小学生，对待小学生要有耐心。这就需要小学教师善于调节自己的情绪，同时能够培养小学生具有积极健康的身心，始终重视他们的生命安全，从爱的角度出发面对小学生，这都是"五爱"的表征。小学教师情感素养的核心是"爱"，具体是指"五爱品质"，包括爱生命、爱自己、爱教育、爱儿童、爱角色。[④]

教育之爱也是小学教师专业发展的重要内容所在，是小学教师由合格走向优秀再到卓越的重要情感基础。现代教师发展理论认为，教师发展不仅是理性的成长，而且包含情感的丰富与深化。"教师发展并不仅仅包含技术的维度，例如知识与教学技能等，更主要是一种道德和情感的维度。[⑤] 因此，小学教师的教育之爱与其教育能力、教学技能水平一样，也是一个由低级到高级、由简单到复杂的专业发展过程。

拥有基于师爱的高级情感智慧是新时代智慧型小学教师应具备的主要特质之一。智慧

---

① 王智秋. 小学教育专业人才培养模式的研究与探索[J]. 教育研究，2007(5)：25-30.

② 朱小蔓. 中国教师新百科(小学教育卷)[Z]. 北京：中国大百科全书出版社，2002：374.

③ 皇至道. 人类的教师与国民教师[M]. 东京：玉川大学出版部，1975：49.

④ 教育部教师工作司. 小学教师专业标准(试行) 解读[M]. 北京：北京师范大学出版社，2013.

⑤ Manen，M V，Li S Y. The pathic principle of pedagogical language[M]. Teaching and Teacher Education 19, 215-224.

型小学教师的"师爱"智慧与普通小学教师的教育之爱相比，应是一种更高级、更有内涵的爱，主要体现在如下几个方面。

(1) 智慧型小学教师的教育之爱应是一种镶嵌着教育智慧的爱，是一种带有启发性与激励性的爱。智慧型小学教师处于小学教师专业发展的高级阶段，代表小学教育的最高水平和最高境界，是小学教育领域"精英"与"卓越"的象征。智慧型小学教师对学生的爱，常常渗透着一种高级的教育智慧，使学生在被呵护与关爱的同时，最大限度地实现智慧成长。

这种被赋予了教育智慧的教育爱，常常体现在小学教师的语言里，小学教师的眼神里，以及与学生沟通交流的每一个细节里。一个意义深刻的眼神，一个温暖的拥抱，都会对孩子的身心发展形成润物细无声的影响。研究表明，越是年龄小的儿童，受教师的非言语性表达和教学暗示的影响越大。小学教师这些润物细无声的爱的表达方式和质量，与教师自身的教学机智感、教学经验和教学智慧水平的高低密切相关，不同层次的教师会以不同的方式、方法来表达这种"隐性的教育之爱"。智慧型小学教师在对学生施加隐性的教育影响时，常常展现出超出寻常的灵活性、机智性、策略性及智慧性，从而取得事半功倍的效果。

(2) 智慧型小学教师的教育之爱应是一种基于无私和公平的理性的爱。智慧型小学教师对教育真谛有执着的追求，他们有着超出寻常的教育情怀和教育理想，这种对教育的执着精神映射到具体的教育教学过程之中，即表现为一种客观的、理性的、真实的教育情感和教学实践行为。在对学生的教育与管理过程中，也会以一种平等的、真实的、理性的态度去看待学生，处理教学过程中的情境性事件，会给学生以关怀、理解、引导、鼓励性的教育，从而对学生的创新精神和创新能力形成乃至终身的发展产生重要影响。

英国科学家麦克劳德(McLeod)，上小学的时候曾偷偷杀死了校长家的狗，这在西方国家是难以原谅的错误。幸运的是，麦克劳德遇到了一位高明的校长，校长的惩罚是要麦克劳德画两张解剖图：狗的血液循环图和骨骼结构图。正是这个包含理解和宽容的惩罚，使小麦克劳德爱上了生物学，他最终因发现胰岛素在治疗糖尿病中的作用而走上了诺贝尔领奖台。上述故事中，这位校长的做法就是一种体现"教育之爱"的智慧教育。教育之爱并非单纯的关心、关爱与照顾，而是一种基于无私、公平及理性的教育引导，是一种在面对学生"错误"时的一种机智的处理方式。这时的教育爱是渗透到"教育惩罚"中的一种激励性教育，是秉持公平正义的一种素质教育，是智慧性利用学生"错误资源"的一种有着特殊意义的教育。

(3) 智慧型小学教师的教育之爱应是一种渗透并融入儿童身心发展全过程的、系统的、全方位的呵护。教师的教育智慧是教师在教育教学过程中所展现的一种高级能力，它是一种综合的、多元化、多层次的教育能力。因此，真正的教师教育智慧应是一种连续的、习惯性的呈现与表达，而非单纯地表现在某一突发性教育事件当中，某一次的教学机智。这种高级的师爱智慧，不是一瞬间的关心与爱护，而是渗透到与儿童接触的每一个细节中。这种师爱是一种坚持、一种信仰、一种追求、一种特殊的教育信念，既超越了母爱，也超越了普通的基于关心和爱护的"师爱"，是一种有着特殊教育意义的大爱。

（4）智慧型小学教师的教育之爱应是一种不夹杂任何功利性诉求的朴素的爱。只有基于朴素的、本真的教育初心，才能在儿童的教育世界里表现出忘我的教育情怀，才能让儿童真切地感受到教育爱的温度。让小学生建立起对学校和老师的依恋、信任关系，是小学教师创造性实施教育教学工作的必要前提。智慧型小学教师的师爱智慧，通常以一种朴素的方式，以伙伴、朋友、家长的"身份"出现在儿童的教育世界里，基于对儿童文化世界的充分认知，才能实现与儿童的无障碍沟通，达到智慧交流的境界。这种朴素的、纯真的师爱恰是小学教师教育智慧的最高境界。具有智慧型小学教师特质的行为如表2-2所示。

表2-2　具有智慧型小学教师特质的行为

序号	指标	序号	指标
1	教学创意强，教学思维新颖独特	12	总是保护儿童的想象力和好奇心
2	探索原创性的教学逻辑和育人方式	13	总是与儿童保持平视和对等的关系
3	习惯性地发现新问题，提出新方案	14	总是能够机智地处理儿童的"错误"
4	反思每一个蕴含教育因素的细节	15	总是善于运用非言语表达对学生的爱
5	基于教学实践的教学反思	16	教学语言总是充满亲切感与启发性
6	发现并捕捉瞬间教育资源	17	智慧化地使用信息技术等教学手段
7	感知儿童情感反应的细微变化	18	无私、公平、理性地对待每一个学生
8	有意识地、积极建构新的教育知识体系	19	具有独特、成熟的教学风格
9	基于新的教育视野洞察小学教学实践问题	20	总是率先尝试新理念、新教学方法
10	带给学生充满新奇和愉悦体验的教育环境	21	总是创造性地对儿童施加教育影响
11	用"儿童性"的语言与儿童交流	22	在教学实践中保持积极的学习态势

第三章

教师教育智慧的生成与培养

教育智慧作为一种涵盖教师多方面知识与素质的综合能力系统,在教师专业发展以及成长为卓越教师的过程中发挥着重要的作用。教育智慧是卓越教师的一种优秀的内在品质,是引领教师的教育教学走向自由、开放与创新的最高境界的关键能力。教师教育智慧是新时代小学教师核心素养的重要组成部分,对小学教师的工作状态、教育质量和水平有内在影响,进而深刻地影响着小学教育质量。教师教育智慧是一种可以在知识获得及经验积累的过程中逐渐生成的教育能力,是一种可以在教育的悉心呵护中不断丰富和发展的智慧。因此,教师教育智慧的生成与发展会因受外界多种主客观因素的影响而呈现不同的状态和水平。研究并分析教师教育智慧生成与培养的一般规律和特点,构建小学教师教育智慧培养的策略体系,为新时代的小学教师专业发展赋能,为新时代小学教师培养提供有益的理论与实践支持是一项意义深远的研究课题,也是本章所要研究与探讨的主要内容。

第一节　教师教育智慧生成的影响因素

教育智慧是教师对教学规律的一种深层次的认知与理解,是教师教学实践经验积累与升华的结晶。教师教育智慧不是与生俱来的,也不是一朝一夕就能形成的,需要教师经过长期的教育实践磨炼才能最终生成。教师教育智慧的生成过程是一个长期的、复杂的、由量变到质变的过程,要受到多种复杂因素的影响。教师自身的知识与能力素养水平是教师教育智慧生成的必要基础;教师追求卓越等内在的专业发展动力是教师教育智慧生成的重要动力和引擎;学校文化与教师评价制度是教师教育智慧生成的重要外在影响因素。此外,传统教育思想与教学理念、教师在教育教学过程中的功利主义价值取向及思维惯性和教学惰性等都会对教师的教育智慧生成产生消极的阻碍作用。

一、教师自身的知识与能力素养水平

(一)知识基础与实践教学经验

在前文中,我们对智慧型小学教师的特质进行了较为详细的论述,其中提到智慧型小

学教师首先必须是一个知识广博、实践教学经验丰富的教育家。这是因为教师自身的知识基础与能力素养会对教师的教育智慧生成起到重要的促进或制约作用。智慧涵盖个体多方面的素质，它融合了个体已有的知识经验和经历，个体所经历的一切都有可能转化为智慧。① 知识不等于智慧，智慧亦不能像知识那样可以被直接教授或传递，但是智慧的生成需要建构在足够的知识基础之上，知识与经验是智慧生成的两个必要条件。教师教育智慧在教师获取知识、经验的过程中，经由教育的引导和启发才能得到开启、丰富和升华，教师的前期知识基础和实践教学经验水平能够影响并制约教师教育智慧的生成。

1. 教师知识的深度与广度

教师自身所具备的知识的深度与广度决定着其教育视野和教育格局，进而影响其教育智慧的总体水平。教师的知识结构以及知识的深度和广度都会对教育教学行为产生重要影响，教师智慧教学的实施同样要以必要的知识经验为基础。在具体的实践教学过程中，教师的知识水平会直接影响教师的教育选择和教育判断能力的发挥。只有具有多元化的知识结构以及丰富广博的知识储备，教师才会有广阔的教育视野，在看待并辨析一些教育现象和教育问题时才会有敏锐的洞察力和思维高度。视野决定高度，眼界决定格局。因此，教师的知识基础是打开其教育智慧之门的钥匙，是引领其走向卓越的不可逾越的云梯。

对于小学教师而言，拥有综合化的知识结构、丰富广博的知识储备更是其职业角色发挥的重要前提。在小学教育阶段，学生处于知识启蒙与道德发展的关键时期，教师的思想道德、文化修养、知识的深度和广度，都会潜移默化地影响儿童对世界的认知方式，影响儿童的身心发展。因此，小学教师的知识结构应综合化地体现在德、识、才、学诸方面，对生活、教育各个领域的知识都应有所涉及，才能够具有多学科的文化知识素养和综合的实践教学能力，才能够在与儿童沟通交流的过程中，游刃有余地对其创造性地施加教育影响。多元化的知识结构和知识储备可以使小学教师的教学行为展现出成熟的教学魅力，使小学教师能够在儿童"丰富多彩"的问题世界里，成为儿童好奇心和探索兴趣的呵护者和引导者，帮助小学教师树立知识权威的形象，增强儿童对教师的亲近感与信任感，从而提高"教"与"学"的效率。

从儿童认知发展的角度来看，小学阶段的儿童的思维尚未细致分化，此时的他们对世界的认识是整体化、生活化的，所提出的问题来自生活世界，而生活世界的背景知识是一个综合整体。因此，小学教师必须具备综合性的知识结构，并能够帮助儿童在科学世界中为生活世界的问题找到合理的解释；反之，又可为科学世界的理论在儿童的生活世界中找到相应的模型与背景，即具备将儿童的生活世界与科学世界双向整合的知识结构和能力。②

---

① [加]马克斯·范梅南. 教学机智——教育智慧的意蕴 [M]. 李树英，译. 北京：教育科学出版社，2001：15.
② 王智秋. 小学教育专业人才培养模式的研究与探索[J]. 教育研究，2007(5)：25-30.

当前，我国小学教育领域正经历教育改革创新与变革的历程。新一轮的教育改革不断呼吁和强调小学课程应以综合化为主，小学教育学科知识的传递应以儿童的生活经验为基础，同时要加强对儿童的传统文化教育。因此，新时代的小学教师必须具有厚重的文化知识和学科基础，以及具有综合性特征的教育知识结构，才能承担小学课堂教学与全面育人的根本任务，在此基础上，才能在小学教育的世界里运用创新思维开创新的教育世界，实施智慧教学。

2. 教师的知识观和价值观

教师的知识观和价值取向决定着其对待知识学习和知识传递的态度，进而影响其教育智慧生成的层次和境界。知识观(Conception of Knowledge)是人们关于知识本质、来源、范围、标准、价值等的种种假设、见解与信念。它是伴随着知识的积累，人们对知识所做的一种意识和反思。我们怎样思考知识、对待知识，在很大程度上决定着我们的课程理想和教学行为，知识观比课程观、教学观更为根本。[①] 教师关于知识生成属性等问题的看法和态度会对其教学行为产生直接的影响，有什么样的知识观，就会有什么样的教学思维和教学理念，相应的，教师在教育教学实践领域的实践路向也会有所不同。

教师作为知识的承载者与传播者，在探索知识与传递知识的过程中，必然要将自己对待知识的价值取向、教育理想、教学意志投射到知识的对象世界中，教师在教育的世界里所传递的知识通常都是经过教师的主观意识"过滤"的，涵盖教师的"审美尺度"的知识，课程知识总是烙有教育以及教师主体精神创造的印记。在实践教学领域，教师关于知识的态度通常表现为两大类别：一种是将知识视为一种静态的、封闭的、稳定的自生系统。此种知识观作用下的教师通常将课堂教学视为单纯的知识传递，习惯于以讲授和"灌输"的方式单向度地传递知识，学生在知识的传递过程中沦为被动的接受者，处于"失语"状态，在教学过程中师生面对的共同问题是缺乏对知识的意义建构、探究、改革与创新。另一种态度则是将知识的生成过程视为一种动态的、开放的生态系统，知识并不是一种具有终极价值和定论的、绝对客观的存在，而是具有非肯定性、建构性、多样性和创生性等特征。在课堂教学过程中，教师应与学生形成一个知识建构与创生的教育共同体，在这样一个开放的课堂知识教学生态系统里，教师和学生都是知识的积极建构者，教师在知识建构过程中的角色定位应是学生潜在学习兴趣和知识探究欲望的"开发者"，学生走向知识求索与创新之路的"摆渡人"。

在不同知识观的作用下，教师的课堂教学行为会呈现不同的实践样态，会对学生的学习方式及知识获得产生不同的教育影响。积极建构的课程知识观是教师教育智慧生成及在实践教学过程中创造性地使用新方法、新技术、新理念的重要价值与认识基础。持有动态生成性课程知识观的教师，在其课堂教学过程中常常表现出积极的创新倾向，习惯打破常

---

① 潘洪建. 当代知识观及其对基础教育课程改革的启示[J]. 课程·教材·教法, 2003(8)：9-15.

规，开创新的教学模式和教学风格，拒绝千篇一律的程序化课程知识教学模式。在这样的课堂教学环境下，教师的教学充满了启发性、趣味性和智慧性，学生的学习也由被动接受转为愉悦的积极探究，教学不再是简单的知识传递，而是师生之间基于同一目标共同建构的过程，知识建构的结果不仅仅是知识总量的增加，还有师生共同生成"教"与"学"的智慧。

教师自身的知识观和价值取向不仅决定着其对待知识以及课堂教学的态度，也决定着其教学智慧的生成与发展，教师只有具有动态生成的知识观，将知识的生成与教授视为师生主动建构新经验的过程，才能在学校教育过程中进行积极的创新，教师教育智慧的生成才具有必要的动力源和认知基础。

3. 教师存储的知识性质和状态

教师储备的知识的性质和状态，能够影响教师教育智慧的创造性功能发挥。知识是教师从事教育教学活动的媒介，也是教师创造性地对学生施加教育影响的必要工具。知识能够开阔教师的教育视野，提升教师的教育格局，因此，知识是教师教育智慧生成的重要基础和保障。从此意义上说，知识是教师教育智慧生成的必要前提，智慧型教师一定是有知识的，但是有知识未必会成为智慧型教师，教师的教育知识转化为教育智慧需要一定的条件。

(1) 教师的知识结构和知识储备必须具有新时代的特征，是新知识、新文化、新思想、新技术的集合体，是代表新时代社会发展趋向的先进知识。只有基于对新时代的社会文化和社会知识深层次的理解、认知、洞察、抽象以及运用，才能产生具有创新价值和创新意义的教育思想和教学逻辑。教师才能驾驭新时代的学校教育环境，运用新时代的教育话语体系，与学生进行知识与教育视界的融合、碰撞，从而生成新的意义，教师自身的教育智慧才能得以生成和发展，教师的教学创造性才能发挥出来，才能将教学引向基于创新和智慧的最高水平和境界。

(2) 教师的知识结构必须是一个动态的、具有生成性特征的系统，才能为教师实施智慧化教学提供"活"思想、"活"资源，只有基于最新近、最前沿的思想和理念，才能创生出最具时代价值的教育智慧。因此，教师要想具有教育智慧并实施智慧教学，就需要不断更新自身的知识结构，不断学习和吸纳新的知识和技术，保持自身知识的流动性，应广泛了解当代人文社会科学与自然科学的最新进展，具有不断进行知识更新的能力。

此外，无论是新知识还是历史性知识，知识的最初形态都是对事实的一种静态的描述与呈现，只有经过教师个体的思维加工，负载了教师个体的价值取向的知识才有了"灵魂"和"生命"，才会成为一种有意义的创新性的存在，才具备转化为教师教育智慧的可能性。

(3) 知识转化为教师的教育智慧还需要教师对知识的热爱，只有基于真正的热爱，才会有改变知识现状，超越知识现存意义，对其进行创新发展的动机。真正热爱知识，教师才能超越对知识的功利性价值追求而去发现、追寻知识的本源和最深层的价值意蕴，也才能够发现并感悟到知识的最高境界——知识之于生活、生命的美好价值，知识才能转化为智慧。

4. 教师的实践教学经验

教师的实践教学经验是教师教学理性表达及教育洞察力展现的阶梯，是教师教育智慧增长的重要影响因素。实践教学经验体现的是教师的教学功底、教学水平与教学阅历，是教师教育智慧生成的重要影响因素。原因在于，教育智慧是教师对教学规律的一种深层次的认知与理解，是教师教学实践经验积累与升华的结晶，教师教育智慧不是与生俱来的，也不是一朝一夕就能形成的，需要教师经过长期的教育实践磨炼才能够最终生成，教师教育智慧的生成过程是一个长期的、复杂的、由量变到质变的过程。

从小学教育的实践教学场景来看，真正有效主导小学教师教育教学的是一种融合教学原则应用能力以及教师实践智慧的关键能力，小学教师的职业身份有别于其他阶段的教师，小学教师的教育实践行为具有很强的情境性特点，教师在教学设计、提问以及儿童活动的组织过程中必须具有睿智的观察力、判断力和反思力，才能抓住关键的教育契机，对孩子施加有效的教育影响。小学教师只有在不断地总结经验与反思的基础上，针对课堂、学生和自己的教学问题，不断调整教学方法，才能生成一套具有自身特点的实践教育逻辑和思维。因此，小学教师的具有"临床"性质的，富含"现场性""问题性"和"发现性"的实践教学经验是其教育智慧生成并进行智慧化教学的重要影响因素。

实践证明，一个实践教学经验丰富的教师，更易于在教育教学过程中形成高级的教育智慧，长期的实践教学经验积累能够为教师提供必要的反思性智慧，促使其在教育实践的过程中不断地思考、探索和反思，从而获得新的思想和教学智慧以及持续的专业发展动力，成为卓越型教师。教师知识基础、实践教学经验与教育智慧生成之间的关系如图3-1所示。

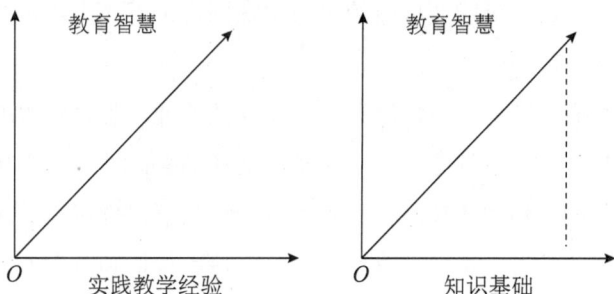

图3-1　教师知识基础、实践教学经验与教育智慧生成之间的关系

(二) 教师教育理论素养

美国学者罗伯特·斯莱文(Robert E. Slavin)认为，教师的教育理论素养是教师有意识

地将理解透彻的教育理论知识运用于教学实践，指导自己设计教学、实施教学、反思教学、改进教学，做出明智教育教学决策的意识和能力。[①] 他提出教育理论素养是教师在教学实践过程中做出最明智的教育选择的关键能力素养，它决定着教师教学行为的层次和境界。

在我国，关注教师教育理论素养问题最多的是叶澜教授，她认为教师教育理论素养是由教育基本理论知识、教育价值观以及教学反思意识组成的，体现教师专业素养的一种能力。教师的教育理论素养一般被视为教师对教育技术、理论与方法的掌握、运用和评价水平的总体体现。

我们认为，教师教育理论素养，是指教师在经过一定的教育理论研修和学习后，将教育理论知识内化成其从事教育实践活动的态度和能力以及在教育教学实践中表现出的惯常修养。具体说来，教师教育理论素养应包含四个方面的内容：内化的教育理论知识水平，潜在的教育智慧及教育价值观，教育理论知识内化后形成的教育教学能力，教学反思与专业素质提升能力。教师的教育理论素养不是简单的素质罗列，而是教师教育赋予教师适应教育复杂情境与变革的基本智力素质以及与其相适应的情意素质，它是培养创新性人才对教育者的基本要求，是教师职业化素养的体现，是一种教师专业化的精神，也是教师教育智慧生成与发展的重要影响因素之一。

1. 教师教育理论素养对小学教师教育实践的价值启迪与唤醒功能

教育理论最深层的价值意蕴是为教育者的教育实践提供价值性与原则性的引领，为教师的智慧化教学提供高层次的智力支持。教师教育理论素养一经形成，便会成为教师教育行动的一种价值观和信念，虽深藏于教师的教学思想与气质之中，却会以一种无形的力量影响教师的教育行为和态度。教师教育理论素养蕴含着教师的教育理想和教育追求，会启发教师的教育自觉，增进他们对教育真谛、教育的价值和意义的领悟。[②] 教师教育理论素养的形成会唤醒教育者对教育职业价值的思考与认同，进而产生积极的职业信念、职业理想、职业态度与职业心理。

小学教师是一个有着特殊教育内涵和社会意义的职业。教育对象的特殊性决定了要成为一名优秀的小学教师，要以教师的爱、希望和责任的意向性为前提条件。这就要求小学教师不仅具有专业化的教师教育技能，更需要有一种教育自觉意识。这种教育自觉意识既包括对自身教学实践的反思，也包括对小学教育真谛、价值和意义的领悟，坚定的职业信念和职业归属感是卓越小学教师不可或缺的"卓越品质"，而这些"卓越品质"的形成都与教师的教育理论素养有着内在关联。因此，教师教育理论素养构成小学教师专业伦理的载体，是小学教师获得专业成长的动力源，关涉着他们在小学教育世界里的价值取向与教

---

① [美]罗伯特·斯莱文. 教育心理学[M]. 7版. 姚梅林，译. 北京：人民邮电出版社，2004：36.
② 彭泽平. 对教育理论功能的审视和思考[J]. 教育研究，2002(9)：11.

育行为抉择。

2. 教师教育理论素养对教师教育实践的引领与反思功能

小学教师的教育实践行为具有很强的情境性特点，教师在教学设计、提问以及儿童活动的组织过程中必须具有睿智的观察力、判断力和反思力才能抓住关键的教育契机，对孩子施加有效的教育影响，小学教师只有在不断地总结经验与反思的基础上，针对课堂、学生和教学中存在的问题，不断调整教学方法，才能生成一套具有自身特点的实践教育逻辑和思维。

教育理论的目的就是促使教师对学校和自身的工作更具批判性、怀疑精神和洞察力。[①] 教育理论并不提供教育者具体的教育实践建议，而是在引领教育者深刻理解教育理论的基础上，经由教育理论所提供的原理、价值和方法论去探寻教育问题的解决路径。此时，教师的教育实践行为已经是一种以理论素养为支撑的教育实践。教师教育理论素养的形成能够促进教育者对原有教育理念进行反思和理性批判，并在此基础上为实践者重建自己的教育理念提供理智资源。[②] 教育理论素养的提升能够为小学教师提供必要的反思性智慧，促使其在教育实践过程中不断地思考、探索和质疑，从而获得专业发展的动力，成为卓越型教师。

3. 教师教育理论素养是教师进行创造性教育实践的智力来源和思想基础

教师教育理论素养能够为教师创造性地实施教育进行超越性引领，这是教师教育理论素养对教育实践的最高层面的功能和价值。

小学教师是一种具有不断变革与创新性需求的职业，每一个孩子都是具有特殊属性的成长中的个体，教师在帮助孩子获得心智成长的过程中，要同时具有"匠人"与"专家"的卓越品质。"匠人"意味着"高超的技艺"，是"最高级的技术工作者"，更为关键的是具有精细、严谨、追求卓越的创造精神以及用户至上的服务精神。[③] "专家"则需要以"创造""反思""判断""思考力"为支撑的高度专业化的实践智慧。只有具备上述职业素质，小学教师才能真正去发现孩子、引导孩子，并根据不同孩子的特点创造性地施加教育影响。小学教师必须善于改变自身"执行者"的角色定位与工作文化，不能一味地把个人教育实践的改变寄托在他人提供的具体的、操作性指导任务上。[④] 如果教师只习惯于完成"规定性的任务"，缺乏有主见的创新性思维和独立思考能力，其结果可能就是只能成为"教书匠"，机械地履行传递知识的职责，永远处于被动、从属地位，成长为"专家型"教师的教育理想将永远不可能实现。

---

① [美]舒尔曼. 理论、实践与教育的专业化[J]. 王幼真，刘捷编，译. 比较教育研究，1999(3)：37-40.
② 易凌云. 论教师的教育理论意识[J]. 教师教育研究，2007(4)：13-17.
③ [日]佐藤学. 教师花传书：专家型教师的成长[M]. 陈静静，译. 上海：华东师范大学出版社，2016：33.
④ 叶澜. 思维在断裂处穿行——教育理论与教育实践关系的再寻找[J]. 中国教育学刊，2001(8)：1-6.

教育理论素养体现着教师特定的教育思维方式、价值观念和教育习惯，反映出教育者教育认知水平的差异性，是教师进行创造性教育实践，培育新的教育精神的智力来源和思想基础。教师教育理论素养在一定意义上决定了教师的层次与规格，那是成为"匠人"，还是"专家"。教师教育理论素养内涵与作用机制如图3-2所示。

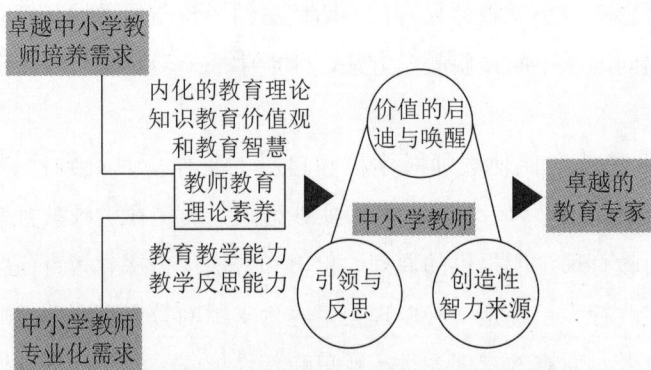

图3-2　教师教育理论素养内涵与作用机制

4. 教师教育理论素养为教学创新与智慧教学提供可能性前提

教师教育理论素养能够促使教师教学工作更具批判性、怀疑精神和洞察力，从而为教师的教学创新与智慧教学提供可能性前提。教师的实践教学过程需要高品质的教育理论浸润。专业化的教师教育实践从来不是纯粹的"技术"主义，而是要形成以一定的理论原则为依据的意识，应努力使实践成为理论的一种实践关照。① 丰富扎实的教育理论素养能够使教师在教育教学过程中更具反思性与发现性智慧，更易于发现教学过程中的问题并能够提出具有独特见解的解决方案，从而使教学成为一个富有思想和创新的探索过程。

基于教学实践的教育与教学经验反思是小学教师实现专业化成长的必要条件，也是高品质的教育专业实践的核心诉求。在这一过程中，教师的教育理论素养发挥着重要的"催化剂"作用。卓越小学教师的教学过程通常表现为"目标和任务—行动和分析—反思和实施—总结和提升"的螺旋发展的实践行动。在此过程中，教师通过不断思考和批判性地分析自身的教育实践行动，提高教育教学行为的合理性，从而积累新的实践性知识，提高自身的从教能力。据此，一线小学教师在教学过程中应强化自觉运用教育理论分析解决问题的意识和能力，要在实践教学过程中提高自身解决教育实践问题的通用能力和迁移能力，否则，教师脱离了理论指导的固化实践技术训练之后，只能解决一些既定的程序性教育问题，对于一些深层次的教育领域的复杂问题，则很难基于自身的教育教学的独特视角来阐释，也很难使自身的教学水平和教育境界得到提升。

教育理论能够为小学教师提供必要的反思性智慧，促使其在教育实践过程中不断地去

---

① [法]布迪厄. 实践感[M]. 蒋梓骅，译. 南京：译林出版社，2003：6.

思考、探索和质疑，从而获得专业发展的动力，成为卓越型教师。教育理论素养是高层次、高水平的小学教师实现高层次的专业发展，由优秀走向卓越必须具备的核心素养之一。

综上所述，教师教育理论素养是教师教育智慧生成的必要前提，是教师教育智慧生成的重要智力来源和思想基础。教师教育理论素养就像一支无形的教育"指挥棒"，影响并制约着教师的教育思维、教学模式及专业化发展进程。教育理论素养更像教师专业发展进程中的"发动机"，为教师的智慧化教学及专业发展提供源源不断的、可再生的智力源和动力，使教师的专业发展过程充满激情与活力。

5. 当前我国小学教师教育理论素养现状与问题

(1) 小学教师对教育理论价值的认识存在异化，关于提升自我教育理论素养的重要性认识不够。

在我国，教师对教育理论普遍存在一种"否定性"的消极意识，尤其是在小学教育实践领域，小学教师总在抱怨教育理论不能解决实践教学中的具体问题，"教育理论无用"的观点在小学教师群体中普遍存在。尽管小学教师对教育理论有一定的需求，但是该群体对教育理论有着不正确的理解与不恰当的期待，这其实就是教师的教育理论素养不完善的问题。当教师对教育理论提出"不实用""太抽象"等质疑时，就足以表明教师对教育理论的本质和特征的误解，也许是教师的思维习惯与存在状态使他们远离了理论，而过于具体化、过于方法化。[①]小学教师因此陷入了"实践化"的误区。

从当前我国基础教育改革的状况来看，一线小学教师关于教师教育理论素养的认识尚存在许多问题，对于提升教育理论素养对实践教学的意义和价值同样持消极态度，相当一部分教师只是将教育理论学习作为提升自我学历层次的一种手段，功利主义的教育理论学习观导致小学教师很难从意识深处真正重视教育理论之于教育实践的指导价值，教育理论对小学教师的教学价值启迪与唤醒功能也很难体现出来。不仅如此，教师教育培训机构自身也对教育理论课的教学价值存在认识上的偏差，认为小学教师培养是一个实践指向性非常强的过程，因此，必须加强实践环节的教学，将小学教师教育培训的目标完全聚焦于教师的教学水平和教学技能上。于是，在对教育理论的"一片声讨"中，很多教师教育机构采取了向教师开设更多的实践取向的课程[②]，教育理论学习陷入形式化的尴尬境地。

小学教师对教育理论价值认识的异化与误读导致其在教师专业发展的过程中过多地关注自身教学技能水平的提高，忽视或淡化教育理论素养的提升，将教师专业发展过程狭隘化为单纯的教学技艺与技能提高的过程。这也是造成当前小学教师教育理论素养"贫困"问题的直接原因。这种庸俗化的实践取向认知以及过于"技术化"的专业发展倾向与卓越小学教师的理念背道而驰，越"技术化"实际上也就越远离卓越小学教师的专业发展

---

① 易凌云. 论教师的教育理论意识[J]. 教师教育研究，2007(4)：13-17.
② 易凌云. 论教师的教育理论意识[J]. 教师教育研究，2007(4)：13-17.

目标。

(2) 小学教师自觉运用教育理论探究教育实践问题的意识不够，教师教育理论素养存在"知"与"行"断裂的情况。

教育理论与教育实践之间是内在的辩证统一关系。教育理论对教育实践具有重要的指导和引领性价值，教育理论又必须来源于教育实践，以教育实践为实施载体才能发挥其应然的功能。但是，理论与实践的脱节问题普遍存在于小学教师教育理论素养的培育过程中。一部分小学教师认为，教师教育培训所提供的教育理论知识并不能很好地帮助他们去认识和诠释教育实践中的真实问题，经由教育理论所提供的原理、价值和方法论令小学教师群体感觉不到它们的存在价值。此外，一些小学教师认为，教育理论对于他们的教育教学生活而言只是一种形式化的存在，实践教学过程需要的是教师的教学技能和方法，需要的是教师的教学经验，很难找到教育理论与教育实践问题之间的融合点。

上述现象是教育理论学习中较为常见的诘难：理论与实践脱节，教育理论供给与教育实践需求错位，教育理论素养培养过程中"知"与"行"之间的断裂使教育理论学习处于低效甚至无效的状态。

小学教师教育理论素养培养过程中"知"与"行"的断裂，使小学教师普遍产生了教育理论之于教育实践无用的错误认识，使教师教育理论素养培育陷入尴尬境地，脱离教育理论指导的教学实践已构成基础教育改革的危险阻力。

(3) 小学教师的教学创新素养欠缺，教育理论引领教师进行创造性教育实践的功能未能得到有效发挥。

教师教育理论素养能够为教师创造性地实施教育进行超越性引领，这是教师教育理论素养对教育实践的最高层面的功能和价值。然而，从现实的教育状况来看，小学教师群体的教学创新意识和能力普遍欠缺，关于教育理论能够引领教师进行创造性教育实践价值的认识也很淡化。

首先，一线小学教师在教育教学过程中表现出较强的教学惯性和惰性，习惯于常规化的教学模式，对于运用新思想、新理念、新策略、新思维对教育内部的各要素进行创新性设计、规划与重组这种富有挑战性和创新性的教学行为热衷度不高，对于改变传统教学的教育改革事件经常表现出焦虑和情感上的不接纳甚至抵制。

其次，当前，我国基础教育领域主导的教学文化仍然是以教师的直接教授或灌输为主要特征，教师单向度的知识传授是课堂教学的普遍方式。在这种单向度的教学模式中，教师的"教"带有自上而下的"压迫性"，学生处于被动接受的地位，学生对教育知识的学习不仅丧失了选择权利，也丧失了自主性。这种硬性的教学文化不仅固化了教师的教育思维，也严重限制了教育理论引领教师进行创造性教育实践的功能发挥。

综上，当前我国小学教师教育理论素养普遍不高，教师在教育的过程中很难打破传统教育思维和教育理念的束缚，去运用新技术、新手段来改革传统的育人模式。没有教师的教育创新意识和创新能力，就不会有教育的创新以及创新性的教育。在教育创新过程中，教师的教育革新精神以及对教育真谛的探知欲望是教育创新的内在动力，而能够唤起教师的教育革新精神及对教育真谛的探知欲望的，就是教师的教育理论素养。

(三) 教师的教育创新意识与能力

教育智慧的核心构成要素是教师卓越的创新精神和创新能力，创新是教育智慧的内核与灵魂，也是教育智慧的本质属性。教育智慧的本质就是教师运用新思想、新理念、新方法、新思路以及新策略来进行教育实践的能力。教育智慧对教学实践的关注和行动应是一种创造性的劳动，智慧的教学行为可能有模仿优秀教师的行为表现，但更多的必须是一种对当下教学情境的有针对性、创造性的行为，而且这种行为常常是对教学常规的突破，是用非常规的手段处理实践问题的一种方式。从某种意义上来说，创新意识与创新能力的强弱决定着教师教育智慧发展水平的高低。

教师是否具有教育创新的意识与需要，决定着其在教育教学的实践场域中是否具有改变教育现状和创新性解决教育问题的动机和意愿。

需要(Required)，是指个体对事物的欲望或要求。[①] 人的需要是一个不断发展的过程，当社会个体的生存需要得到满足时，其就会产生进一步的发展需要(包括物质的需要和精神的需要)。人的需要的发展变化规律性表现为：需要是不断增长的，需要的增长表现为质的无限性和量的有限性的统一，而质的无限性又表现为种类的多样性和层次的主次性的统一。在同一"质"的层次上的需求量是有限的。[②] 正如社会心理学家马斯洛所言，人的需要是一个由低级向高级不断演进的过程，在不同的社会背景与社会环境下，人的需要的性质和内容也存在一定的区别。需要具有强烈的行为驱动性，当人们在某一方面产生某种特殊需要时，就会对可能满足其需要的社会个体施加必要的压力，直至使其产生足够的紧张与压力感，并且这种压力感很可能转化成一种行为驱动力，驱使其开始寻求满足对方需要的目标与对策。马克思指出，人的需要既是实现社会价值的愿望和能力，又是实现社会价值的必要推动力，在一定意义上，人的需要构成了社会发展的基本前提。人类社会发展的过程也已经证明，需要是推动人类不断探索、创新并最终取得进步的客观根据和动力基础。需要在激励人们进行探索与尝试方面的功能见图3-3 [③]。

对于教师群体而言，教师是否具有教育创新的意识与需要，决定着其在教育教学的实践场域中是否具有改变教育现状和创新性解决教育问题的动机和意愿，教师的教育创新意

① 　商务印书馆辞书研究中心修订. 新华词典[Z]. 北京：商务印书馆，2001：1110.

② 　马克思全集(19)[M]. 北京：人民出版社，1972：406.

③ 　卢丽华. 义务教育阶段私立学校教育服务论纲[M]. 长春：东北师范大学出版社，2013：79.

识和需要也是推动教师在实践教学过程中不断探索、创新并最终取得进步的客观根据和动力基础。

教师教育创新意识及需要的产生，一方面源于教师自身内在的教育理想和教育追求，是教师发自内心的一种追求卓越教育境界的职业诉求，是其自觉履行新时代教师教学职责与义务的一种精神。这种履行是一种源于自身良心，为教师职业人格所确认的义务，它意味着教师职业本然的存在方式。这种对教育的自觉的创新性需要，更多需要教师本身的人格魅力来维系和实现，依靠教师本身的自律及对教育真谛的执着向往和追求来实现。

教师教育创新意识及需要的产生，另一方面来自外在的环境因素影响。例如，竞争所带来的职业压力和向上发展动力，会促使教师群体在教育教学过程中，努力突破既有的教学成就，不断寻求新的教育理念和教育方法，如此才能收获更大的育人成果，最大限度地实现自己的教育价值。

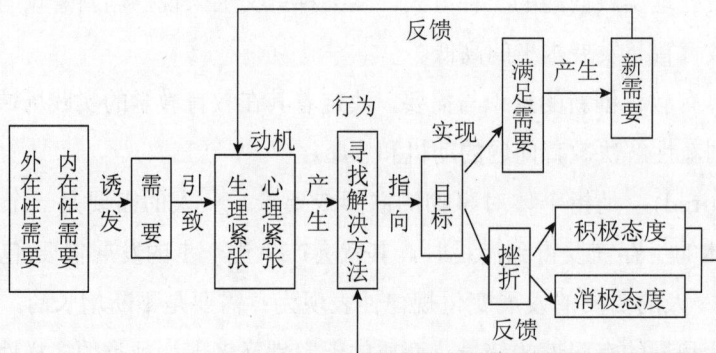

图3-3　需要、动机和行为运行模式

综上所述，教师的教育创新意识和能力是教师教育智慧形成的重要动力和能力基础，没有教育创新的意识和能力，教师是无法达到智慧教学境界的。在小学教师的专业成长过程中，我们不能忽视这样一个现实问题：一些教师一直在努力地"教"，在小学教育的世界里，该群体的从教"技艺"、从教"经验"并不缺乏，或许还相当丰富，但其总是处于教师专业化的边缘，很难抵达卓越教师的境界，甚至很多是越"实践"，专业水平越固化。片面的技术性实践不仅助推了工具理性教师教育危机的出现，也造成教师实践教育能力浅显，发展后劲不足，缺乏教育理性、教育理想以及教育信念等问题。造成上述问题的一个直接原因就是教师在教育教学过程中缺乏必要的创新意识和创新能力，缺乏必要的教育理论素养，导致其在教学过程中片面地强调重复性的操作和教育履行职能，墨守成规，很难有创新性的表现和成绩，因此，在教师专业化的进程中很容易处于"边缘化"的位置。

教育创新意识和能力在教师教育智慧形成过程中的重要影响，决定了衡量教师智慧教学的一个重要标准就是面对复杂多变的教育工作、教育情境性事件，教师是否具有灵活机智应对的能力, 是否能够提出超越常规的建设性意见, 是否能够创造性地解决复杂的教育实践问题。

(四) 教师的教育理想与教育激情

教育理想是指教育者对未来教育发展的美好想象和希望, 是教师对教育达到完善境界的一种向往和追求, 是教师的职业观、教育观在教育奋斗目标上的集中体现。教育激情是指教师对待教育的一种强烈的情感表现形式, 往往表现为教师对待教育的态度、情感等方面。在教育激情的支配下, 教师在教育教学活动中常常表现出强烈的积极进取精神和意志, 会充分调动身心的潜力去追求最优化的教学及育人效果。教育激情能够转化为教师向上发展的动力, 是教师进行专业学习与发展的重要动力之源。教育激情也是教师教育情怀的一种体现, 是教师内在的教育理念和教育信仰的一种外在表现形式。对教育事业有着崇高的理想和追求, 才能在教育实践过程中拥有足够的激情; 对教育表现出强烈的事业心、责任心和进取心, 才能潜心钻研和探究教育的本质规律, 追求教育的卓越境界, 从而生成教师的教育智慧。

教师的教育理想和教育激情是教师教育智慧生成的必要前提, 也是重要动力基础, 原因在于, 教育智慧的本质是一种基于教育实际问题而形成的新思想、新策略、新思路及新方法, 这些灵活的、富有创新性质教育新行动需要教育者具有足够的热情和动力才能够完成, 也需要教育者具有深厚的教育情怀, 乐于并勇于打破传统的教育思维、教育习惯, 走出教育教学的 "舒适区", 即教师教育智慧的生成需要教师拥有远大的教育理想和足够的教育激情作为引擎和必要动力。此外, 拥有教育理想和教育激情的教师才会对教育充满新的期待和憧憬, 才会有不断创新和实施教育变革的意愿, 才会在大胆的教育探索与创新过程中迸发出教育智慧, 进而领略到智慧教育的美好与魅力。

综上所述, 教师自身的知识与能力素养水平是教师教育智慧生成的必要基础和先决条件。没有广博的知识基础与深厚的教育理论素养作为支撑, 教师教育智慧的生成只能停留在肤浅的表层, 无法达到高层次的水平和境界, 教师自身的知识与能力素养水平是制约教师教育智慧水平的重要影响因素。

二、教师自身内在的专业发展动力

(一) 追求卓越的专业发展动机

教师自身内在的追求卓越的专业发展动机是教师教育智慧生成的重要助推器, 是教师教育智慧由潜在的可能性转变为现实的卓越教育能力的重要动力, 也是教师追求智慧和卓越教育的重要心理基础。

正如前文所言，教师教育智慧生成的并非一朝一夕的事情，而是一个渐进的、厚积薄发的过程。在教师教育智慧生成的过程中，教师要经历一个长期的理论与实践的量变过程，教师只有坚持不懈地保持奋进的学习态势，才能迎来"破茧成蝶"的蜕变，而能够让教师保持奋斗与拼搏状态的能量就是教师追求卓越的专业发展动机。

(1) 教师具有不断向上生长的专业发展动机，教师在教育教学实践过程中才会有明确的目标和方向，才会有在教育世界里不断探索新知识、新方法、新策略、新思想的强烈意愿和执行力，教育智慧的生成才可能具有适宜的"温度"和"营养"。教师只有在教育实践过程中不断地探索、发现，并能够在探索与发现的基础上不断调整自我的教育行为轨迹，教育智慧才会悄然生成，并在教师的教育实践过程中发挥引领作用。实践出真知，教师在教育世界里的实践探索是教师褪去无知、褪去青涩的有力工具，是教师教育智慧光芒崭露的重要"滤器"。教师向上生长的专业发展动机在这一转化过程中扮演着重要的枢纽角色。

(2) 教师具有不断向上生长的专业发展动机，才会在教育教学实践的过程中勤于思考和研究，从而历练出非凡的教育经验和教育思想，进而才会生成卓越的教育智慧。强烈的向上"生长"的愿景和心理预期才会触动教师的思考力阀门，把教师最强的思考能力引发出来，将教师引入最佳的思考状态，从而把蕴藏在教师身上的潜在能力调动和释放出来，形成有效的教育实践智慧。与此同时，教师向上"生长"的意愿越明显，教师在教育世界里的实践行为就会越发有"内涵"，教师会将每一次遇到的教育事件都作为自我锻炼与成长的有利契机，加倍珍惜并充分利用；教师向上"生长"的意愿越明显，教师在教育世界里的实践行为也会越发"与众不同"，这种"与众不同"是教师经由大脑的充分思考与智慧沉淀后所展现出的一种超越普通和寻常的教育行为表现，是一种更为高效的教育实践形式和结果，是教师教育智慧的结晶；教师向上"生长"的意愿越明显，教师在教育世界里的实践行为就会越发有"亮点"，这种"亮点"是教师对教育事件进行观察、仔细揣摩与研究后所呈现的创新，同样是教师教育智慧的结晶。

(3) 教师具有不断向上生长的专业发展动机，教师在教育教学实践过程中才会把教育作为一种崇高的事业来追求，才会对教育充满敬畏感，在喧嚣的教育世界里依然能够保持教育的初心和使命，有所为与有所不为。只有这样，教师在教育实践过程中才能始终不渝地把追求与探索教育的真谛及教育的本真意蕴作为自己最重要的教育使命和教育原则来奉行，才会有源源不断的创新发展教育的能量，才会不断地增长自身的教育知识、教育技能和教育经验，教育智慧才会如期而至。同时，教师在教育教学实践过程中只有把教育作为一种崇高的事业来追求，对教育充满敬畏感，才会在正确的教育轨迹上不断提升自我，才会沿着科学、理性的道路实现自我的最优化发展，并在发展的过程中增长教育智慧，成为智慧型教师。因此，不断向上生长的专业发展动机是指引教师沿着正确的方向探寻教育智慧的重要牵引力，也是教师教育智慧生成的原点。

(二) 智慧学习力

学习是教师教育智慧生成不可或缺的条件，在教师教育智慧生成过程中扮演着关键性"角色"。智慧型教师往往都具有一个共同的特质：在教育教学过程中，教师不仅是一个教育者，更是一个积极的学习者，不仅具有丰富的知识，更具有卓越的学习能力，善于利用一切可资利用和开发的教育资源来进行学习，在学习中不断提升自我，走向教师专业发展的最高境界。从智慧型教师的发展与成长轨迹来看，学习都是他们通向成功的必要途径和手段，不经历学习的磨炼，就不会形成真正的有价值的教育智慧。学习力水平在一定意义上决定着教师教育智慧所能达到的层次和境界。

(1) 学习是教师获得新思想、新知识、新技能的必经过程，也是教师心智发展水平得以提升的重要途径。学习会开阔教师的教育视野，形成博大的教育胸襟以及洞悉教育事件的独特视角。通过学习，教师的观察力、反思力与教育力水平都会以一种潜在的方式得到提升，为教师教育智慧的积累和增长奠定必要的思想与智力基础，尤其是在今天这样一个知识信息不断推陈出新的教育时代里，教师要想维持自己的"教育权威"形象，必须要不断地学习，更新知识结构，掌握并跟踪知识前沿，时刻保持与新时代的发展同步共进，才能在教育变革的过程中满怀自信地展现自我的教育价值。相反，在新时代的教育环境里，如果教师停止了学习的脚步，故步自封，趑趄不前，很快就会成为教育世界里的落伍者，不仅驾驭不了新的教育思想、教育技术，更无法与学生进行智慧交流，形成教与学的共识。

(2) 新时代教师的学习应超越普通的、低级的传统学习方式，要用智慧学习开启教师的专业成长之路。智慧学习是支持和促进人在信息时代个性发展、特色发展、全面发展、终身发展、内驱发展、创新发展的学习，是伴随有思想激荡、智慧碰撞的学习，是为了促进与服务社会发展的学习。智慧学习的显著特点是以人为本、立足发展、提升智慧、服务社会，超越了技术本位，能正确处理了个人与社会、人与技术、时代要求与学习创新之间的辩证关系，反映了学习的时代发展方向。[①] 智慧学习力是新时代的教师获得并提升自我教育智慧的关键能力，是教师成长为智慧型教师必须具备的核心能力之一。

智慧学习之所以能够在教师教育智慧的生成过程中发挥如此重要的作用，原因如下所述。

第一，智慧学习能够帮助教师选择并获取有效的专业知识学习资源，从而提高专业学习与成长的效率。智慧学习是基于现代化学习技术和手段的、高端的、有技术含量的学习，也是基于教师教育思想和价值判断的学习。因此，智慧学习首先能够帮助教师在浩

---

① 陈琳，王蔚，等. 智慧学习内涵及其智慧学习方式[J]. 中国电化教育，2016(12)：31-37.

瀚的知识海洋中，选择到适合自己发展需要的鲜活内容进行学习。有效选择是知识经济时代筛选学习资源、提高学习效率的重要能力，也是通往教育智慧最高境界的捷径。

第二，智慧学习更有利于教师获得现代化教学手段及教学理念，从而使教师的教育教学更具新时代的特征和现代化的气息，使教师更容易成为新教育的引领者和开拓者。通过智慧学习，教师借助于开放的教育资源、智能化的信息技术，能够使学习行为更具创新性，教师在这样的创新性学习环境中更易于摒弃传统的、固化的教学思维，更加倾向于灵活的教学方式，也会越发喜欢在教育的世界里不断更新自我的职业角色内涵，改变自我的教育行动，在不断地创新、探索、改变与调整的过程中，教师的教育智慧便应运而生，并会逐渐增长。

第三，智慧学习会改变教师关于学习的认识，建立新时代的学习观和教育观。智慧学习会促使教师形成现代化的教育理念，重新建构自我的学习观。智慧学习的目标是通过获取有效的知识和经验，形成高级的教育思想，再上升为卓越的教育智慧，知识获得只是智慧学习的最低层次的学习阶段和目标，在知识学习的过程中，培养自我的思考力水平，历练教育思想，形成更为高级的教育智慧才是智慧学习的最高层次的目标。由知识到思想，由思想再到智慧的智慧学习路径与教育智慧的生成规律是同向同步的，因此，教师的智慧学习力是教师教育智慧形成的重要影响因素，是新时代智慧型教师培养的重要内容之一。

(3) 学习是教师的教育经验上升为智慧的重要转化器。教育知识和经验转化为智慧，离不开教师对知识的深层次的理解、认知、顿悟、抽象以及运用，这一过程是教师进行深度学习、酝酿教育智慧的过程。教育知识和经验最初都是一种"静态"的存在，只有经过教师的深度思考和学习加工，负载了教师个人的教育价值取向之后，才有了"灵魂"和"生命"，才会成为一种有利于教育创新发展的高级存在。学习会使"静态"的教育知识和经验转化为一种超越知识原有能量和价值的，更为"精致化"的新知识、新观点与新思想，这种新知识、新观点与新思想便是智慧。因此，教育知识和经验转化为智慧，需要教师对知识的深层次的理解、认知和顿悟，需要学习的推动与转化。

(三) 教学研究力

教师教育智慧的生成以及教育智慧水平的提升都与教师的教学习惯有着强关联性，这个习惯就是教师的教育思考以及教学研究意识和能力。思考是教师教育研究力的核心构成要素，也是知识转化为智慧的重要智力基础和前提。思考，是一个心理学范畴的概念，通常指针对某一个或多个对象进行分析、综合、推理、判断等的思维活动。思考源于主体对意向信息的加工、推理、分析和联想，从而获得关于意向信息的深层次的认知与理解。思考是教师进行教学研究的重要环节，也是教师进行教育创新的思想来源，基于思考的教学研究力是教师教育智慧生成的重要能力基础。

基于思考的教学研究力之所以是教师教育智慧生成过程中教师应具备的关键能力，是因为教师教育智慧有两个核心表现："自我教育"的生起与坚持，对环境的洞察和灵活应对。[①]"自我教育"的升起一方面需要教师具有向上发展的专业发展动力，另一方面需要教师具有较强的教学研究力。教育研究的过程是教师完成自我研究性学习的过程，基于实践的教学研究也是教师主动建构教育的意义世界的过程，是教师自我建构自身教育知识和经验体系的过程。从此意义上说，教师的教学研究既是教师探索教育新知的过程，又是教师完成"自我教育"的过程，最终也是教师教育智慧生成的过程。教师的教学研究力水平决定着教师"自我教育"的层次和效果，也决定着教师教育智慧的层次与境界。

此外，基于思考的教学研究力也是教师洞察并灵活应对复杂教育情境的必要能力，教师善于并能够洞察教育实践过程中的教育细节问题，才能发现问题、探究问题，获得新的实践教育经验和教育智慧。

教师基于思考的教学研究力是教师对自身的教育价值以及教育"是什么"的潜在的深刻感知和意会，对教师教育智慧的生成具有重要意义：一方面，教师的教学研究力是教师进行自我反思和自我超越的基础；另一方面，教师的教学研究力也是教师洞察教育实践问题并融入"新教育"的基础。教师需要通过深邃的思考、洞察并研究教育现象和规律来生成教育智慧。

(四) 教学反思力

所谓教学反思，是指教师对教育教学实践的再认识、再思考，并以此来总结经验教训，进一步提高教育教学水平。教学反思一直以来都是教师提高个人教育业务水平的一种有效手段，教育管理者和教师自身都非常重视教学反思的价值和意义。当前，基础教育领域一线的很多教师都会从自己的教育实践中来反观自己的得失，通过教育案例、教育故事或教育心得等来提高自我教学反思的质量。教学反思的最大价值在于教师可以通过教学反思来学习、比较，找出教学理念上的差距以及教学方法上的差异，从而提升自己的教学水平。教学反思是教师重新认识、评价自己教育能力并改变自己的重要途径。

卓越的教学反思力一方面是智慧型小学教师的主要教育特质之一，另一方面是教师教育智慧生成的重要途径。教师教学反思力对其教学智慧生成的影响主要体现在如下几个方面。

(1) 教学反思会帮助小学教师发现教学实施过程中的问题，通过教学过程的"回放"，小学教师会对自身在教学过程中存在的问题进行清晰的再认识与再思考，从而总结出更优化的教学策略和教学方法。在这一过程中，教师的教育教学水平会得到有效提升，教育智慧也会相应地得到增长。发现问题、探究问题并解决问题是教育智慧生成的普遍模

---

① 丁泽元，田慧生. 觉察力在教师教育智慧生成中的意义与提升策略[J]. 国家教育行政学院学报，2011(3)：17-22.

式，教育智慧通常都是伴随教育情境问题的有效解决而产生的，并会伴随着基于教育问题解决的教学反思而得到增长。从此意义上说，教师的智慧教学过程应是一个包括"目标和任务—行动和分析—反思和实施—总结和提升"的螺旋发展的实践序列。在此过程中教师通过对自身的教育实践行动进行不断思考和批判性分析，提高教育教学行为的合理性，从而养成新的实践性知识，提高自身的从教能力与从教智慧。

(2) 教学反思会促进教师教育理论与教育实践之间的融合，从而更好地发挥教师教育理论素养对教育智慧生成的价值启迪与引领作用。在教学反思的过程中，教师会努力地分析问题的成因、影响因素以及解决策略等理论与实践问题，会自觉地运用教育理论深入探析实践教学问题，这也是教学反思过程的本质所在。教学反思的结果如何发挥对教学实践的启发与改进功能，同样需要教育理论为引领，一方面，需要将教学反思所形成的教学改革思路和建议通过教育理论进行高度抽象和概括，细化为教师教学改进的具体目标和要求；另一方面，教师教学实践问题的解决也需要高品质的教育理论浸润。专业化的教师教育实践从来不是纯粹的"技术"主义，而是要形成以一定的理论原则为依据的意识，应努力使实践成为理论的一种实践关照。① 教学反思构成教师教育教学过程中理论与实践连接的"桥梁"，能够促进教师教育理论素养功能的发挥，从而为教师教育智慧的生成与提升创造有利条件和契机。

(3) 教学反思会提升并丰富教师的教学经验，教师教学经验的积累和日益丰富会为教师教育智慧的生成增加砝码，教学经验可以上升为教学智慧。教学经验是教师从多次教育实践中得到的"规律性"教育知识或教育技能，是教师通过反复接触教育实践而获得的熟悉度较高的教育认识。

伴随着教师教育经验水平的提升，教师便会从教育经验中汲取能够使教学效果更为优化的"营养"，沿着熟悉的教育实践的轨迹以及在教育实践中积累的经验、方法，在不断地反思、回味以及探索过程中，新思路、新策略、新技巧便会应运而生。教学反思会加快教师教学经验的积累速度，会帮助教师获得越来越的"教育窍门"，在教学过程中实现驾轻就熟，提高实践教学的效率。这些在教学反思中获得的"教学技巧"就是"教育智慧"的初级形态，初级形态的"教育智慧"经由教师的教学反思以及创造性思维的润泽后，会生成更高级的实践教学智慧。按创造性的方式，用教育智慧去解释和修正教育经验，这就是新时代学校教育实施的一般逻辑。

综上，教师自身内在的专业发展动力是教师教育智慧生成的重要引擎和动力基础。教师如若没有内在的向上成长需求和专业发展动机，在教育教学的过程中就不会有主动建构新知识、追求教育真谛以及进行教育创新的意愿和行动，进而也不会产生有价值的、高层次的教育智慧。教师教育智慧的生成还需要教师的多种高级能力的支撑与辅助，教师的

---

① [法]布迪厄. 实践感[M]. 蒋梓骅，译. 南京：译林出版社，2003：6、49.

智慧学习力、教学反思力以及教育研究力在教师教育智慧生成的过程中都发挥着重要的作用，应予以重视。

三、学校文化与教师评价制度

教师教育智慧是优秀教师的一种卓越的内在职业品质，是教育的一种自由、和谐、开放和创造的状态，表现为教师真正意义上尊重生命、关注个性、崇尚智慧、追求人生幸福的教育境界。作为教育的一种内在品质，教育智慧是应当渗透、内化于包括师生教育活动及教育目的、教育价值、教育过程、教育环境、教育管理在内的教育的一切方面的。因此，教育智慧的生成与发展不仅与教师自身的教育理想和追求有关，也与学校的教育文化、管理制度以及教师评价等外在的文化和管理机制存在极大的关联性。

(一) 教师管理与评价制度对教师教育智慧生成的影响

制度是一个社会的游戏规则，是为决定人们的相互关系而人为设定的一些制约。[①]美国制度经济学派的创始人凡勃伦(T. Veblen)认为：制度有着淘汰旧思想与观念，从而促使人们转变习惯性思维的作用。制度是一系列正式约束和非正式约束组成的规则网络，它约束着人们的行为，减少专业化和分工带来的交易费用的增加，解决人类所面临的合作问题，创造有效组织运行的条件。[②]

从对制度含义的分析中，我们可以看到，制度对于社会的发展起着重要的保障性作用，其具体功能主要体现在两个方面：其一，制度对于个体社会行为的约束与引导功能。制度通过制定相应的规则、要求和标准对社会个体的行为选择及其行为的价值取向产生实质性的影响，制度会促使社会个体按照一定的规则与标准从事社会实践活动，制度的强制规约功能会迫使社会个体放弃不符合社会伦理与道德要求的行为倾向，也会促使社会个体的思想观念与行为朝着制度所引领的方向发展。从制度的这一特殊社会功能来看，社会各个领域内的改革，上至国家政治、经济、文化的改革，下至社会不同部门的变革，只要涉及旧思想的淘汰与新理念的推行以及社会个体传统观念与行为模式的转变等内容，都需要制度的约束与引领功能作为保障。其二，制度对新思想与新理念的传播与普及功能。制度历来都被社会统治阶级作为其统治思想宣传与普及的重要助推器，制度的权威性与对社会公众的强制力会促使社会个体的思想观念与行为意识迅速聚拢到国家意志的层面上来。制度具有统一性、整体性的特点，因而，社会新理念一经制度的传播与推广就会迅速普及开来，制度从而也成为社会传播新理念与普及新思想的重要媒介。

---

① 诺思. 制度、制度变迁与经济绩效[M]. 上海：三联出版社，1994：3.
② 费菊瑛. 改善义务教育投融资体制研究[M]. 广州：中山大学出版社，2007：77.

总之，制度能够通过制定相关的规则与标准去约束社会个体的行为选择与行为规范，从而能够有效保证社会和个体需求目标的实现。制度是社会不同部门进行改革与创新的重要保障机制。

教育作为社会发展过程中的一个重要部门，其进行改革与创新的过程更具复杂性与困难性。新教育理念的传播与推广、新教学形式的运用与发展，都将受到来自传统文化、教育者自身甚至受教育者及其家长的重重阻碍与抵制，这就会形成教育改革活动的被动"性格"——教育改革行为的发生常常不是由教育内部各要素的发展需要或其自身理论逻辑演进的自然结果，而常常是外界压力强化与驱动的产物。学校进行教育观念改革与创新的被动性特点迫使学校在推行新教育理念与教学模式的过程中，常常需要一种强大的、强制性的外力的推动作用，教育制度无疑要担当起这一重任。教育改革"制度先行"已经成为教育领域内的一个共识，这意味着教育制度的完善性、前瞻性与科学性会对教育改革活动的成效产生重大的影响。例如，教育制度在约束与引导教育新理念的主要承载者与实践者——教师的思想与行为方面就会产生积极的转换效应。作为教育活动的直接组织者与实施者——教师，他们的个人因素，如教育观念、工作态度等会对教育过程及教育效果产生极大的影响。教师的教学主观性很强，如果没有必要的约束机制对其进行统一要求与管理，新教育理念的落实与共同的质量标准是很难实现的。有效教育制度的存在可以对教育者的教育行为形成有效规约，使之能够按照教育的既定意愿与目标开展教育活动。教育制度还可以迫使教育者改变原有的教育思维与教育路径，从而接受新教育理念的影响，重新建构自身的知识结构并积极组织新教学活动的开展。

教师教育智慧的生成同样需要教育制度的约束与引导，需要教师管理与评价制度的激励与助推。教师教育管理与评价制度对教师教育智慧生成的影响主要体现在以下几个方面。

1. 教师管理与评价制度

个性化的教师管理与评价制度设计能够有效激发教师个体在教育教学过程中的创新积极性，并能够为教师的个性化、智慧化教学探索提供有力的制度支撑和保障，从而为教师教育智慧的生成提供有力的制度环境。教师的教学创新行动是教师教育智慧形成的重要路径，而教师的教学创新需要在学校教学管理的制度框架下进行，不能挑战和逾越制度的权威和界限。如果学校的教师管理与评价制度是传统的、保守的，并且是缺乏灵活性和创新性的，就会对教师的教学创新构成束缚和阻碍，教师会囿于管理与评价制度，很难放开手脚大胆实施新思想、新技术、新方法，也无法在教学创新的过程中收获教育智慧。相反，如果一所学校有着宽松、民主的教育制度环境和平台，就能够充分地调动起教师教学改革与创新的积极性，教师会充分利用学校管理制度的优越性，大胆地去探索教育创新发展之路。

个性化的教师管理制度不仅有助于激励教师的教育创新，实施智慧化教学，从而促进教师的专业发展，也有助于学校的发展，实现教师专业发展与学校发展的和谐统一。教师管理制度如果过于僵化，对教师的教育教学行为过度约束和控制，就会导致教师的专业发展目标单一、创新发展动力缺乏、教学创新与发展空间狭小。在此种教育制度环境下，极易造成教师对学校教学管理的逆反心理，产生职业倦怠，又可能会引发教师之间的恶性竞争，对教师的智慧教学构成阻力。因此，要想在学校教育教学过程中激发并培养教师的教育智慧，必须要构建个性化、弹性化以及灵活的教育管理制度体系，避免在教师管理过程中采用一刀切的、僵化模式，要给教师的教育创新、个性化教学提供机会和空间。

个性化的教师管理制度设计对教师开发特色课程，实施特色教学，在探寻教育特色的过程中生成教育智慧也是一种正向激励。个性化的教师管理制度会激励教师根据自身的特长和教学优势选择专业发展与教学路径，鼓励教师积极开创特色化教学模式，形成各具特色的教学风格，这些"特殊关照"都是教师教育智慧生成的重要制度保障。

2. 教师评价与激励机制

有效的教师评价与激励机制会对教师的智慧教学形成正向的引导与激励作用，运用评价与激励机制的动力调节杠杆，能够有效调动教师专业发展的积极性。教育智慧是教师实施教育改革与创新的结晶，是教师积极进行教学研究的结果，只有有效调动教师教育改革与创新的积极性，教师教育智慧才有生成的可能性。有效的教师评价与激励机制是调动教师进行教育改革与创新的重要制度保障。

(1) 教师评价与激励机制能够提供衡量教师教育过程或教学结果好坏的判定标准，自然会对教师的整个教育教学活动形成价值导向，教师会朝着评价制度的要求和方向调整自我的教学行为。教师评价与激励制度就像一根"指挥棒"一样，支配着或引导着教师教育教学工作的各个环节，包括教育目标的制定、教育内容与方法的选择、教育过程的展开等。因此，教师评价与激励机制会对教师的教学创新以及教育智慧生成产生重要的价值指引与导向作用。如果学校高度重视教师的智慧教学以及教师教育智慧的生成与培养，在教师评价与激励制度制定层面，将教师的教学创新、智慧教学等教学行为列为重点支持与奖励的范畴，就会极大地调动教师群体探索并提升自身教学智慧水平的积极性，并会将其上升为专业发展的高度来重视，教师的教育智慧培养自然会取得事半功倍的效果。

(2) 教师评价作为一种"教育反馈—教育矫正"系统，能够帮助教师发现教学过程中所存在的各种缺陷与问题，能够帮助教师弄清、查明影响教学效果的各种因素，从而为教师适当处置学生、改进自己的教育教学工作提供依据。因此，良好的教育评价能够为学校或教师的教育决策提供诊断性的咨询服务，同时能够为教师的教育智慧生成创造机会和条件。

"发现问题—探究问题—解决问题"是教师教育智慧生成的一般路径。教师需要有明确的问题意识才能集中精力分析问题，解决问题，生成教育智慧。教育智慧是教师的一种内化的、能够以最佳方式解决教育教学问题的综合能力。教师教育智慧是与教育实践领域的"教育问题"相伴而生的，因此，在一定意义上，教育问题是教育智慧生成的"向导"，是教师潜在的教育能力得以释放的"催化剂"。同时，教育过程中又有许多突发性的教育问题，这些突发性的教育问题也是教师教育智慧生成的重要媒介。教师迅速处理教育突发事件的能力既是充满思想和谋略的，又是不假思索的，还是瞬间反思的行动。这是一种超越了知识、技能和技术的素质。教师作为实践者，在很多教育情境下都没有时间去思索，更没有时间去寻找外在的概念化和技术化的知识，因而这种教育智慧正是融入身体的一种知行合一，一种临场应变的机智。[①]

教师评价作为一种"教育反馈—教育矫正"系统，能够帮助教师发现教育教学过程中所存在的各种缺陷与问题，能够帮助教师辨析影响教育效果的各种因素，从而在不断地发现问题、探究问题的过程中生成教育智慧。

3. 教师评价与激励制度

有效的教师评价与激励制度能够唤起教师内心深处最深沉的教育之爱，这种爱既包括对教育事业的真挚热爱，也包括对学生、对教学的理性的爱。前文已经提到，教育之爱是教师教育智慧生成的重要情感基础，没有基于教育的这种特殊的情感或情怀，教育机智和教学智慧是很难生成和培养出来的。

(1) 有效的教师评价与激励制度常常渗透着人性化的设计理念，在实施过程中会充分尊重教师的个体需求，重视教师内心的情感体验，从而为教师的教学过程营造一种积极、舒适、和谐的氛围。在这样开放、民主的教育管理氛围中，教师会形成真实的职业归属感，内在的教育潜力和工作激情会被充分地唤醒，从而在教育教学工作中全身心地投入，才能在教育的世界里不断发现美好，越来越靠近理想的教育目标，教育智慧也会在教师的倾情教育投入过程中展现出来。

(2) 有效的教师评价与激励制度常常会给教师创设足够宽松与自由的教育空间环境，会切实关注教师的个体经验，尊重教师的个人风格，教师可以摆脱传统的教学制度框架的束缚，可以在教育教学的过程中充分发挥自主性和创造性，更有利于教师教学风格与教学特色的形成。智慧在本质上是高度个性化的，没有完全相同的智慧，每个人的智慧都是深深打上自己的烙印的。要提高教师的教育智慧水平，关注教师教育智慧的状态，首先要关注教师的个体经验。[②] 无疑，教师个体经验能够得到重视，需要人性化的教师评价与激励制度。只有人性化的、民主化的教育制度环境才能够让教师的个性化的教育智慧得到充分展现，并得到有效提升，教师个体的经验被足够重视，教师对学校教育的热爱之情自然会融入其教学工作过程中，教学效率和教学成果都会显著提升，教育智慧会自然而然地诞生

---

① 李树英. 教育现象学：一门新型的教育学——访教育现象学国际大师马克斯·范梅南教授[J]. 开放教育研究，2005(3)：6-9.

② 刁培萼，吴也显. 智慧型教师素质探新[M]. 北京：教育科学出版社，2005：14.

于教师的育人过程之中。

(3) 有效的教师评价与激励制度常常会给教师的教育教学工作过程增加愉悦的心理体验，增加教师的职业幸福感，从而会促使教师更加坚定自身的教育理想和教育信仰，在教书育人的道路上永远有所追求、有所期待、倾力投入。教育是一项需要有崇高教育理想来引领的事业，而教师的崇高的教育理想也需要建立在必要的精神与物质基础之上。教师的职业心理得到了充分的满足，就会形成对更高层次和境界的育人效果的追求意愿，并会付诸教育行动，潜心研究、探索实现更高层次育人效果的方法和捷径，在反复地探索、顿悟与反思的过程中，就会形成丰富的教育智慧，促进教育的创新发展。

(二) 学校文化与教师文化的浸润作用

学校文化是由学校全体师生在学校长期的教育实践过程中积淀和创造出来的，并为其成员所认同和遵循的价值观、精神、行为准则及规章制度、行为方式、物质设施等的一种整合和结晶，是学校充分利用各种因素，形成具有自身独特价值观、信念、手段、语言、环境和制度的文化特质。学校文化具有导向功能、凝聚功能、规范功能。学校文化的核心是学校各群体所具有的思想观念和行为方式，其中具有决定性作用的是思想观念，特别是价值观念。

学校文化是一种隐性的教育力量，会对教师和学生产生潜移默化的影响。学校文化也会对学校的改革与发展形成重要的价值导向作用，是新时代学校创新发展的重要影响因素。近些年的基础教育改革实践证明，教育改革如果只是片面地强调制度与实践层面的革新，忽视或淡化文化层面的思想传播与渗透，教育改革往往会流于表面化和形式化，革新表层的"器物"或有形的制度，而没有文化土壤的培植，改革往往难以为继，只有深入文化层面，改革才能触及教育之"灵魂"。

教师文化是学校文化的重要构成要素之一，是指教师在教育教学实践活动中所形成与发展起来的教育价值观念和教育行为方式，包括教师的价值观念、职业意识、思维方式、行为习惯、处事方式等。其中，价值观念与思维方式属于隐性文化，态度倾向与行为方式属于显性文化，前者影响并决定后者。教师文化是在一个特定的教师团体内部或者是教师社区之间教师所共享的一种文化，属于组织文化的一种，对教师发展和学校进步具有重要的意义。[①] 教师文化本质上是教师对待学校各项事业发展的一种内在的、共生的观念和态度，亦是不同教师对待教育教学行为的价值取向和教育精神，在经历共同的环境洗礼后所形成的具有共性倾向性的教育发展共识。

无论是学校文化还是教师文化，都是一种经过长期的环境熏染和历史文化积淀后所形成的，具有相对稳定特质和传统文化气息的特定的文化氛围。由于不同学校的发展历程、

① 郝明君，靳玉乐. 教师文化的变革[J]. 中国教育学刊，2006(3)：70-74.

办学思想及发展理念不同，构成各个学校的学校文化与教师文化也大相径庭、各具特色。尽管各个学校的学校文化与教师文化不尽相同，但是都会对学校的整体发展产生重要而深远的影响，这种影响或制约作用主要体现在以下几个方面。

(1) 不同学校的教育文化与教师文化的差异性在一定程度上决定了学校教育革新的可能空间和可能效果。教育变革与创新发展的限制因素在很大程度上蕴涵于教师文化之中，如果没有教师文化深层次的支持，任何教育革新都将是灵魂匮乏的短视行为。[①] 在不同的学校文化浸润下，教师对待教育改革与创新的态度会大不相同。学校整体的文化与办学氛围如果是积极主动的，呈现无穷的创新发展活力，在教师管理与课程文化建设方面始终保持与时代接轨，具有新时代的气息和活力，学校所属的教师文化就会与之同向而行，也会显露出积极向上的朝气与活力。相反，如果学校文化环境充满了功利主义色彩，表现出强烈的保守性，学校的管理与发展受"官本位"思想的支配和左右，教育本源之价值理想、教育良知与社会责任被掩饰或被弱化，学校教育之"崇善"精神匮乏，更少有人文关怀性，学校文化与教师文化中缺少人文性、创新性、合作性及奋斗性等优良"文化基因"，缺少追求"新文化"的动力，教师群体则会在教育教学过程中表现出极大的行动惯性，会在学校"稳定"的大环境下变得越来越"安逸"，缺少必要的教育变革与创新的精神，新的教育思想、教育技术、教育方法很难得到重视和应用。

(2) 学校文化与教师文化的世俗性与超越性，决定着学校教育与新时代、新教育以及教育现实与教育理想之间的"亲和度"。

学校文化与教师文化的世俗性常常表现在：教育者在教育教学过程中的教育主体性被贬斥，教育的真谛、理想、价值、新意乃至超越性被遮蔽或尘封，相反学校教育的功利性与适应性得以张扬，进而造成整个学校教育文化正气不张、世俗流弊等众多问题。如果一个学校的教育文化与教师文化氛围充满了上述世俗性味道，教师的教育理想、教育信念、教育精神、教育风尚很难有基于新时代的超越与创新，学校整体的教育制度、教育体系也很难与时俱进、推陈出新，步入现代化的轨道。

学校文化与教师文化的超越性则表现在：学校教育对新时代的教育发展理念和核心诉求有着灵敏的嗅觉和超前的认知，学校和教师对教育改革与教育创新发展持积极接纳的态度，将教育改革视为一种成功的教育追求，而非负担和压力，并会时刻准备着迎接新教育改革的挑战。具有超越性与前瞻性的学校文化通常是这样一种教育文化：在学校文化中，个体可以借助教育勇于探求事物的真理，而非依赖于教育机器的强制灌输；在这种教育文化下培养出来的人，它拥有健全的智能和判断力，而不是传统观念或教育机器的复印品。正如教育文化研究者布鲁纳(Bruner)所言："每个时代都有发展教育的梦想，并赋予这些梦想以新的形式。对教育质量和智育目标的新一轮广泛关注或许正逐渐成为我们这个时代

① 袁长青. "适应"抑或"超越"：中国教育文化的价值批判与建构[J]. 当代教育科学，2014(18)：3-10.

的标志——但是我们不放弃这样的理想，那就是教育应该作为为民主社会培养平衡发展的公民的一种手段。"①

学校文化与教师文化的品性对学校教育的整体发展会产生重要的影响，在某种程度上也将决定学校在新时代发展道路上的成就。构建民主、开放、自由、创新、超越引领的新时代的学校教育文化与教师文化，也是当前基础教育改革与发展过程中的一项重要内容，应引起教育者的广泛关注。

(3) 学校文化与教师文化是否具有新时代的特质，是否具有前瞻性、超越性与创新性品质，也是基础教育领域智慧教育实施与推广，以及教师教育智慧生成与培养的重要文化基础。智慧教育的实施，本质上是教育对新时代教育发展新诉求的一种积极回应，是教育顺应信息化时代教育变革趋势的一种积极应对，是教育手段与教育技术层面的推陈出新，并不断向现代化教学靠近的过程。因此，智慧教育的实施以及教师教育智慧的生成与培养必然与学校文化及教师文化有着密切的关联性。与时俱进的、积极向上的学校文化与教师文化氛围是教师教育智慧生成与培养的重要环境基础与支撑条件，其重要性主要体现在以下几个方面。

其一，自由民主的学校文化与教师文化是教师充分自由发展的前提条件，也是教师的教育教学走向自由、创新与智慧的必要前提。自由民主的学校文化能够给教师的教育教学及个人专业发展创设出良好的外部支持环境，能够使教师在教育教学的实施过程中获得足够的"精神自由"和"安全感"，这种教育过程中的"精神自由"和"安全感"是教师教学创造力得以激发和显现的重要心理环境基础。

美国著名心理学家罗杰斯(Rogers)的研究表明，当一个人处于"心理安全"和"心理自由"的时候，其个人的创造力就会被激发。换言之，一个人不因为自己的行为"异常"而感到焦虑，而是始终被信赖和尊重，这种"安全感"能使他在心理上感觉到安全适意，此时"心理自由"的状态就会呈现。这种状态下，他能够真实地表达自己的冲动和思想，而不必压抑、歪曲或隐瞒它们；他能够以自己不同寻常的方式来处理事务而不会因此感到内疚，创造力由此而产生。相反，在一个过分强调整齐划一或防范过甚的教育环境下，社会和学校对个人的承认是以顺从为条件的，个人的创造力不被重视甚至被指责。在这种社会情境里，为获取安全感，人们更倾向于选择社会公认的行为模式，从而导致独立思考能力下降，行动上的自我控制能力减弱，创造动机降低。② 因此，从此意义上说，自由民主的学校文化氛围能够为教师教育创造力的生成创设"安全"的心理环境，是教师教育智慧和教学机智生成的重要心理环境基础。

其二，和谐共创、团结共生的教师文化是教师教育智慧生成的重要保障。教师教育智慧的生成一方面需要教师自身的创造力与研究力，另一方面也需要教师群体间的相互学

---

① 袁长青. "适应"抑或"超越"：中国教育文化的价值批判与建构[J]. 当代教育科学, 2014(18): 3-7.
② 于伟. 创新素质培养与教育文化氛围[J]. 现代中小学教育, 2001(5): 1-3.

习、相互支持，有效的教育协作与同行学习也是教育智慧生成的重要途径。学校教师文化如果是和谐共生的，就会为教师的有效合作，形成教育智慧的"合力"创设有力的人文环境；相反，学校教师文化如果是排他型的、紧张的竞争性文化，教师间很难达成协作创新的意向和实际行动。合作型教师文化是教师按照某种合作方式，在互动过程中相互开放、信赖、协作、支持以达成一定目标，从而促进教师共同发展的关系形式。合作分为组织内部合作与外部合作。① 教师间如果能够形成相互学习、相互切磋、取长补短、和谐共生的人际关系文化，不仅会提升教师的专业发展速度和质量，更会为教师的教育智慧生成赋能，形成智慧教学过程中"1+1>2"的增值效应。此外，通过同行学习，在教研活动中也可以深化教师的教学思想和教育智慧。教师间真诚的教学经验交流，在教学思想方面进行开放的交流与碰撞，通过集思广益会加快教师教育智慧的增长速度，从而极大地提升教育智慧对教学实践的指导效率。因此，和谐共创、团结共生的教师文化是教师教育智慧生成的重要保障。

其三，学校文化中重视和突显教师在学校发展过程中的作用和价值，教师的职业行为得到充分的尊重和认可是教师教育情怀释放、教育创新精神落地的重要推手。作为"人"的教师，既有外在社会政治地位、专业地位的要求，也有专业能力素养的要求，同时还有作为"人"所具有的内在精神世界，这种精神世界在主体进行职业实践活动时规定了主体的态度、情感和价值观，反过来职业实践活动也在不断影响参与活动之中的主体精神世界的建构。② 教师的教育教学尊严是教师作为"教师"的最高层面的价值与精神需求，只有教师的职业行为获得足够的认可和尊重，学校在管理过程中充分地尊重教师的主体地位，并彰显积极的促进与加强意愿，教师的主体精神世界才能得到充分满足，进而会形成积极向上的与学校发展节奏合拍的发展动力，教师的教育教学行为才会充满创新的活力，才会充满探索精神和智慧光芒。

综上所述，由学校文化与教师文化所覆盖和笼罩的学校教育生态环境会对教师教育智慧的生成与培养产生重要影响。积极的、富有新时代特征和价值追求的学校教育文化与教师文化氛围是教师积极构建自我教育意义世界的重要保障，是开启教师智慧教学之路，生成教育智慧的重要前提。这也向新时代的基础教育领域的教育管理者提出了明确要求，新基础教育改革的顺利推行，必须充分调动并挖掘教师的教育潜力和教育智慧，要通过创设和谐共生的学校文化与教师文化生态，为教师的专业发展及智慧教学赋能。

(三) 教师在学校教育变革中的权利与地位

教师教育智慧的生成与培养是一个复杂的，由量变到质变的过程，这一过程受多种因素和条件的影响和制约，教师在学校教育变革中的权利与地位是影响教师教育智慧生成的

---

① 申继亮，王凯荣. 教师职业及其发展[J]. 中小学教师培训，2000(3)：4.
② 朱旭东. 教师教育思想流派研究[M]. 北京：北京师范大学出版社，2017：8.

一个关键因素。从教师教育智慧生成的一般过程来看，教育智慧的生成常常与教育改革相伴而生，教育改革所带来的新思想、新技术、新理念能够为教师的教学创新与教学探索带来良好的契机和思想资源，教师在适应教育改革的过程中更容易发现教学创新的契机，自我原有的教育经验和教育知识很容易在教育改革过程中融入新的元素，从而产生更有新教育意蕴的新知识和新思想，教育智慧会应运而生。从此意义上说，学校教育变革是教师教育智慧生成的最佳契机，学校教育的变革能够推动教师教学经验的革新以及教学范式的转变，进而为教师的智慧教学以及教育智慧生成提供可能的空间。但是，学校教育的变革未必一定能带来教师教育智慧的生成与提升，这一目标的实现需要教师在学校变革的过程中享有足够的权利和地位，需要获得充分的专业"赋权"。教师享有主动的教学改革权利和自由，才能在学校教育变革的大环境下生成自我的教学智慧。

教师在学校教育的变革中是积极的组织者、参与者还是处于"失语"的状态，在很大程度上决定着教师教育智慧的生成空间，具体原因如下所述。

(1) 教师在学校教育变革的过程中成为有效的参与者与决策者，享有足够的发言权，教师的教育理想、教育理念才能够在学校教育变革的过程中得到体现，教师的教育理想和教育预期才有可能转化为学校的教育政策和制度，在教育实践中得到落实。代表教师权利和利益的教育政策的实施才能最大限度地调动起教师参与教育改革，并为学校教育改革献言献策的积极性。教师的有效参与，会使学校的教育变革成为践行教师教育理想的实践场域，为教师的教学改革探索与创新提供平台，这也是学校教育变革的应然价值诉求所在。

教师在教育变革中的权利与地位不仅会对教师自身的专业发展以及教学创新产生重要影响，也会在一定程度上影响并制约教育变革的进程和成效。据联合国教科文组织网站2015年8月26日报道，联合国教科文组织将2015年世界教师日的主题确定为"赋予教师权利、建设可持续社会"，并指出赋予教师更多权利是迈向优质教育和可持续社会的关键步骤。[①]可见，教师在教育变革中的权利和地位是教育变革取得理想成效的重要影响因素，应引起足够重视。

(2) 教师在学校教育变革中的权利和地位，体现着学校教育变革的价值取向：教育变革是教师和学生本位的，还是带有功利主义性质的。学校教育改革的核心诉求必然是通过重组学校内部的各教育要素，优化教师的教学环境，实现教育效益的最优化和最大化。学校教育变革的最高层面的价值追求应是：最大限度地解放教师并发展教师，通过教育的变革、优化设计来解放教师的教育思想、想象力和创造力，让教师在教育的世界里能够自由、充分、有个性地发展，而不是控制教师、防范教师，让教师唯命是从、一切行动听指挥、毫无教学自主性。

学校教育变革的根本出发点，就是让学校教育回归到为教师和学生发展服务的本质规律上来，要通过有效改革，把教师作为学校的主人，充分信任教师，相信大多数教师有理

---

① 王俊. 联合国教科文组织：赋予教师权利是实现优质教育的关键[J]. 世界教育信息，2015(18)：72.

想、有追求，在合理的制度架构内会努力地去提高自己的专业素质。通过变革建立现代教师管理制度，有效激励教师的教学创新积极性，为教师营造自由发展的教育环境，让不同类型的教师都可以在其中找到充分发展的平台和生长点，促成他们个性化的专业发展，乃至智慧教学的实现。

教师在学校教育变革中享有足够的权利和地位，意味着学校对教师在学校发展过程中的主体性的尊重，意味着学校对教师专业发展的重视和支持。只有在教育变革的过程中充分考虑并尊重教师群体的特殊需求，给予教师自由、充分、个性化发展的平台和空间，教师的教育智慧生成才具有适宜的环境和条件。

(3) 教师在学校教育变革过程中如果完全处于"失语"状态，处于被动的从属地位，教师的教育选择权利和教育自主发展权利得不到有效保护，教师则会在被动适应教育改革的过程中丧失自我的"教育个性"和教育理想，发展成为人云亦云的"大多数"，并会在教育教学的过程中形成诸多的"教育焦虑"和"教育恐惧"心理，担心由于自身教育教学行为的"越矩"而产生的教育代价。

在这样的教育改革环境下，教师的教学创新意识和能力都会被扼杀在摇篮里，教师教育智慧的生成更是无从谈起。教师只有在学校教育变革中争取到有力的发言权，才会为自我的教学创新、教学探索及教育理想的实现赢得制度层面的宽松条件，教育智慧的生成才具备必要的前提条件。

四、教师教育智慧生成的阻碍因素

进入21世纪以来，教育开始进入日益充满挑战和变化的新时代，社会对教育的新需求不断出现，教育自身也在不断地进行调整以适应外部世界的变化。培养智慧型教师并提升教师的教育智慧作为新时代学校教育发展的一项核心议题，越来越引起教育研究领域的普遍重视。如何有效推进智慧型教师的培养，克服阻碍教师教育智慧生成的各种障碍，突破传统教育思维以及教育模式对新型人才培养和教师教学创新的束缚，更是新时代学校教育教学改革的重要着力点。

从教师教育智慧生成的一般过程来看，作为一种新的教育价值追求，其生成与创生发展的最大阻力必然来自传统教育与教学思维的限制，教师在教育的世界中所形成的对传统"经典"教学"定律"的信奉与尊崇是新教育推行以及教师教育智慧生成的最大障碍。同时，教师在教育教学过程中的功利主义价值取向也是遮蔽其教育智慧的重要阻碍因素。

(一) 传统教育思想与教学理念的束缚

我国传统教育教学体系是一个具有牢固社会根基的复杂系统，这其中既有传统文化的功利主义价值观对教育的束缚，也包括传统固化的教育思想、教育理念对新教育的制约。可以说，我国近十多年的基础教育改革就是传统与现代之间的一场马拉松式的较量，在这场此起彼伏的教育较量过程中，传统教育思想与教育理念始终以其顽强的生命力在新时代的新教育世界里继续存留并继续影响新教育的进程，从教师教育智慧生成的角度来看，传统的教育思想与教学理念对其的阻碍作用主要体现在以下几个方面。

1. 传统教育思想、教育理念与教学创新的文化意识冲突及其对教师教育智慧生成的影响

传统教育对前人先贤的信奉、遵循意识较为强烈，如"天地君亲师"的价值取向，意味着"师道"是古代社会环境中伦理道德的合法性内容和合理性依据之一，传承的意识大于创新。传统教育的主观性十分明显，无论是"学而优则仕"还是"修身齐家治国平天下"，都是为了适应当时的社会环境。按照先贤的信奉，实现自我修养，这既无新知识的产生，又无须创造新的生产力，严重限制了教育功能。[①]传统教育思想和教育理念推崇的是对前人及社会文化的传承与传递，这种传承是一种简单的复制和模仿，缺乏选择、创新和改革。传统教育思想对现代学校教育的最大影响便是在学校教育的过程中，教育者习惯性地采用"填鸭式"的灌输教学法，教师在教育的世界里是绝对的知识"权威"，学生完全处于被动接受的状态。从教学内容上来看，传统教育视域下的教学内容大多是既定的知识，强调教材的重要性，教学内容缺乏时代性、灵活性和生成性。传统教育是一种典型的应试教育，强调知识的死记硬背以及考试分数的重要意义。时至今日，传统教育思想在我国学校教育场域中依然有着较为旺盛的生命力，是新时代教育创新发展的重要阻碍因素之一。

新时代的教育创新思想，推崇的是一种新的教育文化，这种新的教育文化是以自由、创新、民主、多元、创造、共生、探索、发现为核心理念的教育文化，是与传统教育截然不同，甚至大相径庭、"背道而驰"的教育思想和教育理念。传统教育思想、教育理念与教学创新的文化意识冲突及其对教师教育智慧生成的影响主要体现在以下几个方面。

(1) 传统教育视域下的教师角色与新时代的教师教育创新角色的冲突。传统教育世界里的教师是知识的传授者，在教育教学过程中强调对传统经典教学体系的诠释和呈现，无须创造性，教师的职业角色是"教书匠"，基于知识传递的教学技能是传统教师最重要的职业内涵。

新时代的基于教育创新发展需求的教师职业角色是"教育专家"，教师在教育的世界里不仅需要"传道、授业、解惑"，演绎传统经典教师职业角色，更要赋予教师新的职业内涵。教师在教育教学的过程中不仅是知识的传递者，更要成为新知识的创造者；不仅是学生学习的指导者，还要是学生知识学习的协同建构者；不仅是新教育改革的执行者，更应是新教育的探索者与开拓者。新时代新型教师职业角色的塑造需要教师突破传统教学

---

① 严燕. 论传统教育与现代教育的文化意识冲突与融合[J]. 教育评论, 2018(12): 19-22.

思想和教学思维的束缚，然而，传统教育思想对我国基础教育领域教师的影响是深远的，加之与我国"学历主义"取向的劳动力就业市场的吻合性，在教师群体中有着较为深厚的根基，并非一朝一夕就能彻底肃清的，智慧教师的培养之路也注定会是一个长期的、复杂的，由量变到质变的过程。

(2) 传统教育视域下教师的课程知识观与智慧型教师所应具备的课程知识观之间的矛盾与冲突。知识观是人们关于知识本质、来源、范围、标准、价值等的种种假设、见解与信念。它是伴随着知识的积累，人们对知识所做的一种意识和反思。[①] 知识观是教师关于教育知识的认知与理解，决定着教师对所教课程知识的态度与价值取向，也决定着教师将用何种态度和方式去处理并传授课程知识。

长期以来，我国基础教育领域所奉行的都是一种经验主义的课程知识观，此种课程知识观认为，学校课程教授的就应是人类在长期的社会实践过程中所积累起来的，经历史检验是有意义、有价值的知识经验，教师对待课程知识的态度是无须质疑的，同样也无须再次探索、发现及创新，教师的职责就是把既定的知识传递给既定的教育对象。这一课程知识观对我国中小学教师产生了深远影响，也构成基础教育课程改革过程中的最危险阻力。这一课程知识观念已经成为一种固化思维，深刻影响着教师的教学行动，造成教师习惯于传统的教学方式而困于新教育的改革诉求，教师习惯于沿袭、传承、模仿和复制，而困于变革、创新、发现、创造及建构新的教学意义世界。在此种教学惯性影响下，教师就丧失了教育智慧生成的契机和心理基础，教育智慧的生成与培养就会困难重重。

(3) 传统教育视域下的教育评价标准对教师教育智慧生成与培养的消极影响。在传统教育视域下，学校教育的评价标准是"成绩和分数导向"的，即评价教师教学成效的衡量尺度是其所教学生的成绩，此种以分数论"英雄"的做法会对教师的教育教学形成消极的价值导向，教师会在教育教学的过程中放弃对教育真谛和本源意义价值的追寻而转向功利主义的教育价值观，想方设法给学生的学习行为施压，以训练技术工人的方式大批量培养"会考试"的学生。在这样的教育范式下，教师的"教"和学生的"学"都会背离教育的应然价值取向和应然轨迹，与新教育的理想和诉求越来越背道而驰。

从当前我国中小学教育发展的现实状况来看，尽管我国的基础教育改革已经走过了数十个年头，关于教育的新理念、新思想得到了广泛传播与应用，但是，在中小学教育领域重知识、轻能力、重分数的现象依然很严重，减负的过程也依然步履维艰，这其中一个深层次的原因就是传统教师教育评价制度的影响。在传统教师评价制度视域下，"好课"的标准是教师是否教会了学生记忆知识的方法，学生是否掌握了答题的技巧，即"好课"是与学生的学习效果挂钩的，而与教师的教学创新、对学生创造性思维的培养关系不大，教师在教学创新道路上所做的努力更是很少得到应有的鼓励与回报，教师教学智慧的生成显

---

① 潘洪建. 当代知识观及其对基础教育课程改革的启示[J]. 课程·教材·教法, 2003(8)：9-14.

然缺乏充分的支持条件。

2. 传统教育思想对现代教育技术及智慧化教学的排斥作用

传统教育文化以及教育思想对现代教育技术在学校教育领域的广泛渗透与应用持消极的否定态度，这也是教育领域传统与现代之争的又一"焦点"问题。传统教育文化与教育思想主张教育必须是师与生之间的双向的教育行为，教学行为的发生与完成除了必要的教育媒介(教材)之外，还需要师生间的情感上的沟通与共鸣。因此，传统教育思想认为，现代教育技术及教育手段的应用，用科技替代了人力，这在教育过程中必然造成教师与学生之间情感交流纽带的割裂，使教育的传统形象和传统性格受到压抑，甚至发生改变和异化。所以，教育必须捍卫其原始的教育形象和功能，不能被现代教育技术所完全操纵。传统教育思想在现代教育技术发展过程中所表现出的"焦虑"，有其合理性的一面，我们不能完全否定传统教育思想对师生情感交流的重视，但是我们也不能因此而将现代教育技术拒之门外。

伴随着科学技术的发展，教育现代化进程的加快，科学技术对教育的影响会越来越广泛和深入，无论是教育手段还是教学模式都会受到现代科学技术的影响而越来越具有现代性特征，这是新时代学校教育发展的必然趋势，我们需要敞开教育大门，接受新思想、新文化、新技术的到来。在这一过程中，我们需要用理性和智慧去选择、辨析和合理运用科学技术对教育的影响，从而使教育技术成为推动现代教育更优化发展的重要技术力量。

传统教育思想在一定程度上会对教师的智慧教学形成潜在的阻碍作用，教师教育思想中所遗留的关于教育发展的保守主义的倾向性会使其在进行教学创新与探索的过程中，存有较大的畏惧心理，教师的教育教学思维一旦被过度机械的传统教育思想限定在一个具体的框架内，便很难形成接受新技术和新教育的积极心理和态度，也较难进入自由和智慧教育的境界，从而失去教育智慧产生的基础。

从当前我国中小学一线教师的教育状况来看，传统教育思想在中小学新一轮的教育改革中仍然具有潜在的渗透作用，中小学教师群体在对待教育改革的态度上仍然存有怀疑、排斥及否定的消极心理，在参与教育变革的具体行动上也表现出较大的惯性和惰性。为改变这一状况，教育管理者需要积极引导，创设条件，使中小学教师真正成为新时代学校教育变革的创新主体，成为具有现代化特质的新型教师。

(二) 教师在教育教学过程中的功利主义价值取向

教育智慧的生成需要一个相对自由、理性和"纯洁"的教育环境，需要教师具有始终如一、坚守教育初心和梦想的教育信念，只有远离利益纷争和功利主义教育价值观的干扰，摆脱教育中的喧嚣之后，教师才能潜心学习、研究、探索、发现，才能在教育的世界里用真心和良知去教育学生，并达到教育的最高境界。

近年来，基础教育领域的教育改革如火如荼地进行着，可谓成就与问题、机遇与挑战并存。教育改革的过程通常是与改革密切相关的各利益主体基于权利反复"协商"与"博弈"的过程，在教育改革的过程中，不同利益主体会产生并形成新的利益性诉求，教师群体作为教育改革过程的直接参与者与实施者，自然也要表达自身的利益性诉求。教师群体关于改革的合理的价值诉求是促进其有效教学的重要保障，应予以重视。但是，如果教师在教育改革的过程中表现出越来越强烈的功利性倾向，造成其在教学工作中一味追求地位、声誉、利益等个人价值，就会对其教学产生极大的负面影响，不仅会限制教师的思考力，扼杀教师积极进取的教育精神，还会对教育品质以及教师教育智慧水平产生极大的消极影响。教师在教育教学过程中功利主义价值取向的表现及其对教师教育智慧生成的消极影响主要表现在如下几个方面。

(1) 教师在教育教学过程中过于追求教育的"外在价值"，而忽视教育自身内在价值和意义的实现，重视教育的结果而忽视教育的过程。在学校教育的过程中，教师会受到学校教育管理及评价等多种外在因素的影响，会在教学过程中过多地考虑如何能够获得更多的荣誉、奖励以及如何晋级等有关个人发展与利益获得的情况，进而把本该用于教学的精力用于研究功利性目标的达成上。教育教学一旦成为教师追求个人利益和欲望的媒介和工具，教师就会在教育的世界里逐渐丧失自我的教育个性和良知，背离教育的应然发展轨迹，对教育知识、教育规律以及教育真谛的探索也会终止于个人的教育私欲和教育权力寻租行为，教师教育智慧的生成和培养更是无从谈起。正如丹尼尔·科顿姆(Daniel Cottom)在其所著的《教育为何是无用的》一书中所指出的，功利主义教育让我们丧失了一些作为人的基本的东西，无论是物质层面还是精神层面。[①]教师对教育的功利主义价值诉求，必然会使其丧失追求卓越教育以及教育真谛的价值理想，会终止其探索教学规律、教育新知的动力和欲望，教师的整体工作质量和水平都会受到深刻影响。教师对教育外在的"附加值"关注得越多，追求得越多，对教师自身的专业发展反思就会越少，教师的知性智慧和师爱智慧相应地都会呈现下降态势，教师的功利主义教育价值取向与教师的专业发展水平以及教育智慧水平是成负相关的。

(2) 教师在教育教学过程中热衷于追求物质利益以及由此而形成职业满足感，忽视精神层面的价值追求，从而使自身的教育行为陷入功利主义的深渊。教育的根本任务是培养人，这种神圣的工作需要一种追求真理的精神，这种精神应当是超功利的，超越物质利益需求的，具有精神层面的崇高价值意蕴。教师如果在教育教学过程中，热衷于对物质利益的获得，并沉浸于由此而带来的"职业满足感"中，就会陷入庸俗化的教育认知与教育实践危机之中，不仅会形成庸俗主义的教育价值观，还会在其教育实践过程中形成肤浅的教育体验，缺乏对学生的关怀、友爱与合作情怀，师生关系也会因此陷入功利主义的价值取

---

① [美]丹尼尔·科顿姆. 教育为何是无用的[M]. 仇蓓玲，卫鑫，译. 南京：江苏人民出版社，2005：67.

向之中。

教师在教育教学过程中热衷于追求物质利益以及由此而形成职业满足感，丧失精神层面的价值追求，教育智慧的生成与培养就丧失了可能性。教师教育智慧是凌驾于教师最高教育价值追求之上的，是超凡脱俗的一种高层次的教育追求和教育境界。教育智慧的生成需要教师具有崇高的教育理想和教育信念，并有追求完美与卓越教育的教育价值诉求。因此，丧失了精神层面的教育价值诉求，热衷于物质利益的追逐，教师就会放弃对卓越教育的努力探索，教师教育智慧的生成也相应地缺少了必要的心理基础和前提条件，变得遥不可及。教师一旦形成了追求物质利益的功利主义的教育价值取向，其在教育世界里的一切教育行为都会发生微妙的异化：教师的教育教学目的不再是单纯的"传道、授业、解惑"，而会掺杂着获得荣誉等功利性价值倾向；教师的教育改革行为同样会被灌输进追求"短平快"效益的急功近利的思想，教师对教育真谛的追求，对教育本真价值和意义的探寻活动都会被急功近利的"教育情绪"和心境所遮蔽。

(3) 教师在教育教学过程中过分重视教育的短期效益，急功近利，缺乏持久的教育发展定力和职业信仰，同样会对其成长为智慧型教师构成强大阻力。重视教育的短期效益，急功近利，缺乏持久的教育发展定力和职业信仰，是教师功利主义教育价值取向的重要表现，也是新时代培养智慧型教师的危险阻力。在现实的基础教育改革实践中，急功近利的改革和科研正以各种方式影响和干预着学校及教师的智慧状况。如今，在不少地方和学校出现了所谓快餐式的改革，即为了快出成果、多出成果，什么东西快就学什么，什么东西时髦就学什么。[①]这种追求"短、平、快"的功利主义的教育价值取向对教师的教育教学产生了极大的消极影响，教师潜心教学与研究，基于教学实践的智慧教学探索生态环境就会遭遇破坏而失去平衡。教师在急功近利的教育生态环境下，很难继续维持自我的教育初心和教育理想，做到"两耳不闻窗外事，一心只教圣贤书"。诚然，在喧嚣的教育世界里，依然有坚守在追求教育真谛一线的教育的"忠诚卫士"，但是这种坚守并不是大多数人的自愿行为，最终会成为孤独的教育智慧追求者。

(4) 急功近利的教育环境会对教师教育智慧的生成与培养形成巨大的危险阻力，教师在教育教学过程中过分重视教育的短期效益，急功近利，在教育价值取向上就会表现出重教育效率、轻教育公平，就会形成"成绩好一切都好，成绩差一切都差"的学生观和教育观，对学生的学习产生消极引导。在教育教学的行为选择上，追求短期效益的教育倾向性会促使教师放弃对教育规律的遵循，产生重结果、轻过程、忽视学生身心发展需求的做法，学生在教学的过程中沦为教师追逐教育效益的"教育产品"。在学校教育过程中，学生的学习时间和空间被无限延伸，"教"与"学"成为学校教育生活的全部，机械化的教育训练成为学生学习的全部，教师在对学生实施机械化教育训练的同时，自身的思维也陷

① 邓友超. 教师实践智慧及其养成[M]. 北京：教育科学出版社，2007：10.

入了僵化、刻板的状态，这种高度技术取向的教学模式从根本上束缚了教师的教学创造性发挥，也阻碍了教师教学智慧的生成，教师在机械化的教学过程中会渐渐形成机械化的思考形式和意识，最终失去自我，丧失自我的教学特色和教学风格，无缘教育智慧的生成。

综上所述，功利主义的教育价值取向是教师教育智慧生成与发展过程中的一种无形的阻碍因素，会对教师教育智慧的生成产生极大的消极影响。功利主义教育价值取向会消减教师的教学激情，会淡化教师对教育本源意义和价值的追寻意愿，也会在一定程度上弱化教师的教育情感智慧，使教育之爱被功利主义的教育价值观侵蚀，教育智慧的构成要素都会遭遇来自功利主义教育的攻击而失去其应然的功能，教师教育智慧的生成与培养必然也会偏离应然的轨迹，而变得遥不可期。因此，在教师教育智慧的生成与培养的过程中，良好的教育生态环境的塑造至关重要，去功利化的、和谐进取、团结共生的教育氛围是教师教育智慧生成的重要教育文化与心理环境基础。

(三) 教师在教学过程中的思维惯性与教学惰性

所谓教育惯性，是指在不受任何外在环境的作用下，教育范式、教育思想、教育文化所恒久持有的维持自身现状和特点的走向和趋势。其中，教育范式惯性是教育思想惯性和教育文化惯性得以产生的前提和基础。

从宏观教育学的角度看，正是教育范式的惯性决定了任何理想教育效果的有限性。所谓教育范式惯性，是指人类已有的教育制度、机制和规范都具有一种维持自身存在的特点和趋势。教育范式惯性的原理不仅决定了教育制度、机制和规范效用的局限性，而且验证了这些教育制度、机制和规范的迭代继承性。[1]不仅教育具有维持自身现状和特点的倾向性，教师在教育教学过程中也会呈现趋向稳定的教学思维惯性及教学"惰性"。教师的教学思维惯性，是指教师在教育教学实践过程中，积累并形成关于教育教学的一些经验性的知识，以及由此形成的一些具有稳定心理倾向性的教学方法和教学理念。这些基于教师个体教育经验习得的教育方法和教学理念一经形成，就会表现出相对稳定的特质并内化于教师的教学过程中，融进教师的教学风格与教学特色之中，不易发生改变。

教师的教学思维惯性一旦形成，就会对教师的教育教学产生重要的影响。教师教学思维惯性的形成有利于教师教学风格与教学特色的培养，教师在长期的教学实践过程中所形成的教学思维习惯是其教育经验的结晶，是其在领悟并总结教育规律的基础上，经反思而获得的能够使教学行为更加熟练和轻松有效的思维模式，是经验上升为智慧的关键性的智力与思想基础。教师具有一定的教学年限和教学经验之后，都会在一定程度上形成自我的教学思维惯性。教学思维惯性在一定意义上也是教师教学经验的象征。正如雅斯贝尔斯

① 冯娅妮. 教育惯性论[J]. 教学与管理，2014(11)：1-4.

(K. Jaspers)所言："我们生活在形成习惯的过程之中，不断形成和打破习惯是我们生成的坚实基础，没有习惯为底蕴，我们精神的每一次进步将是不可能的。生成的静态形式即习惯，动态形式即超越。①

但是，教师在面对并运用自身教学思维惯性的时候，也会存在一些负面作用。教师如果将自身的教学思维惯性的意义和价值无限放大，在教育教学过程中过分依赖教学思维惯性所带来的便捷性和眼前利益，放弃超越自我、挑战自我的教育机会和努力，教师的教学思维惯性就会异化成教师的教学"惰性"，使教师在教育改革与专业发展的进程中墨守成规，趑趄不前。因此，教师的教学思维惯性是一把"双刃剑"，教师应正确看待并有效利用。对于教师教育智慧的生成与培养来说，教师如果不能够正视自身教学思维惯性的正反两方面价值，对自身的教学思维惯性进行正确开发与利用，教学思维惯性也会成为教师教育智慧生成的阻碍因素，主要原因如下所述。

(1) 教育智慧的生成需要教师具有创新、发现与探究的思维和意识，需要教师具有在不断变化的教育世界里迎接挑战，进行教育改革的魄力和勇气。从此意义上说，教师的教学思维惯性与教师教育智慧的生成是南辕北辙的，在教学思维惯性的作用下，教师通常习惯于用一直以来沿用的教学方法和手段进行教育教学，并不乐于改变传统的教学思维和模式。同样，当教育环境发生变迁，教育改革来临时，教师也会表现出较大的排斥性，这与教师教育智慧的生成规律是背道而驰的。尽管大多数教师在教育改革过程中都会试图去适应并改变自己传统的教学行为，以适应新的教育环境，但是，习惯具有非意识性、被动性，也就是说，习惯甚至可以不顾主体是否知道、是否同意，一定要发挥作用，这也是习惯稳定性的表现。② 这就意味着教师在尝试教育创新，实施教育变革的过程中，常常会面对理想的我与现实的我之间的矛盾与冲突。教师的教学改革与创新意愿在强大的教育思维惯性牵引下，常常退缩成维持教育现状的教育保守性，教师只有具有强烈的教学变革与创新精神，具有强烈的追求教育本真价值的信念与情怀，才能突破传统教学惯性与惰性的束缚，冲破自我思维定式与心理障碍，超越习惯，才能在教育改革与发展的道路上领略到创新的美好，由优秀走向卓越，由知识型教师发展成为智慧型教师。

(2) 教育创新以及教育智慧的生成需要打破教师在教育教学过程中的思维惯性与教学惰性，而这一过程需要教师付出更多的教育精力和时间，需要投入更多的努力，即教学创新成果乃至教育智慧的获得需要教师付出更多的教育代价，甚至是"机会成本"。习惯是活动因素的系统化、秩序化。③ 教学习惯亦是教师在长期的教学实践过程中所形成的系统化、秩序化的教学经验和"教学程序"，教学习惯的打破和改变，需要必要的时间、过程

---

① 雅斯贝尔斯. 什么是教育[M]. 邹进，译. 北京：生活·读书·新知三联书店，1991：15.
② 高德胜. 习惯与习惯培养的再思考[J]. 教育学报，2019(3)：17-26.
③ 杜威. 杜威全集·中期著作(第十四卷)[M]. 罗跃军，译. 上海：华东师范大学出版社，2012：27.

及精力，需要教师与系统化、秩序化、常规化的教学过程告别。在这一过程中，教师可能要失掉一部分既得的眼前利益，可能会失去一些近期发展机遇。因此，对于一些具有急功近利教育倾向的教师而言，会对改变教学思维惯性及传统教育模式持消极的否定态度，并不乐于接近或面对教育改革与创新。在这样的消极心理影响下，教师的教育智慧生成不仅丧失了基本的情感、态度及价值观前提，也缺乏必要的思想与智力基础。

人是习惯的生物，形成习惯是重要的，改变习惯同样关键。杜威说，作为集体习惯的习俗是"社会的动脉"，习俗的固化，就导致"社会动脉的硬化"，社会就会僵化、停滞。[①]同样，作为教师个体的教育思维惯性，如果任其发展，演化为教师专业发展过程中的教育惰性，教师的教育教学就会停滞不前，教育的整体发展就会滞后，就会陷入僵化和崩溃的边缘。因此，无论是教育改革与创新发展，还是教师自身的"向上生长"，都需要打破习惯、改变习惯，善于驾驭变化的教育环境，才能有智慧去应对不断变化的教育世界，并取得自身专业发展的更高成就。

(3) 教师的思维惯性与教学惰性会促使教师在教育教学过程中习惯性地遵从体制、制度、规则与权威，奉行模仿、移植与沿袭的教学思想，必然会导致教学创新以及教学反思意识淡薄，弱化教师教育智慧的生成根基。诚然，教育制度、规则与权威是学校教育有序、健康运行的重要保障，但是教师的教育教学行为在学校教育制度的框架下也应具有独立的变革与创新自由，学校教育制度的框架也并非致力于将教师的教育教学限定在狭小的空间内，致力于将教师管死。然而，教师的教学思维惯性及教育惰性会导致教师片面化与机械化地理解并遵从学校教育制度和规则，将教育制度的行为规约性作为自我教育惯性的有效庇护，以此为开脱，在教育教学的过程中墨守成规，拒绝创新和改革，成为新教育以及教育改革的保守力量甚至是顽固的对立派。

教师对教育体制、制度、规则与权威的盲目机械遵从，以及对模仿、移植与沿袭教育思想的推崇，必然会阻碍教师对新教育思想、教育理念以及教育技术的关注、应用与探究。教师在传统教育制度与教育规则的规约下，会更加教条化、刻板化、机械化地履行自身的教育职责，在教育实践过程中会致力于塑造管制型的师生关系，会积极塑造自我的教育权威，传统教育思想作用下的学生注定要沦为填鸭式教育的对象，在教育的过程中处于"失语"的状态。在这样教与学的安排下，课堂教学通常都是教师将预设好的内容灌输给学生，课程教学缺乏生成性，教师与学生很难达成教学上的"共情"，也很难在课堂教学过程中形成建构主义学习的波澜，出现教学的高潮，这在根本上束缚了课堂教学应有的两个创造性：既束缚了教师教育智慧的生成，也限制了学生创造力的发展。最终，教师的教学理念和教学手段会与新时代的教育改革与发展诉求越来越疏远，也会越来越疏离新时代的卓越中小学教师培养目标，教师教育智慧的生成更是丧失了一切可能性前提和基础。

---

① 杜威. 杜威全集·中期著作(第十四卷)[M]. 罗跃军，译. 上海：华东师范大学出版社，2012：27.

综上所述，教师教育智慧的生成与培养是一项复杂的、系统的教育工程，既需要以教师自身内在的良好的专业素养以及积极向上的专业发展动机为基础，也需要外在的教育环境与教育激励机制的助推。在教师教育智慧的生成与培养过程中，学校要充分了解并依据教师教育智慧的生成规律，形成并构建宽松、自由、和谐、共创的智慧教学环境和氛围，积极引导并鼓励教师的教学创新，规避一切可能的制约教师教育智慧生成与培养的不利因素，教师教育智慧的生成才具备必要的条件，新时代智慧型教师的培养理念和政策才能够有效落实。

第二节　教师教育智慧的生成与培养路径

培养智慧型教师是新时代卓越中小学教师培养的一项核心诉求，教师教育智慧的生成与培养也是教师专业发展与新基础教育改革的核心议题。教育智慧之于新时代的中小学教师比以往任何时候都重要，原因在于，新时代的学校教育文化已发生了深刻变革，正在由知识文化向智慧文化转变，学校教育场域中"教"与"学"的行为内涵都发生了巨大变化。新时代、新教育都对教师的教学提出了更高期待，对教师的综合素养以及核心教育能力提出了更高要求，教育智慧是新时代的教师进行教育理论与实践创新的重要智力来源与能力基础。因此，培养教师的教育智慧，提升教师的教育智慧水平，对新基础教育改革的目标达成至关重要。

一、走近学生，发挥学生的"智库"作用

培养教师教育智慧的最终目的是提高教师的教育教学质量，提升师生在情境化教育事件过程中的智慧交流效果，激发并培养学生的学习智慧。从此意义上说，教师教育智慧培养的最终落脚点是学生，教师教育智慧的生成与培养必然要与学生发生千丝万缕的联系，学生既是教师教育智慧的实施对象，也是教师教育智慧生成的重要来源，这其中蕴含着"教学相长"的教育原理。教师的"教"与学生的"学"可以相互促进，教师施教的过程同时也是教师自我学习和提高的过程，即教师通过教而促进自身的学，揭示了教与学之间相互制约、相互渗透、相互促进的既矛盾而又统一的辩证关系。

李镇西老师曾明确提出，教师每天面对的学生就是教师教育教学的重要智力来源，学生就是教师的"智库"。陶行知先生很早就提出了"向学生学习"的观点，他说："跟小孩学习——这听起来很奇怪，其实先生必须跟小孩子学，他才能了解小孩的需要，和小孩

子共甘苦。并不是说完全跟小孩子学，而是说只有跟小孩子学，才能完成做民主教师的资格，否则即是专制教师。"

(一) 学生是教师教育教学的重要智力来源以及教师教育决策的"智库"

学生作为教师教育教学的重要智力来源以及教师教育决策的"智库"，主要体现在如下几个方面。

(1) 学生作为教师教育智慧生成的落脚点，教师必须充分了解学生，了解学生的学习、学生的心理以及学生的文化世界，才能有的放矢地去破解教学过程中的"特殊密码"，才能有效运用教学机智，实现师生在教育世界里的智慧交流。一个对学生缺乏了解，对学生的学习心理、交往特点以及学生文化世界完全不熟悉，或存在严重"代沟"的老师，是不会发自内心地去接近学生、发现学生、引导学生的，也不会产生真正意义上的教育之爱。缺乏学生基础以及对学生的足够了解，教师在教育教学过程中也很难创生出新的教学思想与教育智慧，教师在面对并处理突发性教学事件的时候，也会捉襟见肘，缺乏教学机智感和教学敏锐性。

(2) 从教师专业成长的角度来看，向学生学习，发挥学生的"智库"作用也是非常有必要的。我们和学生朝夕相处，一言一行都在学生的注视下，优点与缺陷、成功与失误、精彩与暗淡、高尚与庸俗……都躲不过几十双明亮的眼睛。老师主动把自己的工作交给学生评价，不但能够培养他们自助成长的能力，更能从他们的评判中明优劣、知得失，这正是我们智慧的增长。所以，我当班主任时，常常在新年前夕请学生给我写信，对我过去一年的工作进行评价，尤其是对我工作失误或不足的批评，这都是在帮我走向优秀。[①]在教育教学过程中，教师能够主动放下"权威"，走下讲台，走进学生的生活与学习世界，才会发现不一样的"学生"，不一样的"教育"，才能触碰到学生真实的心灵世界，才会感受真正的教育美好，才会为教育智慧的生成积累最有价值的教育素材。因此，走进学生，向学生学习，把学生作为教师教育智慧生成的重要来源是教师专业成长的重要途径。

(3) 学生在教育教学过程中的"另类"表现以及由其所创造的"错误资源"能够为教师教育智慧的生成提供最佳契机和重要资源。很多一线的小学教师经常抱怨学生的"另类"，难以管教，面对课堂教学过程中的一些突发性教学事件也常常表现出困惑和抗拒的情绪。殊不知，上述教学问题的出现是教师教学智慧培养的最佳教育资源和教育契机，教师如果能够正确认知并积极加以开发利用，解决上述现象和问题的过程中会不断增长自身的教育经验，包括教育洞察力与教育反思力在内的诸多教育能力都能够得到训练和提升。教师教育智慧的生成与培养恰恰需要这些特殊教育契机的出现，在这些特殊的教育情境

---

① 李镇西. 班主任的智慧从何而来？——新年前夕答一位"苦闷中的老师"并祝福所有远方年轻的朋友[EB/OL]. 镇西茶馆公众号，2018-12-31.

下，教师的教学机智才会展现出来，教师的教育创新意识以及卓越教育潜质才能迸发出来，最终生成教育智慧。

（4）学生的"智慧"表现能够启发并点亮教师的教育智慧，学生也是教师进行教学反思，改进教学策略的重要促进者。当代小学生视野开阔，思维活跃，反应灵敏，遇事善于分析，敢于亮出自己的观点。学生的这种积极主动的求索、创造精神，给我们的课堂教学增加了难度，也使得教师的教育教学充满了挑战性。它要求教师不仅要具有知识修养，而且要有灵活地运用知识、机智地处理问题和圆满地组织课堂教学的能力，智慧教学自然会成为教师的一种自觉的教育选择和追求。

此外，我们正处在一个信息化、数字化、网络化的时代，知识以前所未有的速度在增长和更新，当代小学生运用信息技术学习的能力越来越强，都可以通过网络获取自己所需要的信息或知识。在这种知识内储化时代逐渐趋向衰落，而知识外储化趋向日益增强的情况下，智慧也就真正要从掌握知识过程中成长的"附属"角色，转换为"主要"角色了。这意味着今日的教师无须、也不可能成为知识的"百科全书"，但必须拥有教育智慧。教师拥有了教育智慧，才能够在日益复杂的教育世界里深刻地理解事物，觉察事物和情境的教育意义，并在教育实践中采取合理的决断和行动处理教育问题。

因此，学生的"智慧"表现能够启发并点亮教师的教育智慧，学生的"智慧"表现是教师教育智慧生成的重要牵引力量，教师要乐于并善于向学生学习，从学生身上获取智慧教学的灵感和启发，发扬"教学相长"的教学原理，在教与学的辩证统一关系中，不断提升专业素养，实现由优秀到卓越的华丽转身。

（二）走近学生，发挥学生"智库"作用的路径与策略

（1）重视学生在教育教学过程中的主体地位，建立平等对话的师生关系。学生的"智慧"表现能够启发并点亮教师的教育智慧，这一"教学相长"教学目标的达成需要教师在教育教学过程中为学生真正"赋权""赋能"，即教师要在教育教学过程中给予学生更多的参与权、发言权与评价权，教师要放下"权威"，与学生进行平等对话交流，发现学生，重新认识自我。例如，教师在日常教学管理的过程中，可以将一些简单的班级事务交给学生自己去管理，教学方法的选择等问题都可以征求学生的建议或意见（高年段）。例如，主题班会不但可以交给学生主持，连班会内容的确定、形式的选择、流程的设计等都可以交给学生，让学生出谋划策。学生真正参与到教育教学过程中之后，你会发现学生的思维是多么的富有发散性和创造性，学生的思路和想法是多么的富有想象力，他们在提高教师教育智慧的过程中真的会发挥巨大的"智库"作用。

此外，教师还要不断创新学生参与教育过程的形式，以更加开放和灵活的姿态面对学生，激发学生的创造性潜质以及参与教育过程的积极性。教师可以经常性地围绕教学

问题在班上开展问卷调查，诸如老师最近上的最好的一节课是什么？老师最近上的最不理想的一节课是什么？你最喜欢老师的讲课形式是什么？等等。正如李镇西老师在《学生教我当老师》一书中所提到的："您不妨从今天起重新打量您的学生，重新思考和他们的关系，期末也请他们给您写信，给您提建议或意见，许多您想不到的智慧也许就在其中。"

教师要善于运用基于师爱的情感智慧，与学生建立亲密的师生关系，激发鼓励学生积极地给予教师教育反馈信息，为教师的智慧教学提供有意义的启发和契机。实践证明，在基础教育尤其是小学阶段，教师与学生之间越是能够建立起亲密的教育关系，学生对教师越有亲近感，教师越会容易取得良好的教育效果。心灵与心灵的靠近，是听到孩子真实声音，发挥小学生"智库"作用的最佳路径与策略。

(2) 重视发掘与培养学生的创新意识和创造潜质，建构师生共创、共研的课堂教学新模式。学生作为教师教育教学的重要智力来源以及教师教育决策的"智库"，这一角色和功能的真正发挥需要教师在教育教学过程中，高度重视学生的参与作用，要善于营造轻松愉悦的教学氛围，引导并激励学生创造性地思考问题、发现问题、提出问题并解决问题，这一过程是学生智慧学习的必要经历，是学生创造力培养与发掘的重要环节。

实践证明，学生的智慧学习与教师的教育智慧生成是一个共创共生的过程，学生在课堂教学过程中的学习积极性和参与意识如果能够被充分调动起来，在教学过程中表现出强烈的创新意识，创造潜质及智慧学习力将会把教师的教学推向更高的层次和境界，师生都会在这一教学过程中感受到无限的教育美好，取得意想不到的教学效果。因此，发挥学生的"智库"作用，发掘并培养学生的创新意识和创造潜质，调动学生有效参与课堂教学的积极性，建构师生共创、共研的课堂教学新模式至关重要。

"教学相长"教学目标的实现，首先需要教师放下"权威"，为学生的学习营造轻松、愉悦、民主、自由的学习氛围，消除学生在教育过程中的焦虑、紧张、被动、呆板的学习心理和学习情绪，要让学生由课堂教学过程中的被动接受者转变为积极的参与者和发现者，由"失语"状态回归到积极探索、发现的本真学习状态。

实践证明，学生只有在轻松愉悦的教育氛围下，其创造潜质和智慧学习潜质才会最大限度地展现出来，尤其是低年级的小学生，他们越是在接近于"玩"和"游戏"的教学氛围下，其学习效率就会越高，其创造性潜质和天赋就越容易被发掘和调动起来。在教与学的过程中，基于民主、轻松、愉悦的教学氛围，师生之间更易达成"智慧的默契"和"创新的共鸣"，学生在本真的学习状态下所迸发出来的智慧学习力，不仅能够为教师的教学创新与教学反思提供有意义的启发和智力支持，也能够为教师的智慧教学提供新思路，从而将教师的"教"和学生的"学"引入新高度和新境界。

"教学相长"教学目标的实现，还需要教师通过有效的智慧引领，使学生在教学过程中形成足够的"教育信任"，这种信任会使学生在课堂教学过程中完全放下紧张和焦虑的包袱，展现最"童真"的状态，敢于向教师释放最真实的声音和最大胆的想象力，从而使智慧学习力最大限度地爆发，而这些正是教师教育智慧生成与提升的最佳契机。教师的教育经验和教学机智遇上学生的智慧学习力和创造潜质会创生出最高层次的教育智慧，对学校教育过程产生积极的推进作用，对促进教师的专业发展，向卓越教师迈进也会形成重要的推动力量。

(3) 摒弃"后喻文化"对教师教学创新以及"教学相长"教育目标达成的消极影响，营造平等、协商、对话的积极教育氛围。"后喻文化"(Post-figurative Culture)是美国文化人类学家米德(M. Mead)率先提出的一个概念，她用此概念来指称以重复过去为使命的那些文化的类型。在米德看来，后喻文化的全部特点是对变化缺乏认识，对现实生活所有方面的普遍正确性予以持久的、无可置疑的认同。在这种文化中，成年人的过去就是新生一代的未来，每一代儿童都能不走样地复制文化形式，而缺少疑问、缺少觉悟乃是这种文化得以延续的两个关键条件。[1]中国传统文化在一定程度上具有后喻文化的特征。[2]中国学校教育深受这种传统文化的影响，在很大程度上都具有"后喻文化"的教育特征，教师相应地也普遍具有"后喻"型教育文化性格，即强调自身在教育过程中的绝对权威和中心地位。在教学过程中，强调稳定，贬抑变化。这种"教育文化性格"突出地体现在中小学教师在面对教育改革过程中的态度，以及对待由教育变革所形成的各类教育关系取向方面。在对待教育改革的态度方面，具有"后喻"型教育文化性格的教师常常表现出强烈的排斥心理，在传统教学惯性和教学惰性的作用下，该类教师对新的教育理念和教学方法常常会持保守态度，教育创新和教育变革的意识淡薄；在面对由教育变革所形成的各类教育关系取向方面，具有"后喻"型教育文化性格的教师通常会秉持"上下长幼有序、尊卑贵贱有别"的传统教育伦理规范，要求学生"约之以礼"，各安其位，这种传统文化观会内化为教师的思维模式与行为准则，成为阻碍师生智慧交流的文化与观念障碍。

因此，"后喻文化"对教师教学创新以及"教学相长"教育目标的达成具有极大的阻碍作用，教师如具有这样的教育文化性格，很难重视学生在教育教学过程中的主体地位，建立平等对话的师生关系，也很难虚心向学生学习，从学生的"智慧"表现中汲取"教学营养"。要走进学生，发挥学生的"智库"作用，必须摒弃这种传统文化观和教学观。

① 玛格丽特·米德. 代沟[M]. 曾胡，译. 北京：光明日报出版社，1988：22、37、41.
② 吴康宁. 教育社会学[M]. 北京：人民教育出版社，1997：94.

二、教学反思，在自我反思中增进智慧

所谓教学反思(Teaching Reflection)，是指教师对教育教学实践的再认识、再思考，并以此来总结经验教训，进一步提高教育教学水平。教学反思一直以来都是教师提高个人业务水平的一种有效手段，也是教育家和名师极力推荐的提升教师专业水平的有效途径。新一轮基础教育改革，更是高度重视并主张教师要善于从自己的教育实践中来反观自己的教学得失，通过教育案例、教育故事或教育心得等来提高自我教学反思的质量。教学反思也是教师回放教学过程，重新梳理总结教学经验的过程，在这一过程中，教师原有的教育经验水平会得到再次提升，上升为更高层次的教育能力和教育思想，即生成教育智慧。教学反思对教师教育智慧生成的影响以及作用机理主要体现在如下几个方面。

(一) 通过纵向反思自我的教学历程，从已有经验中汲取凝练能够使后续教学效果更为优化的"营养"与"智慧"

纵向反思，是教师对一段历史时期内自我教学历程的回顾、梳理、评价与再思考。可以是对一段教学生涯的反思，也可以是对一轮课程教学的反思或是"周后思""单元思""章节思"等短期教学实践反思。纵向反思，强调教师要善于并勤于把自己的教学实践作为一个认识对象放在历史过程中进行思考和梳理。同时，还要善于不断地获取学生的反馈意见，将其作为另一个认识对象进行分析，最后对两个具体的认识对象进行整合思考。

从教师专业发展与智慧型教师培养的角度来看，纵向反思是教师教育经验上升为智慧，并将这些从经验中汲取的智慧进行传播与推广的重要路径。通过纵向反思而获得的教育经验，是教师从一段历史时期内多次教育实践中得到的知识、技能、思想、技巧及智慧，是教师长期在与教育内外部诸要素直接接触的过程中，通过反复研磨、实验、尝试与改革而获得的关于教育教学的现象和内外部联系的认识，而且是通过反复接触、实践获得的熟悉度较高的认识。

伴随着教师教育经验水平的提升，其便会从历次教育经验中汲取能够使教学效果更为优化的"营养"，沿着实践的轨迹以及在实践中积累的经验、方法，在不断地反思、回味以及探索的过程中，新的教育思路、新的教育策略、新的教育技巧便会应运而生，教育智慧也会应运而生。因此，纵向反思能够增进教师的教育智慧，教师教育智慧的不断增长又会促进教师的专业发展，使其在教育的世界里趋向成熟和卓越。

与此同时，经过反复接触、实践、总结与反思而获得的熟悉度较高的教育认知与经验也具有极佳的普遍推广与应用价值。这些在反复的实践过程中获得的"技巧""窍门儿""捷径"以及新方法、新技能就是"智慧"的初级形态，初级形态的"智慧"在个体

的反思及创造性思维的润泽下会生成更高级的实践智慧，从而将个体的实践行为引入科学与艺术相结合的最佳境界，展现出个体个性化的实践智慧。按创造性的方式以智慧去解释和修正经验，这就是教育的根本任务。[①] 最为关键的是，这些教育经验和教育智慧也会帮助其他教师，尤其是新手青年教师快速掌握教育要领，启发其生成自我的教育智慧，在教育实践领域实现驾轻就熟、得心应手乃至游刃有余。

从教育智慧的特征及生成的一般过程来看，教育智慧不会凭空生成，它是一个由量变到质变的过程，教育智慧生成的基础和必要前提是教师的教育经验，教育经验是开启教师教育智慧的钥匙，是教师通往卓越教学的必经之路。教育经验要经过教师的反思、总结、再思考而获得，因此，教学反思是教师教育经验凝练的重要环节，是教师教育智慧生成的重要枢纽。教师教育经验的生成可以是一个长期的历练过程，也可以是短期教育经历的知识与思想收获，甚至可以是瞬时教育记忆的启发。这些教育过程中的内容与思想积淀都可以经过教师的思维滤镜进行捕捉、思考、凝练与升华，进而形成经验性的思想与智慧。因此，教师要有计划、有规律地进行教学反思。例如，教师要有"课后思"，一堂课下来就要有总结思考，写好课后心得或教学日记，这对新教师积累教学经验、反思提升自我教育经验非常重要；教师要有"周后思"或"单元思"，也就是说，一周课下来或一个单元讲完后要进行必要的教学反思，摸着石头过河，发现问题及时纠正；教师要有"月后思""期中思""学年思"等，对于自己一个月的教学活动，或是一个学期的教学活动进行梳理和比较完整的阶段性分析，整合思考及宏观反思。通过连续而有规划地教学反思，及时发现问题，凝练经验，才能不断增加教育智慧，发展成为智慧型教师。

(二) 通过横向反思与学习比较，跳出自我的教学思维定式，挑战教学新高度，实现教学的再创造

横向教学反思，是教师对同一时期内，国内外其他同层级和同类型教师的教育教学过程进行学习、反思并与自身教学过程进行横向比较的过程。横向教学反思的最大优势在于，通过与不同教师的比较，可以帮助教师认清自身的教学不足以及在教育教学方面的差距，更有利于教师反思自我，聚焦学习的方向和动力，并形成向其他教师学习的动机和欲望，这是教师教育智慧生成的必要驱动力。如果说纵向反思是教师基于自我教学过程与经历的评价与再认识、再提升，那么横向反思则是教师基于比较的一种学习与反思，横向教学反思需要教师跳出自我，反思自我。所谓跳出自我，就是经常性地开展听课交流，研究别人的教学长处，"他山之石，可以攻玉"，通过学习与比较，找出理念上的差距，解析手段、方法上的差异，从而提升自己。当然，无论是运用行动研究法还是比较法，我们都需要学习先进的教育教学理论，提高自己的理论水平，达到"会当凌绝顶，一览众山小"

---

① [澳]W. F. 康内尔. 二十世纪世界教育史. [M]. 张法琨，等，译. 北京：人民教育出版社，1990：171.

的境界。

从教育心理学的角度分析，个体的教育学习行为通常都具有一定的惯性表现，即个体习惯于用某种具有自我特征的特定学习方式、学习理念和方法来获取相关知识和信息。这种思维惯性和行动逻辑一经形成，就会形成一种相对稳定的心理特质作用于个体的学习实践活动，不易发生改变。这种趋于稳定的学习行为定势或惯性在一定程度上也是个体创新性学习思维培养的阻碍因素。教师的教学行为在一定程度上也具有这一特点，即教师在自我的教育世界里，经过长期的教学磨合与发展会形成一套具有自我风格和特征的教学思维和教学模式，这种教学习惯和模式一旦形成后，很难在短时间内改变。正是因为这种教学惯性与教学思维定式的存在，教师往往在教学反思中很难清晰地认识到自我教学方面的不足，即难以跳出自我的思维定式，跳出自己既定的教育教学轨迹来分析自己的教学行为和教学问题。此种情况下，需要一种外在的辅助力量或参照系来帮助教师重新认识自己的教学过程，从而发现问题、解决问题，进行教学的再创造与创新。横向教学反思是教师走出传统教学轨迹，形成学科教学前沿认识，发现自身教学不足并能够及时完善的有效途径。

教育智慧的生成必然是一个不断超越自我，挑战自我，创造教育新思想、教育新方法与教育新模式的过程，这一具有创新特质的教育实践过程的完成，需要教师具有创新性的思维，善于跳出自我的教育思维定式和教育惯性，善于基于变化的视角来看待教育问题、教育现象以及自我的教学行为，也需要教师善于发现、观察、分析、反思身边的优秀教育案例，从中汲取教育创新的灵感和智慧"营养"。唯有这样，教师才会形成超越平凡和普通的教育思维，才会独具慧眼，不断发现教育创新的契机与美好，获得教育智慧，发展成为智慧型教师。

通过横向反思与学习比较，发现身边的优秀教育思想和教育模式，发现国内外学科前沿的新趋势与新变化，教学视野才能开阔，教学思维才能活起来，教学视角才能独特新颖，教师才能够跳出自我原有的教学思维定式，形成强烈的专业发展危机与动力，才能乐于挑战教学新高度，实现教学的再创造。因此，教学反思是教师教育智慧生成的重要途径，也是教师专业化地发展自我教学创新能力的重要方法，教学反思更是教师自身的智慧学习不断上升到新境界的重要方法和途径。可以说，没有反思就没有教师的专业成长与发展。

(三) 通过个体反思，实现教师对教育知识的深层次的理解、认知、顿悟、抽象及运用

个体反思，是指教师基于自我个人的教育与教学现状而展开的认识与改变自我的教学反思行为。个体反思的对象是教师的教育知识、教育方法以及教育对象。教师个体的教

学反思常常伴随着教师的专业学习与专业发展，是集反思、学习与发展于一体的专业发展行动。

教师个体进行教学反思的首要对象是自身对教学知识的传授过程，教师需要在每一个知识教学环节结束后，重新考量知识的传授方式、传授理念、传授效果是否达到了最佳，是否还有提升的空间，是否能够通过其他教育手段和教育路径实施教学，是否充分调动了学生学习知识过程中的主动性、积极性和创造性，自身对所教授教育知识的理解、认知、抽象与讲解是否达到了一定的高度……对上述问题的追问与反思，是教师不断重新认识自我、发现自我、研究自我与实现自我智慧教学的重要助推力。在自我教学反思的过程中，教师对教育知识会形成更深层次的理解、认知、顿悟及抽象，会形成更加智慧的审视与探索知识的眼光和能力，智慧教学的水平会不断提升。

知识可以转化为智慧，教师的教育知识上升为教育智慧需要教师个体的教学反思，教学反思连接着教师的专业学习与教育智慧生成，其运行机理是：通过教师自我教学反思，发现教学中的不足及可上升空间，针对现存不足与进一步发展的预期目标进行专业学习，通过有效的专业发展提升教师个体的教育知识水平及专业发展水平，教师专业化教学水平的提升是其成长为卓越教师的重要保障。总体说来，教师教育智慧的生成要经历由知识到思想再到智慧的发展阶段，教师个体教学反思是促进各个阶段发展目标达成的重要"助推器"。

教师个体教学反思的过程通常要经历"具体经验反思→分析诊断评价→确定智慧学习目标→积极的验证"这一过程。

1. 具体教学经验反思阶段

教师在结束一段课程教学之后，要对所教授的课程内容、教学知识进行"回放"，要认真反思教学方法与教学知识的匹配性关系，可通过学生座谈等形式及时获得学生的教学反馈意见，从而对自身的教学效果及教学水平进行有效评估。教师个体通过对教学细节的反复研磨、获取反馈信息、自我教学经验省思而获得的关于教育教学知识与教学经验联系的再认识，从而对教师的专业发展形成强大的内驱力，进而为教师的智慧学习与专业提升提供必要的动力基础。

通过对教学过程及教学细节的"追本溯源"，可以达到认识自我和改变自我的目的，教师个体的教学反思最终就是要改变教师自身的教学思想及教学行为逻辑。从无意识到有意识，从有意识到潜意识和下意识，这个过程本身就是认知、理解、学习、行动、习惯的过程。教师个体教学反思学习的方法可以实现这个过程，让优秀变成一种习惯。

2. 聚焦问题，分析诊断评价阶段

教师通过有效的个体教学反思及教学评价数据的收集与分析，及时诊断知识教学过程中存在的具体问题，并对问题进行深度剖析与反思，反思教学问题存在的深层次原因。

教师个体在评价与诊断自我教学问题的过程中，较难真正意识到自身教学存在的细节性问题，需要倾听来自学生的"本真声音"，倾听学生的本真的教学信息反馈，是打破教师教学思维定式、突破思维局限的有效方法。我们每一个人的思维都有局限性，这是由我们的成长、教育、经验、学习等多种因素共同决定的，而且一旦拥有就会固化，从而变得根深蒂固。这就需要借助必要的外在力量来改变我们的思维轨迹，学生的声音是唤醒教师个体进行自我反思，从而改变传统思维轨迹的最佳外部力量。

3. 依据问题，确定智慧学习目标

通过有效的个体教学反思，教师会对自身教学过程中存在的问题与不足形成清晰的认识，并会有效梳理、凝练，思考解决问题、提升教学效率的方法和对策，主要是可以明确下一阶段自主专业学习与专业发展的目标，可以依据问题和需要提升的能力明确学习目标和计划，从而可以大大提高教师专业学习与专业发展的针对性与实效性。

4. 积极地验证智慧学习效果

个体教学反思的最终落脚点是通过有针对性的专业学习提升教师的专业化教学水平以及教学效果，因此，教师个体教学反思的最后一个环节要将教师再学习与发展所获得的新知识、新经验、新思想、新技术以及新方法等运用到实际的教学行动中去，要和之前的教学过程、教学效果实施对比，检验教师专业学习的实效性。因此，教师个体教学反思是一个连续性的，集教师自我教学省思与专业学习提升于一体的教师专业发展过程，是新时代教师教育智慧生成的重要途径。教师个体教学反思的实施与完成，需要教师具有强烈的自我专业发展意识、教育创新意识以及较强的教育责任心。在教育教学过程中，善于挑战新的教育模式和教育理念，不故步自封，勇于进行教学改革尝试。同时，教师个体教学反思的完成，也需要学校教育管理与评价制度的协同与支持，教师内在的专业发展动机加上外在的教育评价制度助推，是教师个体完成教学反思的两个不可或缺的重要条件。

通过个体教学反思，教师可以对自身的教育教学过程和教学效果进行及时"把脉"，发现问题并通过学习来不断完善自我的教学过程，在不断地发现、探索与学习过程中，教师会形成对教育知识的深层次的理解、认知、顿悟、抽象及运用，从而实现智慧学习与卓越发展。

(四) 通过集体反思，建立合作学习的共同体，增进教育智慧的集成效率

集体教学反思，是指不同教师之间形成教学研究的共同体，共同体内的教师间通过一起观察自身的、他人的教学实践，彼此间就教学实践问题进行交流、对话、讨论与反思，从而形成关于改进教师教学实践问题的集体见解与智慧。集体教学反思是一种互动式的教学活动，它注重教师间成功教学经验的分享、合作学习与共同提高，有助于不同教师间的相互学习与切磋。通过建立合作学习的共同体，会形成教师集体教学研究的共享资源

与智慧。集体教学反思是新时代我国基础教育改革过程中所积极倡导的一种教师教学发展理念。

教师在教育教学过程中，会形成一定的教学惯性和教学思维定式，因此，自我很难认识到自身教学过程中存在的一些固化问题，以他人的视角来审视自己的教学实践，能够帮助自己对所存在的教育问题有更明确的认识，并获得破解问题的广泛建议和思路。教师间互相观摩彼此的教学，详细记录所观察到的教学情景，还可以用摄像机将教学活动拍下来，组织观看。每位参加教学观摩的教师都要认真、全面地写好教学反思，基于自己的教学实践理念、专业教学视角，去分析、解读、研究、反思所观摩的教学过程和教学对象。通过共同体内教师的各自思考、研究、探索与反思，然后进行反思结果的汇总，进行共同研讨，重在针对教学中普遍存在的困惑，进行团队反思，每个教师发表自己的见解，提出解决问题的思路。

在集体教学反思的过程中，不同教师间由于各自专业背景以及教学评价视角的不同，常常会出现认识上与观念上的分歧，这恰好是一个智慧碰撞和切磋学习的机会。注重不同教师之间的合作、对话、交流，是新时代反思性教学的一个重要特征，教师的教学反思不能仅是"闭门思过"与"闭门造车"，更需要基于多元化的视野来进行全面、深入的分析与探索，与外界的沟通与交流也是教师进行有效教学反思的重要途径，这是由教与学的社会性本质所决定的。

除了合作学习共同体内教师之间的集体教学反思外，还可以邀请相关领域的教育教研学者参与其中。专业的教学教研人员会基于更加专业化的高度和视角，为教师的教学提出有促进性及针对性的建议，促使教师能够全面地认识自我的教学过程、优点与不足，并能收获专业发展的理性建议，有助于加快自身的专业成长进程。

集体教学反思理念的提出是近年来我国基础教育深化改革与创新发展的结果。伴随着新课程改革的不断深入，实践教学领域对一线中小学教师提出了更高的要求，要求教师不仅具有全新的教育理念，综合的教育教学能力，还要掌握全新的教学方法和育人模式。为此，相关教育管理部门不断推出针对中小学教师的教育教学培训，期待能够为提升新时期中小学教师的教育教学水平、加快教师专业发展进程提供有益的支持和帮助。这些都为教师的专业发展与智慧学习、成长提供了很好的外部条件。在智慧型教师的培养道路上，教师自身的内力作用更为重要和关键。教师必须在充分的外部支持条件的基础上，通过各种方式实现自我完善，以推进自己的专业发展。在众多自我完善的方式中，教学反思无疑是非常有效的一种。但是，教师的个人教学反思活动属于个体反思，会受到自身专业素质、教育视野、专业视角、教育知识与经验、专业发展水平等诸多因素的影响，其教学反思的内容及程度都会存在一定的局限性。为此，在教师个人教学反思的基础之上，引入"集体教学反思"非常必要。集体教学反思是教师教育智慧生成的"催化剂"，会为教师的智慧教学提供丰富的思想与智力资源，会为教师的专业发展"添砖加瓦"。

教师教育智慧具有集成性特点，是一种集中反映教师综合育人能力和智慧的多项专业素质和能力的集合。教师教育智慧的生成与培养需要更宽阔的专业视野和教育平台，需要教育团队的集体力量与智慧。个人智慧不过是草间露珠，集体智慧才是长河流水。集体教学反思能够有效弥补教师个人教学反思的不足，利用集体智慧，共同激活每一位教师的教学智慧。它能够集思广益，在交流和碰撞中相互启迪、共同提高。只有把个人反思融入集体反思中，个体反思才有更广泛的价值，个体才能够从集体反思中获得更多的收获。同时，集体反思能够在教师教育教学培训和自我完善之间建立起有效的联系，使集体培训与个人成长有效整合，共同推进教师的专业发展。

三、专业阅读，不断更新知识储备

教师专业阅读，是指教师阅读与教育教学相关的报纸、杂志以及专著等，是围绕教育教学实践与理论的阅读，指向专业能力和素养的提升。[①] 实践证明，教师的专业阅读是教师教育智慧生成的重要途径，阅读是教师专业成长的直接路径，是教师成长为智慧型教师的重要学习基础。

(一) 专业阅读与教师教育智慧生成

众所周知，知识可以点燃智慧，而阅读是个体获取知识的重要途径，对于教师来说，专业阅读更应是其拓展专业知识、开阔专业视野、提升自身人文素养的必要途径。然而，伴随着知识时代与信息化时代的到来，知识的增长速度和存在模式都在发生深刻变化。网络化时代，知识以前所未有的速度在增长和更新，每个人都可以通过网络获取自己所需要的信息或知识，知识获取方式逐渐趋向"网络化""碎片化"及"多元化"，知识的"内储化"时代逐渐趋向衰落。这就意味着，社会个体无须也不可能成为知识的"百科全书"，但是需要成为善于选择知识，熟知获取有意义的知识的方法和途径的智慧学习者。

对于新时代的教师而言，依然需要知识，需要多元化的知识结构以及广博的知识基础，但是教师更加需要的并非知识本身的价值，而是智慧学习与阅读的方法，教师更加需要成为智慧阅读与学习者。教师拥有了智慧学习能力，就可以深刻地理解知识，理解知识的生成路径，并能够在纷繁复杂、庞大而多元化的知识世界里，选择、汲取有价值的教育知识和教育能量。在新时代背景下，专业阅读对教师教育智慧生成的重要价值和意义主要体现在以下几个方面。

(1) 通过专业阅读，开阔教师的专业视野，获取多元化的教育信息，扩大教育格局，

---

① 潘建新. 教师专业阅读应有四种境界[J]. 江苏教育，2017(1)：47.

建立专业理想，树立教育情怀。广泛的阅读，是新时代背景下教师获取多元化知识及教育信息的重要渠道，是教师接触外在更广阔的教育世界的重要窗口。知识可以改变个体的心智水平及内在涵养，同样，广泛的专业阅读可以帮助教师走出"教育狭隘"及对教育的"浅认知"。在广泛的教育认知基础上，教师会形成关于教育、关于知识以及育人的新境界和新格局。广泛的专业阅读会使教师触碰到各个学科领域的多元化知识，可以是历史的、现代的、未来的，也可以是科幻的，无论何种知识与信息，对于学习者而言，都是一次对书本知识的"游历"，都会在学习者的记忆中留下印记。

社会个体的阅读视野越广阔，其获取智慧的概率就越大。一个教师的专业，在一定程度上就是他的专业阅读史，教师的专业阅读史越丰富、越悠久、越全面，越系统，其教育视野就会越开阔，教育理想就会越远大，教育信念也会更加坚定，发展成为智慧型教师的概率相应也会越大。正如培根所言："读书在于造成完全的人格。"教师在专业阅读的过程中，会形成更加清晰的教育认知，会在不断增加和日益深邃的教育思考中凝练出富有智慧性的教育真理，从而在教育世界里不断获得成功与收获的喜悦，进而增强教育信念，教育激情与教育情怀都会在成功的教育真谛探索过程中逐渐增强。

因此，一个热爱读书，有着良好的专业阅读习惯的教师一定是热爱教育的，一定是心灵开放、思想活跃，有理想、有追求的。上述心理品质都是教师教育情怀与教育智慧生成的重要情感与思想基础。

(2) 通过专业阅读，能够拓展教师专业知识的深度与广度，丰富教师的人文素养，以阅读来滋养教师心灵、滋养师者生命、滋养教育智慧。教师的专业发展与教育智慧生成离不开专业阅读，有效的、持之以恒的专业阅读不但可以无限丰富教师的教育知识，加深教师对专业知识的认知，这些经过思想和智慧滤化的教育知识更会渗透到教师的教育态度与教育价值观念之中，进而转化为教师的教育行动。在丰富的教育知识以及教育思想的润泽下，教育行动必然会折射出教育者的丰富的教育智慧以及对教育的哲学性诉求，最终实现教师的专业成长以及教育品质的提升。因此，专业阅读是教师专业成长的最佳途径，是教师人文素养提升、教育智慧生成的重要基础。

通过专业阅读以及由此而形成的教育智慧会增强教师教学行为的艺术性与哲学性，使教学过程不再是一个机械的、乏味的、充满程序化的枯燥过程。相反，一个教学阅历丰富，教育视野开阔，教育知识广博的教师会运用自身的教育智慧创设丰富多变的教育情境，将教育知识的教授过程演化为一个知识的探寻与发现过程，从而使教学充满了趣味感、时代感、新鲜感与探索性，能够充分地调动起学生的好奇心及教育探索欲望，取得事半功倍的教育效果。新时代的教师专业成长应是基于教师教育智慧提升的内涵式成长，教育智慧是教师打破传统教育常规，打造智慧教育课堂的关键能力。

此外，通过专业阅读，会提升教师的教育心智水平，会帮助教师形成对教育规律与教育真谛的深切认识，从而使教师在教育教学过程中自然生成敬畏知识、敬畏教育、敬畏生命的教育责任感与使命感，会在教育的过程中牢记初心和使命，坚持有所为与有所不为。

(3) 专业阅读，是教师最好的备课行为，是教师高层次的教育思维品质与教育思想形成的最好向导。新时代的学校教育已不再局限于传统的教室，不再局限于传统的"传道、授业、解惑"，教育的内容也不再单纯地局限于教材和既定的课程，教育的空间与时间都已经发生了延伸和改变，教育的灵活性及不确定性不断增强。在这样的教育背景下，教师的备课行为也应发生深刻的变化，应被赋予新的时代内涵。新基础教育改革呼吁教师在课堂教学过程中要做到：用"教材"教，而不是教"教材"，教师要成为"活教材""活课程"，成为课程的创造者。同时，教师在课堂教学的过程中，要淡化"课"的痕迹，要创生出积极愉悦的教学氛围和环境，让学生在学习的过程中生成快乐的体验。这就对教师的专业素养与备课提出了更高层次的要求。

面对新时代的教育新诉求，教师备课时不能再把精力和眼光单纯地放到教材上，对广大中小学教师而言，"备教材""备教参"的教育时代已经开始退出教育历史的舞台，教师必须基于新时代的知识背景、教育实践需要以及教育对象的新特点来积极准备新课程教学。

专业阅读自然会成为教师最好的"备课"方式，教师个体的阅读视野越广阔，其获取教育智慧的概率就越大，教师"备课"的效率也就会越高。专业阅读会无限丰富教师的教育知识储备，会成为教师"流动的知识库"，也会无限延伸教师的"备课"时间与空间，会使教师的"备课"行为成为一个不受时间和地点约束的、连续的"自由过程"。当然，摆脱了既定模式束缚的新备课方式也会最大限度地提高教师的"备课"效能，使教师的"备课"行为由被动转变为主动，由枯燥演变为充满乐趣，成为一个愉悦的知识体验过程。

(二) 教师专业阅读范式革新

专业阅读是新时代教师获取教育知识、开阔教育视野、提升教育智慧的重要途径，然而，在新时代背景下，伴随着信息技术在人们学习、阅读过程中的广泛运用，人们通过阅读获取知识的途径越来越丰富，以实物书籍为主要媒介和载体的传统阅读模式逐渐被以电子书籍、信息化交流载体为主要形式的新兴阅读模式所取代，人们开始逐渐进入信息化、电子化的高科技阅读时代。今天，当人们广泛沉浸于信息化阅读模式带给人们的便捷、灵活、多元、丰富的知识信息的同时，也应反思信息化阅读的局限性。信息化阅读的最大缺陷在于，通过电脑、手机等电子产品提供给我们的知识和信息常常具有"碎片化"和非连续性特征。"碎片化"阅读通常是指利用短而不连续的时间片段进行简短而少量的文本阅读，它具有阅读模式不完整、断断续续，阅读内容不系统等缺点。伴随着"碎片化"阅读越来越高的"普及率"，类似"碎片化"阅读导致人们缺少思考、浅阅读盛行等问题也开始引起人们的关注。

在新时代背景下，在传统与现代之间，教师应如何实现有效阅读、提高专业阅读的实效性，值得我们深入、理性地省思。我们认为，教师在顺应社会阅读文化变迁，革新专业阅读范式的同时，在进行专业阅读的过程中还应坚持一些基本的阅读规范和原则，主要包括以下几方面。

1. 传统与现代相结合

教师在进行专业阅读的过程中，既要积极适应新时代社会学习与阅读文化的变迁，接受新时代的阅读文化与形式，又要保持传统阅读模式的优势，要将两者有效融合、完美对接，以提高自身阅读与学习效率最大化为最终目的。在面对传统阅读与现代阅读方式的时候，教师应理性认识两者的优缺点，发挥优势，规避缺陷，有效利用两者各自的优点。

首先，伴随着人们对电子图书等数字阅读资源需求的飞速增长，教师也要顺应这一发展趋势，利用好现代化阅读手段，广泛学习一切可以吸纳的新知识、新信息、新思想，来丰富自身的专业知识结构，要充分发挥和利用"碎片化"阅读对完成深度阅读的入门与铺垫作用。

其次，教师必须保持对纸质图书和学习资源的需求，书籍、期刊等传统纸质媒介给人的精神世界带来的享受与体验是无可替代的，教师必须抓好这一传统的阅读媒介，并将其作为自身专业学习的主阵地，以及获取系统化的专业知识和专业思想的主要途径。

2. 专业与兴趣相结合

教师的教育知识结构应是丰富而广博的，这是因为育人是一项复杂的教育事业，教师在教育的世界里不仅要传授知识、传播思想，还要做到游刃有余地驾驭各类教育关系，处理各类教育事件，完成这些任务需要教师具有多元化的知识结构以及综合化的能力作为保障。基于此，教师的阅读不应局限于教育专业的知识和信息，而应是广泛地涉猎各类知识，教师的专业阅读应是专业与兴趣的统一，尤其是小学教师，更应致力于获取多元化的知识，以应对素质教育背景下儿童的多样化学习需求和全面发展需要。小学教师的阅读不应局限于教育教学类内容，要彻底抛开"为教育而读教育"的狭隘读书观，要坚持"随心所欲"地"杂读"，国学、历史、哲学、天文、地理等，只要是感兴趣的，都可以列为阅读对象，广泛涉猎之。但是，无论阅读何种书籍，都可以从教育的视角去品味其中的教育意蕴：文学也许不再是文学而是教育的情怀，历史也许不再是故事而是教育的社会使命，哲学也许不再是问题的思辨而是教育的意义，武侠不再是江湖而是教育修养之道。[①]

通过专业与兴趣相结合的方式选择专业阅读的种类与内容，需要教师在确立专业阅读的价值基点上，跳出教育的视野和樊篱，要基于社会的宏观视角，基于生活的广度和需求，来筛选读书对象；要善于从生活故事中品味教育的思想，凝练教育智慧；要善于从社

---

① 潘建新. 教师专业阅读应有四种境界[J]. 江苏教育，2017(1)：47.

会历史中透视教育发展规律及影响因素，从朴实的社会事件中品味教育价值，从社会的发展进程中探索教育变迁的规律。

3. 知识与思想相结合

知识可以转化为智慧，知识转化为智慧的一个关键性条件是思想，经由思想沉淀与升华后的知识才有可能转化为智慧。因此，教师在进行专业阅读的过程中，要坚持知识类与思想类读物的交替阅读，不能单纯地以获取并增加知识的总量为目的，教师需要认识到获取知识的最终目的应是丰富自身的教育思想，启迪教育智慧。据此，教师应将自身的专业阅读分为不同层次，最浅层的是对书中知识的机械记忆与复制，对他人行之有效的教育教学技巧和方法进行模仿或者学习。教师在进行专业阅读的过程中，不能只停留在"走马观花"式的看的层面，没有思考和思想渗透的阅读必然是"浅阅读"，是没有灵魂的学习。教师要善于在阅读的过程中进行深度思考，在知识的海洋里探寻教育真谛的智慧。

4. 泛读与精读相结合

教师在进行专业阅读的过程中要具有选择智慧和发现眼光，要具有睿智的判断力，明确自身需要的知识和重点要探寻的知识是什么，从而进行精确的目标定位，提高专业阅读的效率。教师要善于运用精读与泛读相结合的读书策略，而不是缺乏目的性的通篇泛读。对于通过信息化手段而获得的相对分散的阅读内容，教师可以以获取信息为目的进行浏览式的快速泛读，对于经典著作以及系统化的思想性内容，教师则要采取品味与研究的精读方式来理解书中的知识细节与重点，做到认真消化。

在教育节奏不断加快的今天，教师所要承担的教育任务越来越繁杂，教师专业学习与阅读的时间越来越珍贵，因此，要提升专业阅读的效率，教师必须建立科学的阅读观念并采取有效的智慧阅读策略，才能提高自身的学习效率与专业发展效率。通过进行策略性的专业阅读，增强专业阅读的针对性与目的性，可以为教师的智慧学习赢得更多的有利条件。

5. 国内与国外相结合

新时代的教师应是视野开阔、思想活跃，既有广博知识又具有长远眼光的教育专家，教师教育智慧的生成与培养也需要教师始终走在教育知识前沿，始终具有洞察教育前沿变化，引领并践行教育变革的睿智与勇气。智慧型教师往往都具有一个共同的职业特质：对新知识、新理念、新方法有着敏锐的觉察力和适应力，他们总是能够率先发现教育改革的契机并推动改革的实施。他们也擅长学习，了解国内外教育前沿。因此，走在教育的前沿、掌握教育发展的新动态是教师捕捉教育创新契机，实施创新教育的根本前提。教师在进行专业阅读的过程中，必须要具有国际视野，不能故步自封，要全面了解国内外最新的教育理念和教育改革动态，在教育视野及教育知识储备方面必须做到与时俱进。

在信息化、网络化迅速发展的今天，教师与学生的教育关系已经不再是"一桶水"与"一碗水"的关系，学生的知识储量甚至也可以超越"一桶水"，教师的价值已远远不是简单的知识传递者，而是要成为学生学习、成长与"成人"的引领者、指导者与合作者。基于此，教师必须是新时代、新教育、新思想、新知识的开拓者、学习者与传播者，必须要具有国际视野，掌握前沿的教育知识和信息，如此才能真正扮演好新时代的教育引领者角色。

6. 历史与现代相结合

学史以明鉴，任何一个学科、任何一种职业在发展的进程中都需要去学习和关注历史知识。我们在强调新时代的创新发展的同时，一定要坚持传承与弘扬传统文化的精髓，要以历史为根基、为起点，进行创新发展。因此，教师的专业阅读必须要坚持历史与现代的融合，教师自身要对教育的发展与演进历程有着清晰的认识与了解，才能在此基础上进行教育创新与变革。

对于广大中小学教师来说，阅读并传承教育经典的重要性更为突出。当前，中小学正在实施"经典诵读工程"，对中小学学生实施传统文化教育，这对教师的传统文化素养提出了更高的要求。传统文化是中华民族最深厚的文化软实力，蕴藏着极高的教育价值和育人功能。因此，无论是基于新时代的教育诉求，还是基于自身专业发展的现实需要，教师都应具有强烈的学习阅读传统教育文化经典的内驱力，通过阅读学习，深入探究传统文化资源优势，将其融入课堂教学过程中，实现智慧教学。

四、同行学习，在教研活动中深化教学思想和教育智慧

智慧是建立在个体已有的知识、经验、经历基础上的一种可以不断增加和提升的素养和能力，智慧是一种需要在实践中感悟、反思、修炼与提升的能力，生活经验、实践阅历以及生命旅程都是智慧生成与不断增长的必要土壤，智慧的生成与增长与个体的实践经验、生活阅历是成正相关的。

离开了上述条件和环境，智商和聪明才智也会囿于实践经验的匮乏、眼界与阅历的狭窄而变得黯然失色，难以发挥出其应然的价值和作用。因此，教师教育智慧的生成与培养不能单纯依靠自身的专业学习与努力，更需要经验与实践的土壤，需要成功经验的启发，需要实践经验的传递与分享，群策群力可以提升教师教育智慧的生成效率。

因此，教师教育智慧的培养需要团队的力量，需要教师同辈群体的集体智慧，向同行学习，在教研活动中深化教学思想和教育智慧十分重要而且必要。这里的"同行"，当然首先包括自己身边的优秀老师，或不一定有"优秀"名号，但富有经验的老师。不仅仅要听他们的课，更要观察他们是如何与学生打交道的，包括如何谈心，如何处理突发事件，等等。往往在点点滴滴的不经意处，就会取到许多"真经"。除了向身边的老师学习，还可以向国内名师学习。这里的"名师"不一定有"名师"头衔，但他们确确实实以自己的

教育思想、教育成就和教育智慧赢得了名声。① 向同行学习，充分利用教师教研活动在教师教育智慧生成与培养中的重要作用，主要途径如下所述。

(一) 建立教师互相听课、评课制度，经常性地开展教研活动，为教师间交流教育思想和教学经验提供平台

在新时代背景下，教师要想更好地实现自身的专业发展，由优秀走向卓越，需要教师间的交流与合作，通过与不同教师的交流与相互学习，教师能够获得更多的教育知识和教育经验，形成"1+1>2"的专业学习效果。学校要为教师的交流学习主动创造条件。例如，学校可以制定教师听课制度，鼓励并要求教师间相互听课、评课、研课，定期召开教师教研活动，让大家畅所欲言，总结并反思相互听课学习中的经验及深度思考成果。

此外，还可以开展教师"教育叙事"活动，鼓励教师把自身在教育教学过程中遇到的有意义的生成性教育事件，以及在处理教育事件中收获的教育智慧主动分享出来，供大家研讨分析。教育叙事，就是讲述教师的日常教育生活的故事，以讲故事的形式来表达自身对教育教学的理解与解释。讲故事的过程本身就是一个对自己亲历的教育生活进行关照、反思、寻求意义的过程。广大中小学教师又是故事发生发展的主人公之一，毫无疑问，讲故事的过程更是一个有效性教研成果的表达过程。② 教师在教育叙事的过程中，既可以释放自身的教育思想和教育智慧，用智慧辐射影响其他教师，同时能够汲取其他教师的教育智慧，形成专业学习与发展的合力。

(二) 建立新手教师与经验型教师间的沟通交流纽带，邀请经验型"名师"向新手教师传播自己的教育思想和教育智慧

实践教学经验是教师教育智慧生成的重要基础和前提，一方面，需要教师在长期的教育教学过程中去自然积累、增加；另一方面，也可以通过"经验型""专家型"教师的经验分享而获得，两者在教师教育智慧的生成与培养过程中都不可或缺。

对于新手教师而言，与"专家型"教师进行经验交流学习，可以为自我教学智慧的提升积累知识和思想基础，是提高自我专业化发展水平的最佳捷径。对于经验丰富的"专家型"教师而言，通过讲座、报告及教研等形式表达、分享自身的教育经历、教学心得、教育思想及教育智慧，一方面，可以收获职业成就感和幸福感，这对于其日后的职业发展是最好的激励和鼓舞；另一方面，"专家型"教师在与新手教师进行经验交流的过程中，也

① 李镇西. 班主任的智慧从何而来？——新年前夕答一位"苦闷中的老师"并祝福所有远方年轻的朋友[EB/OL]. 镇西茶馆公众号，2018-12-31.
② 胡军哲. 让教研成为一线教师生存常态[J]. 中国教育学刊，2010(3)：58-60.

会碰撞出意想不到的智慧火花，这些也会给"专家型"教师的教学带来启发，形成新的教育反思。因此，建立新手教师与经验型教师间的沟通交流纽带，邀请经验型"名师"向新手教师传播自己的教育思想和教育智慧是一个可以使多重利益主体获益的过程，是教师教育智慧生成与培养的重要途径。

(三) 让教研成为一线中小学教师的生存常态

中小学教师的教研，是指教师根据已有的经验，对教学过程、教学资源、教学评价、教学管理等方面进行研究的活动。中小学教师的教研是一种基于实践的实实在在的有效性研究。[①] 教育智慧的生成需要教师有意识地进行教学反思，经过教学反思才能凝练出有益的教学智慧，教学反思是教师教育智慧生成的重要"枢纽"。但需要指出的是，教学反思会受到多种因素的影响，教师教学反思的境界和效果会呈现很大的差异性。教师的教学阅历、教学经验以及教育专业背景都会对教师的教学反思效果产生重要影响，教师所处的专业发展阶段及层次同样也会影响其教学反思的层次和效果。浅显的教学反思，可以是教师一次课程结束后的教学总结，是教师口头上的一次自我评价，这些浅层次的教学反思尚不足以触及教师深层次的教学思考与教育思想。发掘并调动教师潜在的、深层次的教育智慧，需要教师进行深度教学反思。教师的深度教学反思是伴随教学研究与深度思考的反思，是教师发展教学实践智慧，在"反思—实践—反思"的螺旋式上升中，实现自己专业成长的反思。

伴随着新基础教育改革的不断推进，教学反思逐渐成为一线中小学教师的一项常规性专业发展行动，教师要将教学反思发展成为一种自觉的、融入教学创新过程的教学研究元素，形成教学与研究并重、思考与创新并重、发现与探索并重的新时代的教师专业发展生态链。教师要善于记录教育过程中的重要事件和核心要素、关键节点，将其作为教学反思和研究的资料和素材，以此为逻辑起点做有意义、有价值的教学研究与反思。同时，教师在教育教学过程中要有挑战创新的意识和魄力，不回避问题和矛盾，主动发现问题、探究问题，通过智慧思考来解决问题，这也是深度教学反思的一项核心诉求。

在新基础教育课程改革的推进过程中，教学反思被视为促进教师专业发展和自我成长的核心要素。教学反思也是传统教研方式的创新，是研究型教师成长的必经之路。它以教育教学实践中产生的问题为反思对象，通过前瞻性、批判性的反思来剖析、矫正和完善教育教学实践中不合理的行为和理念，不断提升教学实践合理性的水平，提高教师的教学智慧和教学认识。[②] 反思的过程，其实就是教师进行教研的过程，是教师教育智慧生成与培养的过程。

① 胡军哲.让教研成为一线教师生存常态[J].中国教育学刊，2010(3)：58-60.
② 胡军哲.让教研成为一线教师生存常态[J].中国教育学刊，2010(3)：58-60.

五、教师培训，专业化的智慧学习与自我提升

教师教育智慧生成与培养的直接方式必然是让教师接受专业化的教育培训学习，让教师回归学习的状态，回归研究与思考的状态，让教师走近教育理论，进行理论学习，接受专业化的教育培训是其教育智慧提升的最佳路径。面向中小学教师的教育培训要以完善教师的教育知识结构，提升教师的教育理论素养，助力其实现智慧教学为根本目的，主要实施策略如下所述。

(一) 中小学教师教育培训目标的重构

新时代的中小学教师教育培训要以培养教师的创新性思维品质，提高其教育理论素养以及智慧教学能力为主要目标。创新性的教育思维品质是智慧型中小学教师在教育教学实践过程中探索原创性教学逻辑，形成独特教学风格和品质，达到教育教学卓越境界的关键。这种带有强烈探究意识的、能动性的思维品质会促使中小学教师在教育教学过程中充满问题意识，拒绝墨守成规，把发现新问题、提出新方案作为一项始终不渝的职业追求。

在中小学教师创新性思维品质的形成过程中，教师的教育理论素养发挥着关键性的促进作用。因此，中小学教师教育培训必须把训练和提升教师的教育理论素养作为首要出发点和主要抓手。但是，从当前中小学教师对在职教育培训的态度来看，大多数教师对教育培训的"方法成分"最感兴趣，而对于能够增进教师教育智慧的"理论成分"持消极的怀疑态度。中小学教师普遍认为，他们是教育实践工作者，而非教育理论专家，现有的教育理论培训过于抽象化、理论化，缺乏实用性，而他们需要的是"实践性理论"，能够启发并帮助他们实施有效教学的"教学法方面的各种处方"。为此，我们需要反思传统的教师教育培训模式和内容，坚持按新发展理念推进教育改革发展，基于新时代中小学教师专业发展的新需求，构建新的中小学教师教育培训目标及内容体系。

(二) 基于新时代中小学教师专业发展的新需求，重新构建面向中小学教师的教育培训内容体系

在教育理论课程设计方面，应以唤起中小学教师对教育理论学习的兴趣，以及增强教育理论学习对教师从教的实践指导价值作为出发点，课程内容选择与设计应着眼于中小学教师多元一体的教育知识结构构建，应致力于解决教育理论与教育实践的脱节问题，突显实践取向的教育理论课程设计理念。教师教育理论课程在设计理念上就要为理论学习和实践体验的交叉互动做好安排。①

---

① 王艳玲，苟顺明. 基于《教师教育课程标准(试行)》的高师教育学课程开发[J]. 课程·教材·教法，2013(3): 111-115.

此外，面向中小学教师的教育培训内容，还要突显对教师教学机智感的培养，要增加培养教师处理教学情境性问题的实践教学智慧内容，要有意识地训练教师灵活机智应对教育问题的综合能力，以及创造性地解决教育复杂问题的实践教学能力。教师教育培训的内容要走向多元化，突出实践导向性，增加案例教学的内容，提高教师专业化培训学习的实效性。

(三) 创新中小学教师教育培训形式，构建以问题为纽带、以主题式教学为主要形式的教师教育培训模式

以主题、问题或议题为中心来组织理论课程，就是把问题根植于学习者现有的经验与能力中，通过这些问题引起他们对理论知识的积极探求。以问题为纽带的主题式教学法在教师教育培训中的优势主要表现为：通过选择有效的教育主题，唤起中小学教师追逐教育理论知识前沿的兴趣，积极主动地参与教育理论培训，并在这一过程中认识到教育理论课程能够以多种方式观照实践中的问题，增强学习教育理论知识的动机。此外，主题式教学范式的运用要根植于我国基础教育的现状以及改革与发展的要求，特别要围绕我国基础教育改革所面临的主要问题的解决。这也是解决中小学教师教育培训过程中理论与实践脱节问题的有效途径。

以问题为纽带、以主题式教学为主要形式的教师教育培训，能够有效激发教师的学习热情和学习动机。实践证明，"问题"也是教师教育智慧生成的必要条件和引擎，发现问题、探究问题并解决问题是教师追求教育真谛，生成教育思想，进行教育创新的重要途径。因此，以"问题"为纽带和焦点的教育培训必然会增加教师接受教育培训的信心和动力，会为教师教育智慧的生成提供有益帮助和智力支持。

综上所述，智慧虽然不能像知识一样直接传授，但它能够在获取知识和经验的过程中，不断得到开启、丰富和发展。[①] 教育智慧亦是一种可以在实践锻炼中获得的教育能力，教育智慧的形成途径也是多方面的，教育智慧会经历一个由低级到高级、由简单到复杂的变化发展过程，决定教育智慧的影响因素也是多维的，教育知识、教育经历、教育经验、教育伦理、教育动机等都会影响教育智慧的生成以及增长速度。

我们认为，教育智慧是一种复杂的、综合性的教育能力，在构成教育智慧的要素中，先天智力水平只是一个部分，后天的教育培训以及个体的学习实践都会对培养和习得教育智慧产生重要影响。我们应遵循教育智慧生成的一般规律和特点，积极创设有益于教师教育智慧生成与培养的教育环境和条件，通过有益的教育培训，与教师自身的专业发展形成合力，助力智慧型教师培养。

---

① 邓友超.实践智慧及其养成[M].北京：教育科学出版社，2007.

第四章

教师教育智慧在小学教育实践领域的映射

教育智慧作为教师在教育教学实践领域所表现出来的一种高级的、复杂的教育思考、教育辨析与教育决策能力，能够将教师的教育教学推向超越教材、超越课本、超越课堂的智慧境界。教师教育智慧能将课程教学中每一次不期而遇的"意外"进行微妙的转化，将其转化为积极的、有利于学生创新性思维培养的生成性课程，能够将教育教学过程引向生动、有趣、引人入胜的愉悦境界，能够将教学行为变成师生共同完成的一次"艺术之旅"。

总之，教育智慧是一种超越普通的、简单的和低级的教育终极价值，是一种令所有教师向往和追求的教育能力境界。实践表明，越是低学段的教师，越需要教育智慧的浸润与牵引，越是在低学段的教育世界里，教师教育智慧越能够展现出无穷的教育魅力。因此，对于小学教师而言，教育智慧是帮助其融入孩子心灵世界，与孩子共同完成知识探索的最佳能力，教育智慧能够使小学教师的教学实践折射出无限的创造性和智慧性，令人向往并充满期待。

第一节　有"仪式感"的教学

生活需要仪式感，仪式能够让平凡的日子发光，让生活变得与众不同。同样，好的教育也需要"仪式感"，有"仪式感"的教育，会给孩子的学习带来亲近感与信任感，让孩子感受到学习的幸福与快乐。教师教学仪式感的创设会让孩子在学习过程中学会如何有意义地生活，更加珍惜生活，懂得感恩和尊重生命，同时也会给孩子的童年学习留下美好的记忆。教学"仪式感"是教师教育智慧在小学教育实践领域的价值性折射，是新时代的智慧型小学教师的独特教学魅力的展现，具有重要的新时代意义。

一、何谓教学的仪式感

(一) 教学仪式的内涵

仪式(Ritual)源自拉丁语Ritus，是指一种既能表达价值和意义，又有重复模式、规律的系列活动。仪式的存在，会使事情的经过变得丰富而不同寻常，给人留下更深刻的印象和回忆。仪式是在人类发展的过程中逐渐形成的一个特殊行为体系，这个行为体系有着与众不同的规范和特征。仪式从其抽象的意义上可以理解为"象征性的、表演性的、由文化传统所规定的一整套行为方式"。① 因此，仪式的生成能够打破常规，营造出不一样的气氛。仪式感是什么？在法国童话《小王子》里，小王子和他驯养的狐狸之间有一段对话：

狐狸说："你每天最好相同时间来。"

小王子问："为什么？"

"比如，你下午四点来，那么从三点起，我就开始感到幸福。时间越临近，我就越感到幸福。我就发现了幸福的价值……所以应当有一定仪式。"

"仪式是什么？"小王子问。

"它能使某一天与其他日子不同，使某一时刻与其他时刻不同。"狐狸说。

由此可见，仪式感可以"使某一时刻与其他时刻不同"。例如，在生活中，晚餐天天有，但"最后的晚餐"就不同，因其"最后"而让晚餐不再普通；再如，在教学中，课天天上，但"最后一课"也因其"最后"而让这样的课不再平凡。② 生活需要仪式感，仪式能够让平凡的日子发光，让生活变得与众不同。同样，好的教育也需要"仪式感"，有"仪式感"的教育，会给孩子的学习带来新鲜感与信任感，让孩子感受到学习的幸福与快乐。

教学仪式(Teaching Ceremony)是近几年在我国基础教育研究领域出现的一个新话题，是伴随着新基础教育改革的新思想、新理念而产生的一种新教育观。由于教学仪式只是近几年才出现在教育研究领域的一个新名词，还没有上升为教育研究中的专有名词或是专门概念，因此，关于教学仪式的定义尚没有形成统一的认识，也较少有学者对其进行专门的研究。我国学者王晋提出，所谓仪式，指的是典礼的秩序形式。循此逻辑，教育仪式就是教育场域中典礼的秩序形式。教育仪式由教育互动构成，这些互动涉及公开协议式的程序、明确的范围、严格的"我们—他们"之间边界的规定、描述出合适的参与者和目标以及参与者和监控者或观众的区别。③

我们认为，教学仪式感(Sense of Teaching Ceremony)是指通过人为创设的、穿插在教学过程中的，具有相对特殊形式和意义的教学事件，为学生的学习营造出一种特别的氛围和意义，从而让学生在学习过程中形成积极的心理感受。

(二) 教学仪式感的特点

教学仪式感作为唤醒课堂教学气氛、调动学生学习积极性的一种特殊教育策略，通常具有如下特点。

---

① 余清臣. 论课堂教学中的仪式[J]. 宁波大学学报(教育科学版)，2005(6)：10-13.

② 李艳红，严育洪. 仪式感：给学生"幸逢其时"的学习动力[J]. 辽宁教育，2018(12)：48-51.

③ 王晋. 教育仪式的社会学分析[J]. 教育理论与实践，2010(4)：3-6.

(1) 教学仪式感的创设形式通常没有特别的规定性，具有灵活性、随机性和生活性特征。教学仪式感的创设就是为了打破传统课堂教学的沉闷性、程序性及传统性，带给学生不一样的教学与学习氛围，激发学生的学习热情。因此，教学仪式感应该是课堂教学过程中的"调味品"而不是"主材"，教学仪式感不是教学内容的组成部分，而是连接不同教学内容的颇具创意的纽带。教学仪式感的创设要根据不同的教学内容、教学时间及教学场景来预设和实施，因此，教学仪式感的创设形式通常没有特别的规定性，具有灵活性、随机性特征。

此外，教学仪式感的创设灵感和题材应该来源于教师和学生熟悉的生活环境，体现"课从生活中来""课从时代中来"的教育原则。教学仪式感的生成要切实给学生的学习带来新鲜感、亲近感和幸福感，用儿童熟悉的生活素材开启一段教学过程，或是结束一段教学内容，无疑会给学生的学习留下深刻的烙印，让学生的学习不再乏味、机械、枯燥，相反，充满无穷乐趣和无限期待。

(2) 教学仪式感的创设通常是教师精心预设的结果，具有新颖性、独特性、应景性特征。当然，学校教育中每天例行的常规化"教学仪式"是不需要教师精心预设的，每天只是重复地进行，诸如上下课仪式、提问仪式等常规性课堂教学规范。除此之外，穿插于教学过程之中的各种"仪式"则都需要教师的精心预设，教师需要根据不同的教学内容和教学环境来设计并实施教学仪式。教学仪式提出与运用的初衷和根本目的是为学生的学习创设新鲜的、愉悦的环境氛围，因此，教学仪式的设计和实施必须要具有新意，要以有效唤起学生的学习兴趣和学习动机，积极参与课堂教学为根本诉求。

此外，教学仪式感的创设还要与课堂教学内容保持高度的相关性及和谐性，不能喧宾夺主，不能为了"教学仪式"而去"教学仪式"。教学仪式创设的时机、形式都需要与教学内容密切相关，或发挥承上启下的过渡作用，或发挥抛砖引玉的导出作用，总之，教学仪式感的创设要融入教学过程之中，这种融入不是牵强的，要自然地融入，恰如其分地衔接，要起到"画龙点睛"的作用，而非牵强的"画蛇添足"。

(3) 教学仪式感的创设通常要渗透学生的主流文化，体现新时代的教育意义和价值。教学仪式的选择与设计要充分彰显新时代的教育价值和意义，要具有时代感和文化底蕴。在教学仪式主题和内容的设计层面，教师要善于基于学生的主流文化进行"选题"，这样既能够保证教学仪式创设的时代性、与新基础教育改革理念接轨，又能够最大限度地调动起学生的学习兴趣。用儿童熟知的文化背景和文化内容作为题材来设计教学仪式，是能够拉近课程与学生学习距离的有效办法。在以学生的主流文化为主导的教学仪式中，学生的知识、观念和老师的教学之间产生了一种有机的联系，正是在这种"心有灵犀"的行为状态中，学生会实现学习心态上的积极转变，会自然而然地倾情投入课程的学习之中。此种情形下，教学仪式感的创设既能够消除学生学习过程中的紧张情绪，又能够增进师生间的默契，达到教学的理想境界。

(4) 课堂教学仪式通常具有表演性特征，通过角色扮演或是模拟相关情境将师生引入课程教学。表演性是课堂教学仪式的重要外在特征之一，非常适合小学生的学习特点，在小学教育场域中被广泛采用。表演性，是指在课堂教学仪式的实施中，教师会为每个参与者分配一个固定的角色，并且每个角色都有固定的行为规范，参与这种活动的人都改变了原有的行为模式，开始以这种角色规范来实施自身的行为。[①] 角色扮演符合小学生的认知与学习规律，也是能够调动小学生学习积极性的教学策略之一。通过角色扮演创设教学仪式，让学生模拟相关角色，不仅能够充分地发掘学生的想象力和创造力，还能够让学生自觉地走进教学生活，与教师形成教学情感上的共鸣，学生会逐渐形成对教师的亲近感与信任感，感受到学习的幸福与快乐。基于角色扮演的教学仪式感的创设会让孩子在学习的过程中学会如何有意义地生活，更加珍惜生活，懂得感恩和尊重生命。

(5) 教学仪式感的创设境界折射着教师的教育智慧，是教师教育智慧在教学实践领域的映射。

实践证明，教学仪式感的创设会在很大程度上提高教师教学的实效性，尤其是"含金量"高、创新性强、寓意深刻的教学仪式的创设，会将教师的课堂教学引向高潮和智慧境界。教学仪式感的创设需要教师的潜心研究与巧妙设计，其"含金量"的高低在一定程度上诠释着教师的教育智慧水平的高低。源于教学仪式的主题和内容选择不单纯是一个"仪式"，其背后蕴含着深刻的教育意义和价值，并能够让这种深刻的教育蕴含完美释放出来，对学生的心灵产生积极影响，这是一项需要深厚的文化底蕴与广博的教育知识作为基础才能够胜任的智慧工作。因此，教学仪式感的创设境界折射着教师的教育智慧，是教师教育智慧在教学实践领域的映射。

二、为小学生创设有仪式感的教学环境的意义和价值

(一) 教学仪式感会让身心发展尚不成熟的小学生对学习形成亲近感，在学习状态上达到与课堂教学环境的有效融合

教师通过精心选择与小学生身心发展阶段相适宜的题材、内容来设计教学仪式，增加教学内容与小学生生活的关联性，不仅可以有效吸引学生的注意力，还可以大大增强学生发现课程知识、探究新知识的欲望。心理学研究表明，熟悉的情景会拉近学习者与教育者之间的心理距离，会提高彼此间交流的效率，学生在学习的过程中入情、入境、入心后，

---

① 余清臣. 论课堂教学中的仪式[J]. 宁波大学学报(教育科学版)，2005(6)：10-13.

会达到意想不到的教育效果。在小学教育实践场域中，教师教学仪式的创设并不一定要刻板地遵循正规的、典礼式的"仪式"程序和场效，只要能够让小学生感受到今天的学习与昨天的过程是不一样的，今天的学习过程是特别的、有意义的、有趣的，我在学习中是快乐的，我愿意学习，就达到了教学仪式创设的目的。

因此，为小学生创设有仪式感的教学环境的形式应该是灵活多样的，可以是一个课前故事、角色扮演，也可以是一个特殊的奖励过程。只要教师的精心设计与实施可以给小学生带来"仪式感"，小学生在这些教学仪式过程中能够收获兴趣、快乐和学习的动力，那就是有意义的教学仪式。教学仪式越是多样化，越是有创新性，越是贴近小学生的生活，就越容易唤起小学生潜在的学习兴趣，其越会在课堂教学中展现出本真的学习状态和活力，并能与教师的教学形成有效的粘合力，学习潜质才会充分展现出来。

(二) 生动的"教学预热"和仪式会给孩子的学习注入无限生机与活力，让孩子形成学习"定力"，建立起积极的学习心理

重视教学组织的"第一分钟"，重视教学内容的"第一课时"，重视学生学习与成长过程中的"第一时刻"，这些都是教育教学的基本原则和基本规律。"第一时刻"如果把握得好，就会为学生后面的学习打下关键性的良好基础。对于小学生而言，上述这些"第一时刻"更为关键和重要，这些"第一时刻"不仅是其教育与学习生涯的第一时刻，也是其人生的"第一时刻"。在这些关键性的教育时间节点上，教师如果能够通过创设独特的教学仪式感，为后面的教育教学做好"预热"，就会取得事半功倍的教育教学效果。

在小学课堂教学过程中，某一门课程的第一课时、第一环节以及小学生的第一个发言、第一次发言等"第一时刻"都很关键，教师都要积极重视，并应努力将这些"第一次"上升为学生的"教学仪式感"，让这些充满仪式感的教育时刻驻留在学生的记忆里，传递教育的美好，为小学生的后续学习建立良好的情感和心理基础。教学仪式的创设会令这些关键的"第一时刻"更好地发挥"第一次"的作用和价值，会给小学生带来美好的学习体验。

此外，通过教学仪式感的创设，会给小学生的学习创设一个生动、有趣、亲切和让其依恋的学习情感，会令小学生对学习充满期待，而不是焦虑。其实，生活中的很多时候都需要"仪式感"。有一个人在进行书法创作之前，一定要净手焚香，而且每逢中秋的时候，他还要在墨汁中加入一些落下树来的桂花。他说："这样多有情趣，我要留取那些落花里的香魂，让它助力我的汉字书写。"我们的教学也要"留取那些落花里的香魂"，促使"开小差"的学生回心转意，其中，最有效的做法就是让课堂变得富有情趣。无趣的课堂，学生的学习过程必定是枯燥的。在平时的课堂中，很多时候，学生之所以感到学习

无趣，不是因为他人或环境，而是因为教师忽略或省略了仪式感，这样会导致学生误以为一些学习活动并不十分重要，从而轻视了这些学习活动。"没有仪式感的教育，最容易培养出无趣的孩子。"对学习轻视的学生自然不会学得认真，而对万事(包括学习)都持敷衍了事、平淡无趣态度的人，又怎能拥有趣意盎然的生活？在平凡而平淡的学习中制造仪式感，正是为了让学生体悟到在辛苦学习中小小的、不易被发掘的乐趣。①

(三) 教学仪式感是发掘和培养小学生创造潜质，培养学生智慧学习力的有效途径

在小学课堂教学实践中，教师教学仪式感的创设通常都是基于一些生动形象的场景、故事或角色扮演等形式，让学生在学习过程中感受特殊的时刻和氛围。这些教学仪式往往都是教师精心研究设计出来的，对小学生具有较大的感召力和吸引力，并且常常具有较强的启发性和触动性。教学仪式通常被教师穿插在课程的开场环节、提问环节或结束环节，这些蕴含特殊意义的、与众不同的教学仪式，会令学生眼前一亮，使学生对接下来的教学内容充满好奇、期待和探索的欲望。小学生的好奇心和学习兴趣一旦被激发起来，就会形成超强、持续的学习和探究动力，学生会沿着无数个"为什么"的轨迹，开始发现与探索的学习之旅。从此意义上说，教学仪式感的生成是小学生学习心理发生转折的重要时机，一次富有智慧的教学仪式的设计与实施，会给小学生的学习心理带来巨大影响，这种影响甚至是深远的、终身性的。

教学仪式感的创设，在一定程度上也是开启学生智慧学习之门的神奇钥匙。很多一线小学教师反映，小学生在学习过程中存在顿悟现象，来自教师的一个特殊的眼神，或是一次特殊的鼓励和表扬，都会在孩子心里发生微妙的化学变化，甚至形成学习上的顿悟，瞬间发生诸多改变。小学生的学习和记忆具有情绪化特点，积极愉悦、轻松快乐的学习环境会大大提升小学生学习与记忆的效率，生动有趣的教学情境更是小学生创造性潜质发挥的基本前提。因此，在对小学生进行教学时，要提倡情境教学、愉快教学，以激起他们的情绪，提高学习的兴趣，使记忆达到最佳效果。

总之，充满智慧的教学仪式必然具有启发性、激励性和教育性特征，会最大限度地唤起儿童内在的好奇心和探究欲望，会激发儿童继续沿着教师铺设的学习轨道进行发现性学习，从而在学习的过程中获得更多的创新乐趣与收获，达成智慧学习的目标。

(四) 教学仪式感的创设可以有效培养小学生行为边界意识和规则意识

从心理学的角度讲，仪式代表的是一种"心理锚定"(Psychological Anchoring)，即人们在做出决定的时候习惯把一种行为与自己熟悉的某种感觉结合起来。所以，在仪式问题

① 李艳红，严育洪.仪式感：给学生"幸逢其时"的学习动力[J].辽宁教育，2018(12)：48-51.

上，感觉很重要。所谓的仪式感，就是要通过一些特殊的行为唤起个体某种特殊的感觉和意识，可以说仪式的根本作用就是帮助个体找到做一件事情的特殊感觉和边界感。例如，人们上班会选择穿正式的服装，正式的服装会给上班族一种正式的工作感，意味着工作与生活的界限，这种边界感会对个体的心理和行为产生制约性。因此，正式的服装或制服即是工作开始的一种象征和常规仪式，会令个体的行为举止有边界感。

传统的上下课仪式就是培养小学生边界感的简单、有效的仪式。上课铃声响起，学生起立，向老师问好，教师与学生之间课前的简单互动仪式是十分重要和必要的。通过简单的仪式，向学生宣告现在开始上课了，你的行为表现要区别于下课时间，从现在开始要把心收回到课堂上来，不能突破上课的纪律边界，而应该好好遵守课堂的纪律和规范。可以说，从师生互相问好，到学生回答问题时举手，最后到下课铃声响起，课堂中无不充满了有仪式感的时刻。这些简单的仪式对于正处于社会道德与行为规范意识形成期的小学生而言是十分必要的。类似上下课这样简单的教学仪式，可以帮助小学生建立规则与边界意识，会让他们开始认识到在社会实践乃至学习的过程中，应"有所为与有所不为"，要遵守规则，否则就会因越界而受到惩罚。

此外，教学仪式感的创设还可以帮助师生学习社会公认的价值规范，促成师生的社会化。至少，教师在教育仪式中逐步强化了对职业的认识，完成了职业社会化；学生在教育仪式中渐渐获得了某种"使命感"和"责任感"，学会了做人做事。[①]教学仪式的形式是多种多样的，要传递给学生的信息和价值观也是多元化的，但是其本质功能就是让学生体验到某一特殊时刻的边界感，从而形成规则意识。教学仪式的创设，还会让学生体验到某些隆重而庄严的时刻，从而能够在遵守规则的同时，建立必要的使命感和责任感。

综上，为小学生创设有仪式感的教学环境是十分必要和重要的，教学仪式感是帮助小学生建立"学校""班级""学习"意识的有效方式，也是帮助小学生建立"学校"与"家庭"、"学习"与"生活"、"课上"与"课下"行为边界意识的有效方式。因此，为小学生创设有仪式感的教育与学习环境是智慧教师的选择，也是小学教师专业成长的一项重要内容；为小学生创设优质的、富有创新性和智慧性的教学仪式，更是新时代对智慧型教师的一项新诉求。

三、小学教育场域中教学仪式感的创设策略

优质的、富有智慧的教学仪式感的创设，对小学生的学习与身心健康发展有着十分重要的现实意义和价值。伴随着新基础教育改革的不断深入，一线小学教师也开始意识到改

---

① 王晋. 教育仪式的社会学分析[J]. 教育理论与实践，2010(4): 3-6.

革传统教学模式的重要性，创新教学模式、创设智慧型课堂的理念和诉求也越来越受到小学教师群体的重视。那么，一线小学教师在为小学生创设有仪式感的教学环境时，应注意哪些问题，应采取哪些核心策略，才能真正扮演好教学仪式开发者的角色，这些问题需要我们深入理性探究。

(一) 基于小学生的现实生活，凝练教学仪式主题和特色，创设富有生活气息和情趣的教学仪式

在小学教育场域中，教学仪式感的创设一定不能脱离小学生的现实生活，只有源于生活，源于小学生所熟悉的生活素材和情景，才能让教学仪式成为学生学习认知的转折点，才能通过教学仪式，让小学生带着兴趣和愉悦的心理体验走进课程。

作为一名智慧型小学教师，要熟悉当代小学生的主流文化，要善于从小学生的现实生活中发现教学灵感并为教学仪式的创设"取经"。为此，小学教师在成为卓越的"智慧型"教师之前，首先要做一个热爱生活、热爱教育、热爱儿童、有生活情趣的生活家，只有源于内心的热爱，教师才能够从生活的点点滴滴中捕捉到教育的信息和痕迹，才能够发现有意义的教育资料和素材。爱是教育智慧生成的前提和重要情感基础，小学教师要用爱和智慧在生活中寻觅教学仪式感创设的主题和素材，凝练富有特色和创新性的教学仪式。

此外，教师也要建立与小学生及其家长之间的协同教育生态，要鼓励和调动小学生和家长去主动发现和探索源于生活的教育主题。基于小学生自身的视角去发现、探寻教育的素材和主题，无疑会充分调动起孩子学习与发现探索的积极性和主动性，不仅会为教师的教学仪式创设增加灵感和素材，还会为小学生的生活与学习注入活力和趣味性，这也是一种具有"原生态"味道的教学相长。发动家长群体也积极参与到学校教学过程中来，基于家长和社会的视角为教师的教学仪式感设计出谋划策并提供相关线索和资源，无疑也会为教师的智慧教学注入新鲜血液。小学教师的教学智慧生成要有广阔的生活舞台作为支撑，热爱生活，从生活中来，到生活中去，才会发现并捕捉到生活的教育气息，为孩子的学习创设有价值的教学仪式感，将其引入智慧学习的境界。

(二) 基于小学生学习心理发展特点，创设具有文化内涵的个性化教学仪式

当前，我国小学教育的发展已经实现了历史性跨越，提高小学教育质量，创办高标准、高质量、有特色、个性化的小学教育，最大限度地满足我国公众对优质小学教育的需求，已经成为新时期我国小学教育改革与发展的一项新的历史使命。此外，新时代背景下的小学生眼界开阔，知识丰富，实践和动手能力都很强，因此，小学教师在实施教育教学的过程中，必须要充分考虑新时代学生的新教育诉求以及学生身心发展的新特点，既要保障教育教学的优质性，又要积极开拓个性化、特色化的教育教学新模式。作为丰富课堂教学形式的途径——教学仪式感的创设同样要规避传统的、老套的教学理念和教学思维，要体现出创新性的教育价值诉求，要最大限度地满足小学生的个性化学习需要，激发他们的好奇心和探索欲望，使其积极主动地参与到课堂教学中来。

优质的、个性化的小学教学仪式感的创设还要尽力彰显学校文化底蕴和特色。正如有学者指出的那样："所有的人类实践都是文化性实践，都是在一定的文化背景中进行的。"毋庸置疑，学校的仪式教育活动也不例外，它是学校文化的重要载体，与学校文化有着密不可分的联系。[①]小学教师要善于发掘学校文化的特色素材，对其进行创新性的传承与发展，将其融入课堂教学中，为课程教学增色，调动学生的学习兴趣。不同学校通常处于不同的地域文化之中，学校在长期的办学与发展过程中，也会形成一些内在的教育文化传统和特色，因此，小学教师要善于发掘学校自身的教育文化特色和优势，精心规划设计具有自身文化特色的教学仪式，既丰富自身的教学形式，给学生的学习带来新意和特殊的意义，又传承和弘扬了学校的特色文化，达到事半功倍的教学效果。

学校仪式教育作为学校文化的重要承载体，应呈现该校独有的文化风貌，成为学校文化的特殊"身份标识"。独特而又富有创意的学校仪式活动不仅会赋予学校文化新的内涵，促进学校特色文化的发展，也会让参与其中的学生个体深刻领会学校的文化特质，增强学生的群体归属感以及对学校的自豪感。[②]

(三) 教师要尊重学生在教学仪式活动中的主体地位，注重学生的情感体验

教学仪式应是在教师带领下，全体学生共同参与完成的一种集体性活动。师生协同、共同参与是教学仪式感创设的重要基础。因此，小学教师在设计与规划教学仪式的过程中，就要充分地考虑到学生的全面参与问题，活动程序与内容的安排有利于全体学生的参与，要给每位学生一个清晰的参与者的角色定位，要让小学生真正成为教学仪式的"主人"，充分发挥小学生在教学仪式实施中的主体地位。学生不仅要在教学仪式实施中做到全员参与，更要成为教学仪式的积极策划者与建构者。教师要对课堂教学仪式感的创设目的和性质有着清晰的认识，要充分利用课堂教学仪式活动，帮助小学生在课堂教学仪式中感受集体的力量、融入集体并建立热爱集体的积极心理体验，给小学生提供转换角色、扮演角色的良好契机。

只有学生真正参与到学校教学仪式过程中，才能真正形成"教学仪式感"，并对每一次的教学仪式活动以及课堂教学内容留下深刻的印象，形成印象深刻的社会性集体记忆。因此，教师有意识地设计每位学生的参与者角色，让每位小学生都在教学仪式中获得真切的"存在感"与"在场感"至关重要。小学生完全以"主人翁"的身份参与到教师组织的

① 张家军，陈玲. 学校仪式教育的价值迷失与回归[J]. 中国教育学刊，2016(2)：90-95.
② 张家军，陈玲. 学校仪式教育的价值迷失与回归[J]. 中国教育学刊，2016(2)：90-95.

课堂教学仪式中，不仅能够帮助小学生在学习过程中建立起足够的自信心，获得必要的"成就感""满足感"乃至"荣誉感"，使其在日后的学习中获得更充足的动力，还能够让学生深刻体会学校仪式的教育意蕴，并有利于加强师生之间的交流互动，营造出一种和谐的校园氛围。因此，尊重小学生在学校教学仪式活动中的主体地位，应是教师设计、实施教学仪式活动时遵循的重要原则。

此外，小学教师在规划并实施教学仪式的过程中，要把课堂教学仪式看成一种综合性的集体教育活动。不仅要重视教学仪式创设的外在教学价值，还要重视教学仪式的内在育人价值，更要重视教学仪式在滋养小学生情感价值观培养方面的特殊价值和意义。通过教学仪式创设，小学教师要积极引导学生从教学仪式中汲取思想营养，培养小学生的集体主义情感，以及热爱生活、尊重生命的积极情感。

(四) 做好教学仪式活动规划，保证教学仪式活动的规范性，以及与教学内容的衔接性与关联性

教学仪式感创设的成效取决于教师教学仪式的整体设计与规划。优质高效的教学仪式一定是主题鲜明、程序清晰、分工明确的。小学生在整个仪式过程中会有明确的自我角色定位。此外，教学仪式的效果还取决于教学仪式的时间节点设计及其与所教课程内容的关联度和衔接度。小学教师在设计与规划教学仪式活动时，要充分了解并熟悉课程教学的整体情况，要精心设计教学仪式的时间节点，选择教学内容与教学仪式内容的最佳结合点，才能让教学仪式的形式和内容与课堂教学浑然一体，自然、清新地出现在教学的某一重要环节中或时间节点上，起到"画龙点睛"的作用。

此外，小学教师在规划设计教学仪式的过程中，要避免为了"仪式感"而创造"仪式"的牵强心理，要避免将教学仪式感的创设异化为教师的一种教学负担，教师要将教学仪式感的创设行动视为自我教学创新的一种积极尝试和体验，要有勇于创新和开拓的智慧和信心。教师要用智慧的眼光去探索、发现教学仪式创设的契机和素材，为学生呈现丰富生动的教育教学资源，师生携手共同创造新时代的智慧型课堂教学。

四、教学案例分析

巧妙的教学仪式设计可以为小学教师的课堂教学"增色"，可以提高教师的教学效率以及小学生的学习兴致。教学仪式作为小学教师在教育教学实践领域所表现出来的一种高级的、复杂的教育思考、教育辨析与教育决策能力，能够将教师的教育教学推向超越教材、超越课本、超越课堂的智慧境界。

教学案例1：

新学期第一课——特殊的"全家福"

大连市某小学在探索特色化发展的教育之路上，提出了"用兴趣点亮教育，用智慧启迪学生成长"的教育理念，让学生在学校教育过程中学会适应环境、学会生活、学会做人、学会成长。学校教育的首要目标是启迪思维、培育智慧。学校在教学实施过程中注重教学理念、教学形式与教学手段的创新，注重开阔学生的学习视野和创意激发，注重学生在教育与学习过程中的情感体验。学校通过开发仪式教育、乡土课程等特色化课程内容，培养小学生的创新思维、学习智慧及实践能力，在长期的教学实践过程中取得了很好的教育教学效果。

在该小学，仪式教育是孩子们的重要学习内容之一。学校本着启迪智慧、奠基高贵人生的育人理念，积极创设丰富多样的教学仪式，为学生的学习营造生动有内涵的积极心理环境。学校特别注重对学生的智慧学习能力的培养，重视孩子学习过程中的每一个"第一时刻"，在每一个新学期的第一课，教师都会创设别具特色的教学仪式感，让学生感受到满满的教育之爱，对学习充满了期待。

新年第一课，很多老师选择拍一张大合照的方式，记录学生开学伊始的灿烂笑脸和充满期待的目光，这是属于每个孩子新年的美好模样。"记录孩子们的美好时刻"，该小学的老师们这样诠释"全家福"的意义。孩子们在迎接新年"第一课"的时候总是带着美好的期盼，眼睛里是有幸福的"光亮"的，带着这样的积极心理开启新学期的学习，相信每个学生都会动力十足、信心十足。

走进教室，可以看到墙壁上挂着很多张"全家福"，记录着孩子们的成长轨迹。班级本来就是一个进退与共的团队，每每望着照片，学生会有一家人的感觉，会更加团结。

当然，如果可以，以后每个月都可记录一次，记录这些孩子的成长和变化，记录这些美好时刻，当孩子们毕业时，可以将这些记录当作毕业礼物送给他们。

仪式，是会让平凡日子发光的魔法，是会让某一时刻与其他时刻不同的有效办法。经历了新年和漫长的假期，孩子们重新回到课堂，这是一个新的起点、新的开始。新年第一课对于孩子们来说是值得纪念的一个有意义的时刻，请老师们精心策划，给孩子们一个更有仪式感、更有色彩的新年第一课吧！

教学案例2：

新时代的"小红花"

教学仪式可以让小学生获得学习的"动力"，并在仪式中生成学习的荣誉感和使命感，对小学生的学习具有重要影响。教师在课堂教学过程中，要利用好教学评价这个环节，将其上升为教学中的"有效仪式"，对小学生的"优秀时刻"或特殊的"第一时刻"给予激励，会取得良好的教育教学效果。

在我们的记忆中，小学生表现出色时会得到"小红花"作为奖励，"小红花"作为榜样和优秀的象征成为一个时代的记忆。在新时代的学校教育教学过程中，"小红花"的激励机制依然存在，只是升级成为信息技术与教育智慧相结合的具有新时代特色的"小红花"。我们在指导小学教育专业的学生进入小学进行教育实习的过程中,见到了各种不同类型的新时代的"小红花",对小学生的学习起到了很好的促进与激励作用。

在某小学四年级的一节语文课上,教师在教授《牛郎织女》这篇课文时,很好地通过"小红花"调动学生思考、回答问题,提升课文学习中的积极性和创新性。教师在教学过程中设计了几个关键性节点:第一位发言的学生是谁,回答问题次数最多的学生是谁,回答正确次数最多的学生是谁,回答最有创意的学生是谁。每个节点设立分值,最后汇总得分最多的学生,即为本节课表现最好的学生。

课程一开始,教师让学生朗读课文第一句话"很久很久以前",读得最有时间久远的感觉的学生,将获得本节课第一环节的"智慧学习之星"。孩子们都酝酿着感情,纷纷尝试,积极发言。提问环节,教师设计巧妙,紧扣课文题材抛出问题,激发学生进行创新性思考。例如,教师问:故事的题目是牛郎和织女,为什么不是"马"和"羊"。孩子们顿时收敛松散的气氛,安静地思考起来,回答最有创意并获得本环节积分的孩子是这样回答的:"牛在中国传统文化中有着特殊的象征意义,象征着勤劳、朴实和善良,具有积极的寓意。"

在课程教学结束时,表现最佳的学生的头像出现在PPT中,教师宣布本节课的"智慧学习之星",配以欢快的音乐,学生们掌声响起,伴随着下课铃声,课程结束。我们观察获得"智慧学习之星"的学生,他的脸上洋溢着满满的喜悦感、获得感及成就感,其他孩子则表现出强烈的学习动机,试图在下一节课中成为新的"智慧学习之星"。孩子们那种高涨的情绪也深深地感染了我们这些课程观摩者,新时代的"小红花"在课程教学中发挥了神奇的教育力量。

综上,教学仪式感的创设不仅能充分调动学生学习的积极性,让学生全身心地投入课堂学习中,还能提高教师的智慧教学水平,也能最大限度地调动教师的智慧教学热情。很多小学教师表示,在教学仪式感创设取得理想效果时,他们也是很有教学成就感的,并会开启下一个智慧教学仪式感的创设,从而将教师的"教"与学生的"学"带入新的智慧境界。

第二节 优质的生成性课程

教育智慧是一种教师内化的、能够以最佳方式迅速处理教育突发事件的能力。这种能力既是充满思想和谋略的,又是不假思索的,还是瞬间反思的行动,是一种超越了知识、技能和技术的素质。教育智慧在教学实践中的直接展现是教师在面对突发性教育事件的过程中,所表现出来的足够的机敏性和智慧性。一方面,能够很好地引导学生在情境性教育事件中获得有益的启发和思考,因势利导形成宝贵的生成性教育资源;另一方面,会及时止损,控制突发性教育事件的消极影响。智慧型教师通常善于捕捉情境性教学事件中的有利教育契机,将其上升为能够为师生学习所用的典型教学资源,从而构建"生成性"课程,收获卓越的教学效果,达到智慧教学的境界。

一、何谓生成性课程

近几年来，生成性课程成为比较热门的基础教育改革新话题之一。所谓生成性课程(Course of Life and Death)，是指以真正的对话情境为依托，在教师、学生、教材、环境等多种因素的持续相互作用过程中动态生长的建构性课程。这类课程摒弃了"本质先定，一切既成"的思维逻辑，在教学过程中展开其本质，课程活动成为师生展现与创造生命意义的动态过程，而非单纯的认识活动。生成性课程基于课程的生成性品质而存在，是相对于传统的预设性课程而言的，是在教师、学生、文本和情境等多种因素互动中所建构生成的一种非预期的、超越于原有预设性课程，但富有教育价值的经验体系。[①] 据此，生成性课程应具有如下几方面的共性特征。

(一) 生成性课程是师生在课堂教学对话中生成的，是师生共同建构的教学内容，具有情境性特征

生成性课程的创设是一个需要师生互动共生的过程，需要师生间的智慧交流与碰撞。一方面，生成性课程的形成需要教师具有发现的眼光，敏锐的教育觉察力，以及捕捉瞬间教育价值的教学机智和教育智慧。同时，教师还要具有智慧启发与引导学生深度思考的能力，更要有调动学生积极参与课堂教学，与教师在教学过程中共情的能力。只有调动起学生的学习积极性，使其成为课堂教学的重要参与者，生成性课程才具备必要的创生条件。另一方面，生成性课程的创设需要学生的智慧学习力。没有学生的"本真声音"和积极参与，生成性课程的创设就缺少了一个必要的生成要素。评价教师对课堂教学的把握能力，一个重要标志就是教师对动态的、生成性的课堂互动的调度和驾驭水平。

生成性课程是一种具有开放性、整合性及变革性特点的新课程体系，课程不再是特定知识体系的载体，而成为一种师生共同探索新知的发展过程。课程发展的过程具有开放性和灵活性，不再是完全预定的、不可更改的。课程内容方案的制定以及实施都是由师生通过协商合作而共同完成的，同时课程所蕴涵的价值、意义、精神也通过师生的相互理解而得以生成。

(二) 生成性课程是一种"学生本位"的课程，课程以"学生"为中心，课程创生的效果和层次取决于学生在学习中的参与度

学生在"生成性"课程的创生与实施中扮演着重要的角色。

首先，学生是生成性课程的重要来源和实施载体。学生的知识背景、生活阅历、思考

---

① 赵文平. 论生成性课程的价值诉求[J]. 教育发展研究，2009(8)：79-83.

力水平以及创新性学习能力都是生成性课程形成的关键要素。学生的兴趣以及在学习中的发现和质疑是激发教师教学灵感，引导学生建构生成性课程的动力之源。

其次，学生是生成性课程的缔造者与受益者。学生的生活世界、奇思妙想乃至在学校课堂教学过程中犯过的"错误"，都是生成性课程的"启动键"和重要素材。与此同时，生成性课程的开放性、灵活性、创新性特点又会对学生的创新思维以及创造力培养产生重要影响。

在生成性课程的教学与学习过程中，学生的学习潜质能够得到最大限度的发掘，能够进入最活跃的思考与学习状态，取得理想的教育效果。生成性课程对"生成"的重视，实质上是对教学中的人的重视，"学生"是生成课程的核心所在，其根本目的在于促成完整生命个体的充分实现，从而为学生的可持续发展开辟更为广阔的前景。

(三) 生成性课程中蕴含教师的教学智慧，蕴含师生间的默契与合作精神，是一种超越教材和传统课程的新形态课程资源

生成性课程整合了知识与智慧两个教学维度，这种新形态的课程要以传统的课堂教学、传统课程及教材为实施媒介和载体，通过教师的智慧来启发、引导，让传统教材不仅发挥知识传递功能，还要启迪学生智慧与思想生成。教师要用教材教，而不是教教材，要创新性地使用与理解教材价值。生成性课程要基于学生的生活世界、需要以及兴趣，但绝非学生漫无目的、任意的自发活动。生成性课程需要教师教育智慧的调控与引导，需要教师的教学思想的牵引与规约。在生成性课程实施中，教师是照亮师生创新性实践的智慧之光，是将学生引向智慧学习之路的领航人。一方面，教师尝试从根本上消解现代主义课程范式的预设性和确定性缺陷，打破教师习以为常的线性教学思维方式，使课程不再具有某种固定的程序与模式；另一方面，教师还要用自我的智慧去点亮学生的智慧，探寻师生间的有效契合点，要形成师生间的默契与合作，这是构建生成性课程的情感与心理基础。

作为一种新形态的课程资源，在生成性课程中，教材并非学生必须识记的静态的知识体系，它既非课程的终点也非课程的目的，而是点燃学生思维火炬的原材料，是一种潜在的可能性课程资源。在生成性课程中，课程具有全新的含义，课程真正实现了由"名词"到"动词"的根本变化。课程不再仅仅是已知的结论性知识，而是师生通过对话探究知识并获得发展，不断生成活生生的新知识、新思想的动态过程。在生成性课程视域下，课程的内涵也不再是静态的过去时，而成为充满无限期待的、尚未完成的将来时，生成性课程中蕴含着无穷的智慧与思想，蕴含着无限的创新可能。

(四) 生成性课程是一种隐性教育资源，对学生的影响具有未来性特点

生成性课程更多的是师生在教育教学过程中碰撞出的智慧火花，是师生集体智慧的结

晶。与普通的课本知识相比较，生成性课程更多的是超越课本知识的思想，是师生共同探索、发现与创造的新知识、新观点、新方法与新话语，这些由师生共同创生的"新知识"通常会无形地存储于师生的记忆与头脑之中，并会形成一种无形的智慧力量，对学生的后续学习与发展产生重要影响。

实践表明，在课堂教学中，由师生共同创生的这些生成性课程，不仅是一种新的教育资源，对教师的教学发挥重要的辅助作用，更是一种难得的教育记忆，会给师生的教与学留下深刻的记忆，而且生成性课程是更容易让师生形成恒久记忆的教育内容，也是能够对师生的发展产生深远影响的思想性教育资源。生成性课程的独特教育价值在新一轮基础教育课程改革中被不断发掘出来，越来越受到一线中小学教师的重视。

二、生成性课程在小学教育中的独特价值

生成性课程是一种师生共同探索新知、共同生成教育智慧的新形态课程。课程的创生与发展过程具有开放性、灵活性与建构性特点。生成性课程完全是由师生协商合作而共同完成的，其所蕴涵的教育价值、意义及精神恰恰是新时代的基础教育改革所极力倡导的。创设并开发生成性课程被认为是新基础教育课程改革的核心诉求之一。

生成性课程顺应了小学教育实践场域中教师与学生的未完成性发展需要，为小学教师及小学生的创新性教育探索提供了一种超越传统的动力和资源。生成性课程通过鼓励教师和学生不断超越原有的定位和方向，不断确立新的理想和希望，从而促进学生在身心成长与学习的道路上不断取得新的进步和收获。

(一) 生成性课程是小学生创新意识与创造能力培养的重要媒介

新基础教育课程改革强调要着力培养动手能力强、具有创新与创造能力的小学生，要在课堂教学过程中培养学生发现与探索的智慧。上述教育目标的实现，需要我们重新认识并反思传统的小学教育实践过程，需要我们跳出传统的课程观、教材观、教学观以及师生观，尤其是教学一线的小学教师必须要对自我的传统教学价值观进行一场深刻的反思与变革。教师要在课堂教学中注入创新的活力，要引导学生积极参与这场基于创新与创造的新课程探索过程，生成性课程开发与创设无疑是师生教育创新的有效媒介与途径。

首先，生成性课程作为一个开放性的教学生态系统，能够为学生的学习提供灵活多样的发现与探索空间，这是培养小学生创新与创造能力的重要前提和基础。生成性课程不满足于学生仅仅在预设文本中获得知识和经验，而是主张学生超越文本教材，关注实际生活中的突发性事件与问题，建构超越书本的知识和经验；生成性课程也不满足于教师依附于预设的文本教材来开展课程教学活动，而是主张教师超越文本，不受文本的限制，创造性

地与学生开展互动，在互动中生成新的课程。① 这就意味着生成性课程需要师生共同发现与探索课程知识，学生的生活背景、生活知识都是生成性课程创生的来源与养料，学生在生活中的发现、探索及创造灵感都会融入学校的生成性课程，为教师的智慧教学提供启发和灵感。生成性课程的创生机制为小学生的学习与发展提供了一个更为自由和开放的空间环境，将学生的学习空间由学校延伸到社会，更是无限扩大了学生的学习视野，这些都有利于小学生的创新与创造能力培养。

其次，生成性课程注重师生间共同建构意义性知识世界的过程，强调在这一过程中对学生创新性思维品质的训练与培养。因此，生成性课程是小学生创新与创造能力培养的重要媒介。生成性课程的本质是师生间的一场基于沟通与协商的，旨在探索新思想、创造"新知识"的过程。在生成性课程的建构过程中，教师要引导并激励小学生大胆想象，提出新观点、新见解，善于将从日常生活中观察并发现的新现象、新事物进行总结并创造性地进行分享。这对于小学生的创新性思维培养是一个很好的训练过程，长期坚持下来，小学生会养成勤于思考、善于发现与探索的学习习惯，并会逐渐形成创新性的思维品质，为其后续学习和发展打下良好的基础。

(二) 生成性课程是打开小学教师教学创新视野，为小学教师专业发展及实施智慧教学赋能的有效途径

生成性课程本身就是一个动态生成与持续创新的过程，这一过程需要师生的共同参与，需要教师用智慧的眼光发现常规教学过程中的教育创新契机，对学生实施创新性引领。生成性课程是一种超越教材和传统课程的新形态课程资源，对小学教师的教育教学提出了更高的要求和挑战。小学教师要想驾驭并调度好这一新课程教学过程，首先必须要保持学习与提升的状态，要通过持续性学习获得国内外最前沿的教育知识和教育思想，厚重的知识基础和与时俱进的教育理念是小学教师进行教学创新的重要前提。其次，创设优质的智慧型生成课程，还需要小学教师拥有丰富的生活阅历、广泛的生活兴趣以及热爱生活的生活情趣。生活不仅蕴藏着丰富的实践性教育课程资源，而且蕴藏着能够促进学生精神成长的隐性教育资源。一方面，生活能够为教师的生成性课程创设提供直接素材；另一方面，现实生活也能为教师的智慧教学提供广阔的自然空间和实践平台。教师走进生活，会从生活中获得源源不断的教学灵感与创新智慧，生活能够为教师的教学创新开启智慧之门。创设生成性课程是教师走进生活，倾听生活之声，从生活中探寻教学灵感的直接动力。

此外，生成性课程能够为小学教师的专业发展及实施智慧教学赋能。生成性课程是连接知识与创新、知识与智慧的纽带，规划设计并创设实施生成性课程的过程也是教师获得

① 赵文平. 论生成性课程的价值诉求[J]. 教育发展研究，2009(8)：79-83.

新的专业教学知识、拓展教学思维、创新教学理念和模式的过程，教师在这一过程中得到很好的锻炼，无论是专业教学水平还是智慧教学能力都会得到提升。因此，生成性课程的创设与实施过程也是教师不断发现自我、提升自我，最终走向卓越的过程。

(三) 生成性课程以追求和谐为旨趣，更有利于小学生的全面综合发展

生成性课程具有开放性、创新性、灵活性等特点。它追求教学过程的多元共生，强调知识创生与智慧生成并重，反对用传统的"自上而下"的权威方式来进行教学，主张师生间的平等对话与协商。因此，生成性课程本质上是一种追求创新与和谐共生，尊重教育教学过程中各要素的差异性的课程教学形态。

与传统既定的预设型课程相比较，生成性课程能够赋予学生更多的教育自由权限，学生有机会表达与分享自我的学习心得与发现，包括学习过程中的疑惑和质疑，甚至可以挑战教师的"教育权威"，当然这种挑战是基于与教师平等对话与沟通的前提。在此种课程教学模式下，学生的学习心理以及学习状态会发生根本性的变化，学生会由传统的课堂教学的被动接受者，转变成新课程的积极构建者与参与者，学生的学习形式也开始走向多元化，学校与生活之间的界限不再泾渭分明，教师鼓励学生接触生活、体验生活，从生活场域中发现学习乐趣和灵感。和谐融洽的教学共生关系，必然会对小学生的学习与身心健康发展产生积极影响，促进小学生的自由与和谐发展。

生成性课程作为一个开放性的教学生态系统，并非只是将教师的"教"和学生的"学"单纯地局限于"智育"层面，在知识创新与生成的过程中，学生的自主学习与探索是一个与大自然、与社会生活亲密接触的过程，学生的感官会被充分地调动起来。在与自然和生活的亲密接触过程中，学生能够形成热爱生活、尊重生命的积极情感体验，也能够形成发现美、欣赏美、分享美的良好审美能力……总之，以追求和谐为旨趣的生成性课程，更有利于小学生的全面综合发展，是新时期落实国家"五育"并举教育方针的有效途径。

三、如何在小学教育实践场域中创设优质的"生成性"课程

生成性课程的创设是一个需要多重教育主体共同参与的过程，小学教师作为生成性课程的主要规划者与实施者，在生成性课程创设过程中扮演着关键性的角色。生成性课程大多诞生并存在于突发性教育事件或偶然性教育要素中，机智地处理并发掘这些教育事件中的教育价值是生成性课程创设的关键。因此，小学教师要具有足够的教育智慧，要善于从教育情境中发掘并提炼教育因子，引导学生共同发现并参与生成性课程的创设，从而实现智慧性教学。

(一) 构建创生取向的小学课程教学观及形态多样、价值多维的课程内容观

创生取向的课程教学观，强调课程教学是教师与学生共同创造新教育经验的过程。创生取向认为，知识是一个不断前进的过程，由主体参与其中的人格建构，而课程计划只是师生经验创造的工具。课程知识对教师、学生开放，在师生的协作、对话、交流中生成，课程实施是教学情景中，师生利用课程计划所进行的知识开发、审议、创造。[①] 观念的改变是改变教师传统教学模式的逻辑起点，在小学教育实践场域中推行新的教育思想、教育理念，创设生成性课程，需要注意以下两方面。

首先，新时代的小学教师要建立起新的教学观，包括新的课程观、学生观及教材观。小学教师要清晰地认识到，新时代的小学教育已经发生了深刻变化，无论是作为教育对象的小学生，还是教育的实施过程，都有了新的内涵和意义。此外，小学教师在教育教学中的角色定位也发生了根本性转变。这就意味着，构成小学教育教学过程的诸要素之间要进行一场新的序列组合，要以一种全新的姿态迎接新教育的挑战。在新的小学教育教学框架下，教学过程是师生协同在已有教育经验基础上主动建构新经验的过程，是师生间进行平等对话、合作，进行视界融合、知识整合与创新的过程。因此，在新的课程教学视域下，教师要走出"被崇拜""被权威"的师者威严，要将学生视为教学的伙伴，善于倾听学生的声音，了解学生的需要，发现学生的智慧。教师只有走下"神坛"，走进学生，走进生活，建立新的师生观，才能在小学教育世界里不断生成新的教学智慧，获取源源不断的教学创新动力和资源。

其次，新时代的小学教师要有突破教学惯性，挑战教学创新的勇气和魄力。创设生成性课程所需的第一个基本条件就是教师对教学传统、常规教学模式及教学思想的突破与挑战。生成性课程是一种动态的、持续的发现与创新，因此，小学教师要具备创新性的教育视野和格局，要敢于尝试运用新事物、新理念、新教育资源，要勇于成为小学教育世界中的教育开拓者和"第一时刻"。教师善于发现并勇于尝试捕捉小学教育实践过程中的生成性教育资源，才能创设出优质的生成性课程，实施优质的智慧教学。

综上所述，在小学教育实践场域中创设优质的生成性课程，帮助小学教师建立新时代的教学观念是首要任务。只有建立起开放、民主、多元、创新的新时代的课程教学理念，小学教师群体才能够积极投入生成性课程的开发与创设之中，由传统教学走向智慧教学。

(二) 建构教师实践性知识体系，提升小学教师开发利用生成性课程资源的整体水平

生成性课程是教师与学生之间根据不同的教学目标、教学情境，自主构建教学内容及教学活动的过程。生成性课程的形成是一个需要师生不断认识、反思与调整的动态过程，

---

① 张华. 课程与教学论[M]. 上海：上海教育出版社，2000：326.

这对教师的实践性知识提出了很高的要求。教师的实践性知识可以被视作一种高度整合的知识，包括事实或陈述性知识、策略或程序性知识、信念以及行为准则和价值观等。[①]实践性知识是教师进行实践教学的必要知识和能力基础，是教师进行教学实践创新所需的各类教学技能、教学方法及教学经验的总和。我们认为，小学教师在创设生成性课程的过程中，所应具备的实践性教学知识和能力主要包括以下几方面。

1. 能够灵活应变各种教学情境的教学机智

在小学课堂教学过程中，教师总会遇到各种不同的教学情境性事件。例如，小学生突发奇想的发问，偏离教学内容的回答，在课堂教学过程中所犯的典型错误，等等。这些突如其来的问题常常超出小学教师的教学预设，需要小学教师具备较好的教学应变能力，面对复杂的教育情境能够做出敏锐的反应，并创造性地驾驭这些突发性事件，运用教育智慧将其演化为有价值的生成性课程资源。这种创造性地驾驭情境性教学事件的能力即为教师实践性知识的重要构成要素之一，也是智慧型小学教师所应具备的核心教育素质之一。

2. 与儿童建立平等对话关系的能力

小学教师要具有基于师爱的情感智慧。小学教师每天面对的是6~12岁的心智发展水平尚不成熟的儿童，试想一个没有爱心和耐心，不爱孩子的老师如何能够做到用心去启发和保护孩子的好奇心，引导并影响孩子的创新意识发展呢？小学教师特别需要用目光、笑容、肤触及各种体态语言向儿童传递爱的信息，使小学生建立对学校及老师的依恋、信任关系，这是小学教师与儿童进行平等对话的基础和前提，也是生成性课程创设的基础和前提。建构生成性课程必须从倾听儿童的声音开始，以对话、合作、创新、发现为核心，教师要有鼓励儿童文化与成人文化共生、互济的能力。

3. 反思与合作能力

反思与合作是教师实践教育知识的重要组成部分，是教师实践教育智慧生成的重要基础。生成性课程是一种由师生共同发现与建构的课程，反思与质疑是发现新课程资源、建构生成性课程的重要途径。小学教师要具有教学反思的能力，善于从已有的教育经历和教学经验中反思，获得新的教育认知和教育知识。与此同时，小学教师还要善于和小学生合作，这是一种以启发、引导、激励为基调的合作，目的是师生共同创设生成性课程，完成智慧教学。

4. 捕捉瞬间教育价值和教育资源的能力

这是教师构建生成性课程所应具备的最为关键的实践性教育智慧。我们可以把生成性资源理解为：在课堂教学情境中通过积极的师生互动、生生互动，在共同思考与共同发展中产生的超出教师教案设计的新问题、新情况，具体表现为在言语、行为、情绪方式表达中出现的"节外生枝"的情况。它具有动态性，是稍纵即逝的。教师准确、及时地捕捉到

---

① 钱雨. 论生成课程的理论与实践[J]. 教育理论与实践，2012(31)：61-64.

这些生成性资源并对其加以合理利用，是创设生成性课程的重要环节。因此，小学教师要具有敏锐的教育觉察力和感知力，要有迅速反应并进行教育判断与决策的能力，只有具备这些关键性的实践教育智慧，才能捕捉到瞬间教育的宝贵价值和资源。有研究者总结了教师心目中较为重要的几类实践性知识①，详见表4-1。

表4-1　教师心目中较为重要的几类实践性知识

知识与能力	具体内容
了解儿童的知识	了解儿童的身心发展特点和班级、儿童的具体背景，作为生成课程开展的基础
灵活应变的能力	能够根据动态的生成过程机智地调整课程路线，教学过程富有弹性
有效互动的能力	及时回应儿童的需求和问题，善于利用教学中的偶发事件来激发师生共同探讨的机会
反思与合作能力	建立反思与合作的教师教育档案，以获得新的课程理解与体验，档案收集也是一种探究、反思、对话的过程
资源利用能力	灵活运用各种课程资源，使教学跨越学校的围墙

(三) 为小学教师的课堂教学创新赋权，为教师实施智慧教学提供保障

生成性课程的创设需要给小学教师的教学提供更多的自由权限，需要为小学教师的教学创新提供人性化的制度环境，只有这样，小学教师才能够完全放开手脚，大胆创新，尝试智慧教学的新思想与新策略。改革与创新通常都要承担一定的"风险"，如果不慎触碰制度与管理的界限，就要付出一定的代价。教师在进行教学改革与创新的过程中，常常具有一定的顾虑心理和保守心理，直接影响教师教学创新的成效。因此，推进小学教育教学改革与创新，创设生成性课程资源，必须要构建与教育改革同步的、相匹配的制度体系，为小学教师创设更为民主和自由的教育创新制度环境，才能调动起教师进行教学改革与创新的积极性，最大限度地保障教师教学改革与创新的成效。

首先，教育管理部门要改革传统的教师评价制度，改变结果和分数导向的课程评价机制，将过程评价或形成性评价引入教师教学评价管理过程中，注重教学评价过程的人文关怀性，给教师创设开放、民主、宽松、自由创新的教学环境和氛围，鼓励教师进行教学改革探究与创新。教学评价对教师的课堂教学及课程实施具有重要的导向性作用，不同的评价导向，会对小学教师的课堂教学理念和模式选择产生重要的影响。因此，在小学教育过程中创设开放、生成的课程教学模式，追求创新和素质提升的课程教学目标，必须以制度改革和评价机制创新为逻辑起点，为教师的教育教学改革提供必要的制度保障。

其次，要在小学教育领域培育理性的教育改革价值取向，淡化急功近利的功利主义价值取向。当前，基础教育改革的新理念、新诉求不断对中小学教育发展提出新目标、新方向，一线中小学教师也在不断地适应与调整以便迎接教育改革的各种挑战。在这一过程

① 钱雨. 论生成课程的理论与实践[J]. 教育理论与实践，2012(31)：61-64.

中，很多学校表现出越来越强烈的急功近利的改革倾向性，甚至将教学改革视为学校追求声誉、获取利益的手段。功利主义的教育改革价值取向必然会将学校的教育改革和创新引入一场喧嚣的教育利益纷争之中，必然会对教师的智慧思考与探索，对学校教育创新的品质产生消极的阻碍作用。例如，一些地方的小学课堂变成了各种"流行理论"的试验场，教师忙于应付形式繁多的各类"教学改革"而无暇进行真正意义上的教学反思和创新。此种"快餐式""风暴式"的教学改革不但不会真正促进一线教师的智慧教学与专业成长，相反，会把教师的教学创新和改革引向"歧途"。因此，培育理性的教育改革价值取向，为小学教师的教学创新与智慧成长创设宁静、和谐的心理环境尤为重要。只有淡化功利主义的价值取向，一线小学教师才能静下心来潜心研究、探索教育的真谛，倾听真实的教育声音，感受现实的教育美好，真正意义上的生成性课程才能够诞生。

四、教学案例分析

生成性课程是教师和学生在各自的教育经验基础上主动建构新经验的过程，是师生间通过教育视界的融合而创生出新的教育意义和价值的过程。依据生成性课程的含义，我们可以判定生成性课程的创设应具备三个基本教育条件：民主开放的课堂教学生态，跌宕起伏的教学情境，师生在不平衡中建构。其中，情境性教学事件是生成性课程的直接来源，是关键资源，这其中就包括学生在课堂教学过程中的"典型错误"及"奇思妙想"。以下案例来自我们指导小学教育专业本科生在小学进行教学实习过程中观察到的一个情境性教学事件。

教学案例1：

雪融化了是"春天"

在小学一年级的一节科学课上，课程的主题是"水的三种形态"，教师通过简单的实验，让孩子们感受并认识水的几种形态。首先，教师给孩子们播放了一段教学视频，演示水凝固后结成冰花，然后受热再融化成液态的水，水继续受热会蒸发，变成水蒸气飘浮在空气中。图文并茂的演示让孩子们兴奋不已，孩子们的脸上流露出无尽的好奇和探索欲望……

接下来，老师问孩子们："大家想不想和老师一起来做个小实验，亲自感受水、水蒸气和冰的生成过程啊？"孩子们异口同声地回答："想！"

实验开始了，由于正值冬天，老师充分利用有利的季节性资源，将一团冰雪带到了课堂上，用酒精炉加热后，冰雪开始融化，最后变成了水。接下来，老师继续给融化的水加热，不一会儿，在酒精炉上方出现了水蒸气，老师将事先准备好的一块玻璃放在水蒸气上方，水蒸气遇冷又在玻璃上形成液态的水滴……老师认真地演示，孩子们认真地观察，教学有序而生动地进行着。

小实验结束，老师将教学引入课堂提问和师生交流环节。首先，老师生动地将刚才的小实验进行了总结，强调了水的三种形态之间转化的条件和节点。接下来，老师开始进行启发性教学提问和交流。老师问孩子们："现在是冬天，外面地上有刚刚下过的雪，冰雪是水的什么形态呢？"孩子们异口同声地回答："固态。"老师又问："那冰雪融化了之后是什么呢？"孩子们回答："水。"

这时，我们听到了一个"另类的声音"——"是春天"。声音低沉，在大多数孩子的"标准答案"中显得有些格格不入。老师似乎也听到了这个"另类"的声音，又一次问道"冰雪融化之后是——"，孩子们再次回答"水"。发出"另类声音"的小男孩索性站起来回答："是春天。"孩子们哈哈大笑。老师先是迟疑了一下，紧接着微笑着走到小男孩身边问："为什么是春天呢？"小男孩回答："语文课文里说冰雪融化了，春天就不远了。春天来了，冰雪就会融化了啊！"说完，他有些不好意思地扮了个鬼脸。

此刻，我们期待着老师的表现。因为是在科学课上，显然，小男孩的回答偏离了老师预设的教学轨迹。老师提高了音量，又增加了语气中的温柔和亲切感，回答道："雪融化了之后是春天，多么富有诗意和想象力的回答，大家掌声鼓励一下……老师给大家讲水的不同形态就是为了让大家更好地认识和理解自然中的一些现象，发现大自然的趣味，这节课给大家的课后学习任务就是，每个人去发现一个大自然中的现象，例如季节的交替变化，下节课来分享你们的发现……"

课程结束了，我们被科学老师的教学机智所打动，面对课堂教学过程中孩子的奇思妙想，老师如果教条化地以维护既定预设的教学程序为目的，无视孩子的"另类"声音，或予以压迫和取缔，必然会对孩子的好奇心和创新意识产生消极影响，遭遇"挫折"的孩子可能再也不敢在课程中发出"另类"的声音，老师的课堂教学创新可能因此就会失去一种可能和一个契机。

这则教学案例给我们的启示是，课堂教学中的情境性教学事件是教师创设生成性课程的有利资源，是生成性课程创设的最佳契机，小学教师要善于发现和捕捉这些宝贵的教育契机和隐性教育资源，启发并引导学生进行创新性学习。当然，对这些情境性教学资源的驾驭，会受教师个人教育知识背景及教学智慧水平的影响，从而呈现不同层次和特色的生成性课程。

教学案例2：
我"不感动(敢动)"

这则案例同样来自指导小学教育专业本科生教学实习过程中观察到的一个情境性教学事件，这是一则教师发现并利用课堂教学中的"错误资源"的教学案例，具有一定的教学启发性。

小学五年级的一节语文课上，老师讲授人民教育出版社的小学五年级语文上册(S版)《我的战友邱少云》一课。《我的战友邱少云》是一篇革命回忆录，作者是李元兴。该革命回忆录记述了发生在朝鲜战场上的革命故事，而该文记叙了邱少云在执行潜伏任务时，潜伏的地方被敌人炮火打着，自己被燃烧了起来，但为了整个战斗的胜利，他一动不动，在烈火中牺牲的经过，歌颂了邱少云烈士顾全大局、遵守纪律，不惜牺牲自己的崇高革命精神。

语文老师讲到课文的高潮环节，倾情朗诵："我的心绷得紧紧的。这怎么忍受得了呢？我担心这个年轻的战士会突然跳起来，或者突然叫起来。我不敢朝他那儿看，不忍眼巴巴地看着我的战友被活活烧死。但是我忍不住看，我盼望出现什么奇迹——火突然间熄灭。我的心像刀绞一般，泪水模糊了我的眼睛。为了整个班，为了整个潜伏部队，为了这次战斗的胜利，邱少云像千斤巨石一般，趴在火堆里一动也不动。烈火在他身上烧了半个多小时才渐渐地熄灭。这位伟大的战士，直到最后一息，也没动一寸地方，没发出一声呻吟。"

"同学们，听了这个真实的故事后，你们感不感动？"孩子们深深地被故事的情节所打动，被老师富有感染力的诵读所感动，异口同声地回答："不敢动。"老师被孩子们的回答"震惊了"，眼睛瞪了起来，怎么能"不感动"呢？孩子们还沉浸在课文悲壮的气氛中，"我们一定不敢动"。老师恍然大悟，笑了起来，因为老师觉察到了"不感动"与"不敢动"的秘密。

"感动"与"敢动"，孩子们也恍然大悟……老师深情地对孩子们说："大家要是邱少云，为了集体的利益也一定不会动、不敢动，是吗？"孩子们回答："是的，我们一定不敢动。"

老师将"敢动"与"感动"写在了黑板上，说道："汉字文化博大精深，有许多这样音同而义不同的文字，大家可以在课后通过学习广泛了解汉字文化的精髓与奥妙……"

这位语文老师很好地发掘了语文课堂教学中的"错误资源"，师生之间在理解上的小"误差"，引申出一个颇具幽默色彩的教学情境事件。老师的本意是想升华课文的主旨，对学生实施情感价值观教育，抛出"感不感动"的情感共鸣主题，孩子们错将老师的提问理解为"遇到同样的情境，你们敢不敢动"。面对这样类似"错误资源"的课堂小插曲，老师很机智地做出应对，将其引到汉字文化教育上来，既弘扬了中华传统汉字文化的博大精深，又很好地调动了学生学习、思考汉字文化的热情。老师应对课堂教学"错误资源"的方法应时、应景，具有启发性和智慧性，值得一线小学教师借鉴。

第三节　幽默生动的教学语言和教学风格

教师语言是整个教育教学工作中最主要、最直接、最常用的一种手段，是教师"传道、授业、解惑"的重要媒介。对于小学教师而言，教学语言在提高教学效率、实现智慧教学方面的作用尤为突出。小学教师的教学表达方式、教学语言的亲和度都会对小学生的学习产生重要影响。不同的表达方式、不同的语言风格，其教育效果也会有很大的差异性。幽默生动的教学语言、独具特色的教学风格，是吸引小学生注意力，激发小学生学习动机和学习兴趣的直接手段，也是智慧型小学教师应具备的独特气质和魅力。

一、小学教师教学幽默的独特魅力

(一) 何谓教学幽默

教学幽默(Teaching Humor)是一种特殊的幽默形式。在教学过程中，教师通过紧扣教学内容，结合教学实际和教学目的，采用幽默诙谐的语言、生动的表情、引人发笑的动作以及形象的图片等调动课堂气氛，可以让学生在轻松活跃的氛围中产生学习兴趣，激发学习热情，从而使学生学有所思、学有所获。[①]

教学幽默就是在教学中，通过幽默的方法，吸引学生注意力，从而启迪学生、引导学生、教育学生，使学生在笑声中顿悟，深刻掌握所学内容。幽默风趣是教师课堂魅力的表现之一，它既是一种能力，又是一种技巧，更是一种知识的积淀。生成和构建教学幽默感需要教师不断地自我学习、自我完善和自我探索。[②]

我们认为，教学幽默是教师在教育教学过程中表现出来的一种幽默感，是教师通过趣味性的语言表达方式，夸张的肢体语言或生动的修辞方法等手段，吸引学生注意力，调动学生课堂参与积极性的一种幽默教学方式。教学幽默是教师教育智慧的一种体现形式，能够使学生在笑声中完成教育认知活动，在师生关系融洽、课堂气氛活跃、学生情绪饱满的情况下学习和掌握文化知识。

幽默是智慧和知识的结晶，知识是幽默的基础，教学幽默是教师丰富的知识、独到的看法、深刻的见解在课堂教学中的集中展现。小学教师的教学幽默作为一种独特的教学手段，通常应具有如下几方面的特点。

(1) 教学幽默是小学教师教学智慧的直接表现形式，是教师对语言艺术的巧妙运用。小学教师的教学幽默通常表现为：教师运用儿童熟知的知识和有趣的语言来唤起小学生学习的兴趣，拉近与小学生之间的教学距离，使小学生在学习过程中表现出积极主动的情绪和态度。选择什么样的背景知识、运用什么样的表达方式、渗透怎样的教学理念等，都是小学教师运用教学幽默过程中必须要认真思考的问题。对于上述问题的思考，即为教师充分运用教学智慧进行创造性教学"备课"的过程。教学幽默本身就是教师教学智慧的直接表现形式，只有富有教学机智感和教学智慧的教师才能恰到好处地运用各种教学技巧，展现教学的幽默感。

此外，教学幽默要以广博、丰富的知识基础作为铺垫和智力支持。教学幽默是教师基于教育知识，从教育知识中提炼出的智慧精华，教学幽默是教师博览群书，拥有广阔教育视野后的教学睿智。因此，教学幽默的生成必然是教师教育智慧的表现，是教师智慧学习

① 张宝臣. 论教师幽默素质及其养成[J]. 教育评论，2001(6)：23-25.
② 李庆林. 教师教学幽默的培养和课堂教学幽默的生成策略[J]. 教育理论与实践，2018(29)：63-64.

的结果。

(2) 教学幽默通常富含强烈的教学启发性，是一种"寓教于乐"的教学手段。教学幽默要服从学校教育的培养目标。教师要用幽默的语言启迪学生，但幽默的语言不能浅薄无知，更不能口无遮拦、油腔滑调，应该追求语言幽默的含而不露、言外之意，保持语言的含蓄性、趣味性、美感性和启智性，以教书育人为宗旨，以科学性、针对性、庄重性和教育性为本质特征。①

对于小学教师而言，在小学教育过程中展现教学幽默的根本目的应是唤起孩子们学习的积极性，将枯燥乏味的教学内容生动化、趣味化、形象化，以孩子的口吻和乐于接纳的形式启发孩子学习并思考，在充满乐趣和愉悦的教学氛围中激发孩子的创造性天赋，引导其智慧学习。因此，小学教师的教学幽默是表面诙谐下的一种启发式教学，是以孩子乐于接受的口吻完成教学引导和启发的有效途径。

(3) 教学幽默是教师在教学过程中面对复杂多变的教学情境，迅速、敏捷、灵活地做出机智应对，保持课堂教学动态平衡的一种智慧调节能力。从此意义上说，教学幽默也是教师的一种教学机智，是教师机智应对课堂教学突发事件、化解教学矛盾的一种智慧选择。在小学课堂教学过程中，教师常常会遇到一些突发性的情境问题，有时单纯依靠教师的正面教育与引导并不能达到理想的教学效果，此时，小学教师如果能够突变风格，采用更为委婉和机智的幽默语言和技巧来应对这些情境问题，通常会取得事半功倍的教学效果。

在教学过程中，教师生动幽默的教学语言对于学生而言是一种享受，在幽默的教学气氛下，教师的一举一动都牵引着学生的情绪。幽默是智慧，可以调节课堂气氛，融洽师生关系；可以引导学生的思维，启迪学生的智慧，激发学习兴趣；可以处理突发事件，吸引学生的注意力，改善课堂教学。幽默是教学的润滑剂，教师的幽默风趣有助于知识的传播和掌握，有助于学生加深对教师所讲授知识的印象。教师的教学幽默更是语言的精华，体现了其智慧和思想。在教学中，教师在遵循学校教育培养目标、教书育人的同时，要不断提升自身水平，培养幽默风趣感，在幽默中包含深刻，在妙语中蕴含睿智，在普通例子中寻求神奇。教师要用幽默风趣武装自己，做学生喜爱的教师，在笑声中被激发出学生的学习兴趣，从而促进师生关系和谐，提高教学效果。

(二) 小学教师教学幽默的价值

教学幽默是教师在教学过程中的一种极具智慧性的教学策略选择，更是小学教师应具备的一种重要的教学应变能力。在小学教育教学实践场域中，小学教师的教学幽默是帮助

---

① 李庆林. 教师教学幽默的培养和课堂教学幽默的生成策略[J]. 教育理论与实践，2018(29)：63-64.

其提升智慧教学效果的有效手段，是唤起小学生创造潜质，进行智慧学习的有效策略。小学教师教学幽默的独特价值主要体现在以下几个方面。

(1) 小学教师的教学幽默能够消除小学生学习过程中的焦虑和紧张情绪，拉近师生间的情感距离，从而为师生间的教学视界融合及创新营造和谐的心理环境。

小学教师的教学幽默不仅体现着教师教学语言的智慧性，也是一种基于师爱的情感智慧。教师通过幽默风趣的语言活跃课堂气氛，能够对小学生尤其是低年级的小学生形成一种学习情感上的亲近感，消除小学生离开家庭、在学校里学习的焦虑和紧张情绪。小学教师的基于情感的幽默智慧会为小学生的学习奠定积极的情感心理基础，会将小学生的学习引入积极愉悦的境界，从而使其在学习的过程中展现出本真的状态，向教师传递真实的教育声音。这些是师生间达成教学默契的基本前提，是小学教师充分发掘小学生学习潜质，引导其进入智慧学习状态的基本前提。

(2) 教学幽默是小学教师启发小学生学习心智，激发小学生的学习兴趣和求知欲的智慧选择。小学生的学习具有情境性特点，他们常常会对趣味性强、生动形象的事物形成深刻印象和持久记忆。因此，要启发小学生的学习心智、激发小学生的学习兴趣，就要为小学生的学习创设生动形象的感官记忆环境。

小学教师通过在课堂教学中设计趣味性的教学情节，运用生动有趣的教学语言和学生进行教学沟通，能很好地调动起小学生的学习热情，促使其更加积极主动地参与并回应教师的教学问答与教学创新过程。教师在课堂上巧用幽默，可以使教学语言更具有指导性、针对性、趣味性和启发性，从而产生更好的教学效果。小学教师通过幽默的方法吸引小学生的注意力，可以抓住关键的教学契机启迪学生、引导学生、教育学生，从而使小学生在笑声中形成关于学习的顿悟，对所学的知识形成持久的深刻记忆。

(3) 教学幽默是一种深入浅出的语言表达智慧，能够为小学生的学习营造通俗易懂、形象生动的氛围，促进小学生对知识的理解、记忆和创新。教学幽默的一个重要教育价值是，通过幽默风趣的教学语言将复杂的教育问题以通俗易懂的形式进行解读，让学生能够完全理解和领会其中的含义。小学教师运用教学幽默的根本目的就是为小学生的知识学习营造轻松愉悦的心理环境，以儿童的视角看教育，以儿童的口吻解读教育知识，以儿童喜欢并乐于接纳的方式来教育儿童。因此，教学幽默对小学教师而言既是一种随机应变的教学机智，也是小学教师通过精心预设生成的一种教学策略。它能够将教师的课堂教学引入自由、祥和的境界，小学生在这样的学习氛围下，会展现出本真的学习状态，其内在的创造潜质和探索动机才会完全被调动起来，师生之间才能达成教学情感上的共鸣，进而才能形成教育视界的融合，创生出新的教育价值和意义。

(4) 教学幽默也是保护小学生自尊心、好奇心以及学习激情的一种智慧选择。小学生在智慧学习以及创造性探索的过程中，遇到挫折和犯错误是难免的。此时，教师如果正面批评或直接参与调教，极容易挫伤孩子的自尊心，孩子很可能会因此而丧失了学习探索的激情和欲望。教师运用教学幽默，能以一种学生易于接受的方式化解师生间的尴尬教育时刻，起到很好的教育疏导作用。小学教师的教学幽默不仅是贯穿于知识教学过程中的"润滑剂"，也是小学教师与学生日常交往、构建和谐师生关系的"黏合剂"。在一些特殊的教育时刻，例如，学生犯错误的时刻、没有跟上教学节奏的时刻以及"掉队"的时刻，教师的教学幽默还会化身为保护学生自尊心和自信心的良方。通过教师的教学幽默，可以间接地激励与鼓舞小学生，使其建立学习的自信心，形成积极探索发现新知识的动力。

综上所述，幽默是智慧和知识的结晶，知识是幽默的基础，教师应注重积累各个领域的知识，努力培养自己的幽默风趣感，从而能够在课堂教学过程中游刃有余地实施智慧教学，为小学生的学习和身心健康成长创设和谐的教育环境。

二、小学教师教学风格的形成及价值

教学风格是教师教育智慧的一种独特表现形式，在教师的教育教学过程中发挥着不可小觑的作用。近年来，新基础教育改革相继提出个性化教学的理念，强调教师要在教育教学的过程中，养成自我的教学个性，构建并形成独具特色的教学理念和教学模式，充分发挥每位教师的教学特长和教学优势。上述教育主张旨在唤起一线中小学教师对教学创新及培养自身教学特色的重视，激励一线中小学教师构建自我的教学风格，从而提升智慧教学水平。

(一) 小学教师教学风格的内涵及形成机理

斯腾伯格等学者提出，从心理学的角度讲，风格是指一个人较为喜欢使用的方式，它并不是一种能力。[1] 教师教学风格是指具有一定专业素养的教师在教学活动中表现出来的方式或风格。关于教师教学风格(Teaching Style)，从广义上讲，是指教师教学艺术的风格，是指在教学过程中教师教学思想、教学艺术特点的综合；从狭义上讲，教学风格是指教师根据自己的个性特点经常采用的教学方法，或教学过程中所应用的教学策略。[2] 教学风格是教师人格和个性等多方面的特征在教学上的全面反映，它是个性化的，是基于个体原有的心理品质而形成的。教师教学风格形成于教育实践过程之中，与学生的互动、评价以及学生的学习风格密切相关，同时也是影响教学效果的重要变量，能对学生的学业成就

[1] Sternberg R J, Grigorenko E L. Are cognitive styles still instyle?[J]. American Psychologist, 1997, 52(7): 700-708.
[2] Conti G J. Identifying your teaching style[M]/ /M. W. Galbraith (ed.)，Adult learning methods: a guide for effective instruction. Malabar, Fla.: Krieger, 1998.

做出预测。①

很多学者基于不同的研究视角，对教师教学风格进行了界定，结合已有相关研究，我们认为，教学风格是指教师教学活动的特色，是教师的教育思想、个性特点、教育技巧在教育教学过程中独特的、和谐的结合和经常性的表现。教师教学风格是教师在教学过程中经过较长时间的磨炼而形成的一种稳定的教学习惯和教学特点。教学风格的形成是一个教师在教学形式及教学艺术上趋于成熟的标志。

国外相关研究表明，教师教学风格能够影响学生的学习适应能力，包括学习成绩、学习态度、师生关系、学习习惯等方面。如果学生对教师教学风格的评价是积极的，那么学生对教师就有较高的满意度，更愿意与教师进行沟通。如果教师的教学风格与学生的学习风格相匹配，便能最大限度地调动学生的学习积极性。② 通过对教师教学风格内涵的理解与分析，我们认为，小学教师教学风格通常具有如下几方面的特征。

(1) 小学教师教学风格是小学教师在小学教育教学实践过程中经过较长时间的磨合、锻炼、调适而形成的，符合自身教学特点的、稳定的教学习惯和教学气质。教师教学风格的形成是需要一定时间的。对于小学教师而言，新手教师的教学过程常常表现出很多不确定的因素和特质，原因就在于新手小学教师缺乏足够的教学经历及教学经验，缺少与小学教育实践场域的广泛接触和磨合，因而，该群体尚没有建立起与小学教育教学相匹配的、与自身教育素养和能力相协调的稳定的教学习性和特点。小学教师的教学风格一经形成，就会成为小学教师的一种稳定的教学心理品质，成为小学教师在后续的教育教学实践中所一贯坚持和追求的教学形式，成为自身教学个性的象征。此外，教师的教学风格与其所处的教育环境和教育对象存在很大的关联性，小学教师的教学风格与小学教育特定的教学理念和育人模式是密切相关的。在一定意义上，小学教师的教学风格是小学教育实践观照下的教学个性的反映，是区别于其他类型教师的教学习性。

(2) 小学教师教学风格是小学教师针对小学教育特点，结合自身教学能力和教学特点而逐渐发展起来的一套具有自我特色的教学思维逻辑。小学教师的教学风格是小学教师针对特定的小学教育教学实践而研究设计的，能够代表自身教学特色的教学思维和教学策略体系。教学风格能够影响小学教师教学方法的选择和运用，教学风格不同，小学教师在教育教学过程中所选择和运用的教学方法、教学方式也会有所不同。因此，不同的小学教师在教授相同的课程内容时，也会呈现形式和风格各异的教学模式，这是由其教学风格所决定的。

实践表明，教学风格越鲜明的教师，其教学越会表现出强烈的个性化色彩，教学的创

---

① 王默，董洋. 高校教师教学风格的三大类型及其特点[J]. 南阳师范学院学报(社会科学版)，2017(5)：70-75.

② Lin P C，Lu H K，Fan S M. Exploring the impact of perceived teaching style on behavioral intention toward moodle reading system[J]. International Journal of Emerging Technolo-gies in Learning (i JET)，2014，9(3)：64 -67.

新性特征也会越明显，教师的教学过程对学生的吸引力也会越强。一个具有鲜明教学风格的小学教师，通常会在教学过程中表现出较强的灵活性和创造性特点，其教学手段更容易别出心裁、教学方法更加新颖，更容易对小学生产生教学"磁性"。

(3) 小学教师的教学风格是小学教师教学智慧及教学创新的结晶，是小学教师教学思想、教学艺术及教学策略的凝练和反映。从狭义上讲，教学风格就是指教师根据自己的个性特点所自我设计并一贯坚持的教学策略。教学风格集中体现着教师的教学智慧、教学思想及对教学的艺术性追求。小学教师教学对象的特殊性决定了小学教师的教学过程必然要是科学性与艺术性的统一，小学教师要想达到理想化的教学效果和教学意境，必须要像雕刻一件艺术品那样去研究课堂教学的各个环节，要讲求教学策略的艺术性。小学教师要善于为小学生的学习营造出生动的艺术效果，通过增强教学的艺术感染力，让孩子们在学习的过程中形成愉悦的感官体验，并具有感受美、欣赏美、创造美的能力。

其四，小学教师的教学风格也是其创造性教学思维在课堂教学中得到充分发挥和运用的结果。小学教师的教学风格在教育教学中还表现为，教师对教学内容的处理、对教学方法的选择、对教学过程的组织所具有的独特性和创新性。从此意义上说，小学教师的教学风格是小学教师教学魅力的体现，是吸引小学生学习注意力的有效策略。

(4) 小学教师教学风格是新时代背景下小学教育文化及小学教育教学改革诉求的缩影，兼具稳定性与变化性特点。教学风格是教师教学活动的特色，是教师的教育思想、个性特点、教育技巧在教育教学过程中独特的、和谐的结合和经常性的表现。教学风格虽然是教师个体教学个性和独特性的展现，但是决定并影响教师教学风格形成的教育思想、教育理念及教学模式的选择要受制于学校教育文化及教育变革的整体要求，不能随心所欲。因此，小学教师的教学风格定位要与新时代的学校文化及小学教育教学改革诉求相一致，要在新基础教育改革的宏观背景和教育框架下形成，不能逾越教育管理和教育制度的规约。

(二) 小学教师教学风格形成的意义和价值

教学风格虽然只是教师个体的一种具有稳定性特征的教学习惯和教学气质，却是教师教育智慧和教学经验水平的集中体现，对教师的教学过程及教学效果都会产生实质性的重要影响。

1. 小学教师教学风格对小学生创造力培养的影响

培养小学生的创造力已经成为新基础教育改革的一项核心诉求，并上升为小学教育阶段的核心教育目标之一，受到高度重视。经研究发现，创造力是一种可以训练和培养的能力，小学教师在学生创造力培养过程中扮演着直接而关键的角色，教师的教学智慧可以增进小学生的创造力表现，作为小学教师教育智慧的直接表现形式——教师教学风格对小学生的创造力培养更是有着重要的影响。

影响小学教师教学风格形成的教学思想、教学策略及教学形式直接决定着小学生在课堂教学过程中的参与程度，进而决定了小学生独立思考的机会和程度。实践表明，小学教师如果在教育教学过程中表现出鲜明的开放性、民主性及灵活性特点，给学生创设出自由、愉悦、和谐的教学环境和氛围，小学生就会相应表现出更高的学习热情和学习动机，会在教师组织的课堂教学中表现出积极主动的探究精神，提出创新性见解和观点的概率就会大大提升。教师应通过适当的教学策略、教育方法和教学方式去营造教学情境，通过课程内容和有计划的教学活动来刺激、指导、鼓励学生主动而独立地思考，进而形成创造力。不同的教学风格意味着对学生创造力的支持程度不同，但无论如何，有效的教学风格必须以学生为中心。

有研究指出，教师不同的教学风格对学生创造力的影响有显著差异。教师的教学风格越单一，学生的创造力水平就会越低，即教师教学风格的方差与学生的创造力水平成反比。教师应根据学生的具体情况不断调整教学风格，并且按照创造力发展的原理与原则，运用多种教学风格来鼓励学生在学习过程中探索新的知识并进行独立思考。教师的教学风格在学生学习过程中提供了不同支持程度的氛围，而这种支持性的氛围对于学生的学习动机而言非常重要。①

2. 小学教师教学风格对小学生学习适应的影响

小学生的学习适应主要包括学习成绩、学习心理、学习态度、师生关系、学习习惯以及对学习环境的适应等方面。小学生的上述学习适应性状况和小学教师的教学风格有很大的关联性，教师的教学风格能够影响并决定小学生的学习适应程度。

(1) 教师的教学风格会直接影响小学生的学习心理和学习态度。小学教师如果能够在教育教学过程中充分展现出对学生的尊重、关爱及智慧性引导，为学生的学习提供平等协商、自由宽松的氛围，小学生就会形成积极的学习态度和学习心理，并会对学习过程充满热情和期待，会更乐于走进教师的教学，参与教师的提问和教育探索。与此同时，教师在教学过程中能够做到生动形象、机智诙谐、妙语连珠、动人心弦，也会给小学生的学习开启智慧之门。教师的教学风格里充满了恰如其分的幽默，就会使学生心情舒畅、乐于学习，在轻松、愉快和笑声中获得人生的启迪，获得心智的训练，变机械学习、被动模仿为心领神会、主动思考。对于调动学生学习的积极性和主动性而言，这是一种值得着力追求的教学风格。相反，小学教师的教学风格如果是"专制型"的，在教学过程中完全以高高在上的"权威"和"管治者"形象面对学生，小学生就会在学习过程中产生畏惧心理和焦虑情绪，会逐渐在课堂教学中"失声"，并主动疏离教师的教学过程。因此，教师的教学风格决定着小学生的学习心理和学习态度。

① 王双龙. 教师的教学风格对学生创造力的影响研究[J]. 中小学教师培训，2017(9)：22-26.

(2) 教师的教学风格也会直接影响教师与小学生之间的师生关系以及小学生的学习习惯养成。小学教师的教学风格决定了其在与小学生进行教学交往中的态度及行为模式。民主型的小学教师通常在教学过程中会以平等协商的态度对待学生，善于俯下身来倾听孩子们的声音，在对话和交流的过程中会以温和、亲切的态度面对学生，展现出基于师爱的情感智慧。因此，学生会乐于与教师进行交流，并会在教师面前展现出本真的状态，师生间会建立起友好"互助"的和谐师生关系，这种和谐的师生关系对于增强小学教师对学生指导的针对性，因材施教，进而提高小学生的学习成绩是十分重要的。

(3) 教学方法也是构成小学教师教学风格的一个重要因素。通常我们所讲的教师教学风格，实际上包括教师如何选择并运用教学方法，教师采用不同的教学方法实施教学，会对学生的学习产生重要影响。启发式、建构式的课堂教学方法会有效激发小学生的学习兴趣，提高小学生的学习效率。小学教师如果讲课情绪饱满，把对科学文化的热爱和追求融于对学生的关爱和期望之中，充满对小学生的高度尊重和依赖，在课堂教学中做到情绪高涨、慷慨激昂、扣人心弦、撼人心灵，会使小学生产生强烈的情感共鸣，师生之间在理解沟通的前提下，将能共同营造出一种渴求知识、探索真理的热烈气氛，小学生在这样的教师引导下，所获得的不仅仅是知识训练价值，还包括人格、情感的陶冶价值。

(4) 教师的教学风格对小学生的学习习惯养成也有直接的影响。学生通过听教师精辟的讲授，不仅学到知识，受到思维训练，还将被教师严谨治学的态度所熏陶和感染，学会冷静、独立地去思考问题。小学生有着很强的教育模仿能力，小学教师的教学风格、在教学过程中待人接物的态度和行为方式，都会对学生产生直接影响。小学教师的创新精神、教学探究意识都会以一种润物细无声的方式嵌入孩子的心灵，对孩子的学习与生活习惯养成产生重要影响。

3. 小学教师教学风格对小学教育教学改革及创新的影响

教师是教育教学改革的最终承载者与实施者，在一定程度上，教师直接决定着教育教学改革的成效。对于基础教育改革而言，小学教师是基础教育改革的重要参与者与实施者，是推进基础教育改革的关键力量之一。小学教师的教育理念、教学思想及教学模式都会对教育改革产生重要影响。在小学教育改革与创新发展的过程中，需要高层次的、卓越的智慧型及创新型小学教师的参与，需要一线小学教师具有创新与改革精神，勇于研究与探索教育新知，引领教学创新。如果一线小学教师群体都持保守观望、墨守成规的教学风格，对教育新思想、新理念、新方法持消极的否定态度，拒绝在课堂教学过程中实施和推广，那么小学教育改革的进程将会因为遇到巨大的阻力而步履维艰。

在新时代小学教育改革背景下，小学教师负载着学生培养模式改革与创新的重要使命，小学教师也正在尝试摒弃传统说教这一传授知识的方式，积极地探索以课程开发者、创造者的身份，处理好教材与教法的关系，去寻求有效的课堂教学师生对话与活动策略。

只有一线小学教师群体积极建构走向教育智慧生成的教师专业成长模式，才能够通过自身的专业发展，启迪学生的智慧生成，并在此过程中体验教师职业幸福，过上"智慧型"教师的生活，同时成为新时代小学教育改革与创新发展的积极推进者。

三、教学案例分析

小学教师的语言和教学思想、教学方法一样重要，是具有教学策略性质的关键要素，对小学生的学习与成长有着重要影响。小学生对教师的语言、态度及感情基调的感知力是非常敏锐的，教师的一个充满期待和关爱的眼神可以在孩子的身上产生神奇的化学反应，可能会演化成孩子成长的自信，影响孩子一生的发展。同样，教师不经意间的一句问候和一次关注，也很可能会给孩子带来学习心理上的改变。这样的教学案例举不胜举。因此，小学教师必须要修炼自我的教学语言，使其成为润泽教学过程的智慧，促进孩子身心的健康发展。

以下案例来自小学教育专业本科生教学实习过程中观察到的情境性教学事件，这是教师运用"语言智慧"激励启发学生学习的教学案例，具有一定的教学启发性。

教学案例1：

到户外"找春天"

在某小学一年级的一节语文课《春天来了》中，教师从导入到结课的教学语言都流露出满满的智慧性和启发性。

这篇课文的教学目标是让学生了解课文内容，感受春天的美好，培养学生观察大自然的兴趣，激发学生对大自然的热爱之情。教学重点和难点是通过为学生创设感官体验，培养学生对春天的喜爱之情，让学生知道春天到来大自然发生的变化，感受春天的美好。

语文老师是这样导课的："同学们，你们喜欢春天吗？春天到来了，大自然会发生哪些新奇的变化？今天啊，老师就要带领大家到'春天里'去逛一逛，看看春天都给大家带来了什么'礼物'。"孩子们表现得十分活跃，纷纷跳了起来，期待和老师一起到"春天里"去"逛一逛"……

接下来，老师带领小学生排着队有序地来到操场上。此刻，阳光明媚，照在每个孩子的身上，孩子们的脸上都洋溢着"春天的喜悦"。

老师开始布置任务了："同学们，现在你们要开始'找春天'了，大家可以在楼前的操场上自由活动，去'发现春天'。每位同学都要找到一样和'春天来了'密切相关的事物或变化，然后来分享你的'春天礼物'。"老师话音刚落，孩子们便迫不及待地蹦着跳着跑去找"春天礼物"。

十分钟过后，老师一声哨响，孩子们纷纷归队。老师让孩子们围坐成一圈，然后让每个孩子分享自己找到的"春天礼物"。第一个孩子是这样汇报的："我发现春天来了，春天带给我们的最大礼物就是'绿色'。你们看，操场上到处都是绿色，树绿了，草绿了，多美丽的'绿色春天'啊！"老师听后，非常满意地微笑着说："多美丽的'绿色春天'啊，多么美好的'春天礼物'啊。"接下来，孩子们依次分享着自己眼里的春天，以及所发现的"春天礼物"。

班级一共有二十八个孩子，前面分享的孩子很容易发现并说出关于春天的不同变化和信息，后面分享的孩子则出现了一定的困难，因为"美好的春天"已经被前面的同学都发现得差不多了，后面几个发言的孩子表现出焦虑和紧张的情绪……

最后一个分享的孩子，站起来时小脸涨得红红的，小手不时地抓着衣襟，眼睛里满满的都是紧张、着急和难为情，孩子紧张了片刻后，脱口而出："春天带给我们的最大礼物就是，天气暖和了，我们可以不用像冬天那样穿着厚厚的衣服出来了，我们可以做好多运动了。"说完，他脱掉了外衣，给老师和同学展示了一个前滚翻。汇报结束，孩子扮了个鬼脸，似乎不太满意自己的"春天礼物"，等待老师的点评，这也是我们最期待的时刻……

不难看出，最后一个分享的孩子是急中生智想出了分享的内容，是非常难能可贵的。老师走到孩子们中间说："刚才，老师感受到了一股春天的暖流，那是××同学带给我们的春天的惊喜。是啊，春天带给我们的最好礼物就是，天气暖和了，我们可以走出来运动和拥抱大自然了。多么有智慧的发现啊！大家一起为我们的发现鼓掌好不好？"孩子们热烈地鼓掌，最后分享的孩子终于露出了灿烂和自豪的笑容，原来最后一个分享也可以这么有创意！

在一曲《春天在哪里》的乐曲声中，课程结束了。

在这节《春天来了》的语文课里，让我们深切感受到了教师教学语言智慧的美好。对于小学生来说，教师语言智慧的重要性甚至高于教学策略，小学教师基于学生的认知和学习特点，巧用教学语言，充分发挥教学语言的趣味性、启发性作用，能够让小学生在学习过程中发生微妙的化学变化，取得事半功倍的教学效果。

在这节语文课里，教师连续运用了几个和春天有关的语句，如到"春天里"去"逛一逛"、绿色春天、春天的礼物、找春天、拥抱春天……在点评最后一个孩子的分享时，也一直在用儿童的视野看春天，用儿童的语言聊春天，用儿童的心理总结春天和分享春天。显然，小学生对于这样的春天解读方式是喜爱的，从孩子们的行动和表情中我们看到了答案。

教学案例2：

智慧幽默的科学老师

在某小学五年级的一节科学课《地球表面的地形》中，科学老师巧妙地运用智慧幽默的教学策略，让孩子们在笑声中对各种地形形成了深刻的记忆，取得了很好的教学效果，具有启发性。

该课程的教学目标是通过学习让学生了解并熟悉地球表面的各种地形，能够描述不同地形的特点，能正确区分平原与高原、山地与丘陵、盆地与平原等地形的区别，培养学生关注自然、研究自然现象的兴趣。

教师是这样开场的："同学们，今天我们来一起学习地球表面的各种地形。上课之前，老师给大家带来了一首陕北民歌《换大米》，不是录音版，是现场直播哈！"学生们大笑，接下来，科学老师为大家高声演唱了《换大米》这首民歌。这首民歌的特点是，音调高低起伏，非常具有跳跃性特点，科学老师标准的男高音将这首民歌演绎得非常到位。歌声结束，学生们纷纷鼓掌称赞，课堂教学中充满了喜悦、祥和的气氛，学生们一方面处在兴奋的回味中，另一方面充满了好奇和期待，不知道老师接下来要带给他们什么样的知识。

科学老师唱完《换大米》后，让学生们总结这首歌的特点，学生们纷纷发言，总结出这首歌高音和低音之间的跨度大、欢快跳跃、个别音节的尾音过长等特点。最后，老师总结道："刚才同学们所描述的歌曲特点，有没有让大家联想到地球表面的各种地形？比如高原、丘陵、平原、山地……"哦！学生们恍然大悟，似乎明白了科学老师倾情演唱的良苦用心。

接下来，老师拿出地图，在地图上形象地给学生们讲解各种地形的特点，语言幽默风趣，学生们不时哈哈大笑。

最精彩的时刻在结课环节，科学老师再次演唱结课版《换大米》。老师让大家起立，一起打手势(课堂教学内容之一)，学生们用手语演示各种地形特点。唱到最后一句关键的高音时，老师突然声音一转，跑调了，而且是非常滑稽的跑调，把学生们逗得捧腹大笑……只有科学老师一本正经地说："大家不要笑嘛，这是本节课最后一个知识点，盆地。就像我刚才的声音，盆地是盆状地形，主要特征是四周高、中部低，是世界五大基本陆地地形之一，在全球分布广泛。"老师又唱了一遍"换呀大米"，依旧是"跑调"的，课程在笑声中结束，我们意犹未尽地回味着地球表面的地形和科学老师的《换大米》。

在这节科学课上，教师打破了传统的地形地貌的教学方法，不再单纯依靠地图、多媒体等手段，而是运用了更为形象、生动的歌声，并且是亲自演绎，给学生创设出生动有趣的课堂教学氛围。更为精彩的是，这位科学老师在课程教学过程中妙语连珠、诙谐幽默，幽默中带着智慧，把学生的注意力都集中到自己身上，学生在笑声中消化了新知识，并形成了持久性的深刻记忆。

这节课让我们真正领略到教学幽默的价值，幽默是智慧和知识的结晶，知识是幽默的基础，教学幽默其实是教师丰富的知识、独到的看法、深刻的见解在课堂教学中的集中展现。小学教师的教学幽默作为一种独特的教学手段，具有神奇的教学魅力。

第四节 事半功倍的教学效果

教师教育智慧不仅是指教师在处理与应对突发性与情境性教育事件时所表现出的超越一般的教学机智，也包括教师在日常教学过程中的智慧性表现，如智慧性的教学策略选择与运用，教学的艺术性创设等。这些蕴含在教师常规教学过程中的教学智慧是帮助教师取得卓越教学效果的重要智力基础，也是推动小学教育教学改革的关键力量，需要我们去深入、理性地发掘与培养。

一、高效的教学策略

(一) 教学策略的定义

教学策略是实施教学过程的教学思想、方法模式、技术手段这三方面动因的简单集成，是教学思维对其三方面动因进行思维策略加工而形成的方法模式。教学策略是为实现某一具体教学目标而制定的、付诸教学过程的整体方案，它包括合理组织教学过程，选择具体的教学方法和材料，制定教师与学生所遵守的教学行为程序等。教学策略是在教学过程中，为完成特定的目标，依据教学的主客观条件，特别是学生的实际，对所选用的教学顺序、教学活动程序、教学组织形式、教学方法和教学媒体等的总体考虑，也就是说，教学策略是在教学的过程中，各个环节中使用的指导思想和方法。

教学策略是一个集成性的概念，是对教学思想、教学手段、教学方法的策略性以及综合性组合运用，组合的依据是学情分析，组合的逻辑是实现教学效果的最佳化，组合的效率和效果则要依靠教师的教育智慧，需要教师运用高级的、复杂的思考、辨析与决策能力，来综合应用并创造性地驾驭各种教育要素，使其达到最优化组合，发挥对学生的启发、引导、激励与教育功能。从此意义上说，教学策略是教师教学过程中的"润滑剂"，有效教学策略的选择与运用可以让教师的教学过程变得更为轻松省力，达到事半功倍的效果。同时，教学策略也是教师教学过程中的"调味剂"，有效教学策略的运用可以为教师的教学过程增光添色，可以让枯燥的内容生动起来，让程序化的教学充满新意。

(二) 教学策略的特点

依据教学策略的含义，我们认为，教学策略通常具有如下特点。

(1) 教学策略是教师教育思想与教育智慧的综合表达。思想性和智慧性是教师教学策略的两个重要属性。教学策略是教师对教学过程的总体设计与策略性统领，教学策略的选择与运用需要建立在教师对学生学习状况以及对各类教育要素的全面深入观察和细致分析的基础上，教师的教学洞察力、教育判断力、教学反思力等体现教师教育智慧的各项能力都会对教学策略的选择与运用产生重要影响。

教师的教育智慧水平会直接决定教学策略的选择效果，进而影响教学策略的实施效果。策略本身就是一种彰显智慧水平的，具有谋略和策划性质的行为逻辑和方案。因此，教学策略一定是经过教师教育思想和教育智慧润泽而呈现出的一种富有方法性和策略性的教学方案。

(2) 教学策略是教师的一种教育选择行为，教师要在这一选择过程中承担一定的教育风险和教育压力。教学策略是教师根据具体的教学对象、教学内容以及教学情境特点而选择的一种教育实施方案，因此，教学策略具有灵活性和情境性特点，任何教学策略都是指向特定的问题情境、特定的教学内容、特定的教学目标的，教学策略约束着师生的教学行为。放之四海而皆准的教学策略是不存在的，只有在具体的条件下，在特定的教育范畴中，教学策略才能发挥出它的价值。当完成了既定的任务，解决了想解决的问题，一个教学策略就达到了应用的目的，与其相对应的教学手段、教学技巧则不再继续有效，这也意味着教师必须开始围绕下一个教学任务探索新的教学策略。

基于上述分析，我们不难理解教学策略是教师的一种有目的的教育选择行为。选择是主体在特定目的引导下的一种甄别和挑选行为。选择的价值在于增加目标的达成度，提升效率。但是选择也意味着放弃，意味着要承受放弃所带来的潜在风险。对于小学教师而言，教学策略的选择过程亦是教师的教学创新过程，选择何种教学策略对学生施加教育影响，也意味着教师教学改革与创新的成效。因此，一旦教师的教学尝试和教学创新效果不理想，会给教师带来一定的压力。教师在教育教学过程中，敢于尝试不同的教学策略，积极探索和尝试新的教育思想、教育技术，需要教师具有追求教育本真意义的教育情怀，需要教师具有去功利化的教育价值取向。只有这样，教师才会孜孜不倦地去探索、发现教育真谛，勇于进行教育创新，才能由优秀走向卓越。

(3) 教学策略选择与运用的一个重要目的就是提高教学效率，提高教学质量，实现教学的最优化。教学的最优化就是要求以最少的时间取得最佳的教学效果。所以，在教学中制定或选择某种教学策略还应考虑教学过程的效率，做到省时高效。好的教学策略应是高效低耗，能在规定的时间内完成教学任务，较好地实现具体的教学目的，并能使教师教得轻松，学生学得愉快。

对于小学教师而言，教学策略的选择与运用更为重要。有效地运用教学策略会改变孩子的学习态度与学习动机，会将孩子的创造性天赋充分发掘出来。小学生的学习是需要教师的教育智慧进行启发和引导的，小学生的心智发展水平与创造力潜质发掘都与小学教师的教育素养及教育智慧水平有着极强的正相关性。小学教师如果能够在教育教学过程中善于依据学生的学习特点，培育学生的积极学习情感，巧妙设计教学程序、教学活动内容以及教学组织形式，贯穿以灵活多样的教学方法，就会有效调动小学生的学习热情和学习兴趣，使学生积极融入课堂教学，成为真正的知识学习与探索的主人，进而与教师一起创设生动的智慧型课堂教学生态，师生携手共同感受教学过程中的美好。

上述教学境界和教学目标的实现，需要小学教师在教育教学过程中采用高效的教学策略，研究并设计智慧性的教学方法来精准施教，发现每一个孩子的学习潜质，高效的教学策略选择是小学教师教育智慧在教学实践领域的直观展现。

(三) 教学策略的影响

在小学教育场域中，教师高效的教学策略的选择与运用会给小学生的学习与身心健康发展产生极其重要的影响，具体体现在以下几个方面。

(1) 高效教学策略的选择与运用能够创设出更多的"生成性"教育资源，增加课堂教学情境中的智慧性行动。在小学教育教学过程中，教师教学策略的选择与运用会直接决定教师与学生教与学的"轨迹"。高效的智慧性教学策略的创设会充分融入新基础教育改革的新教育理念，把培养小学生的智慧学习力作为根本出发点，以培养和发掘小学生的创造性学习潜质为着眼点，通过合理设计、组织教学过程，在课堂教学过程中创设出更多的情境性教学场景，为师生共同探究教学中的"生成性"教育资源创设有利契机，这些"生成性"教学资源是培养和发掘小学生创造力潜质的最佳资源，也是教师教学智慧生成的最佳契机。因此，高效教学策略的选择与运用会有效增加小学课堂教学的创新性，增加师生在课堂教学过程中进行智慧交流与碰撞的契机。从此意义上说，高效教学策略的选择与运用是引导小学生进行智慧学习并取得成效的逻辑起点和关键措施。

(2) 智慧性教学策略的创设能够为小学生的创造性学习和探究提供"安全和保护"，从而有效发掘学生的创造潜质。儿童需要安全和保护，才能去冒险，需要支持才能获得独立。[①]同样，小学生的创新精神培养、创造性潜质发掘，都需要在其获得充分的教育安全感，拥有足够的教育自信之后才具有可能性。所谓小学生的教育安全感，是指小学生在学校教育教学过程中所形成的一种积极的心理体验，这种积极的心理体验主要体现在彻底消除对学校教育的焦虑和紧张心理，产生对教师的依恋感和亲近感，愿意在教师面前以及课堂教学中表达自己真实的想法。"教育安全感"的形成是小学生进行有意义学习的必要前提，是教师提高教学效率，有效发掘并培养小学生智慧学习力的关键前提。而这一教学目标的实现，需要教师在教育教学过程中的智慧性教育抉择和判断，需要教师创设并运用高效的教学策略，有目的、有计划、有策略地为小学生建立"教育安全感"。

高效的教学策略通常并不把教学的重点放在如何教授知识层面，而是通过对学生施加智慧性教育影响，使学生好的品质能够得到巩固和加强，同时，能够创设条件在教学过程中发现孩子的独特之处，帮助孩子建立起学习自信，促进孩子的有效学习和个性成长。

(3) 智慧性教学策略的选择与应用也是促进小学教师专业成长的有力途径。小学教师的专业成长与专业发展需要在教育实践过程中来完成，学校教育实践是小学教师专业发展

① 马克斯·范梅南.教学机智——教育智慧的意蕴[M].李树英,译.北京：教育科学出版社,2014:2.

的实践舞台，离开了这个教育的舞台，小学教师的专业发展就犹如鱼儿离开了水而失去生存的空间和条件。因此，小学教师要始终坚持在教中学的专业成长法则，建立理性的专业发展理念，始终把促进有效教学和小学生的有效学习作为自我专业成长的首要目标。小学教师在教育教学实践过程中的积极教育探索及智慧性思考都是提升其专业知识和专业技能的过程，高校教学策略的创设与实施更是检验小学教师专业化教学水平的最好途径。小学教师要善于利用实践教学以及智慧教学这个自我专业成长的有利平台，努力学习，不断发现小学教育中新的教育生长点，通过潜心钻研，在教学相长的过程中实现自我的专业发展。

二、教学的艺术性

教学是科学性与艺术性的统一，教学艺术是一种超越了常规教学逻辑，具有独特教学风格的创造性教学活动；教学艺术是一种致力于令教学过程具有审美价值，给人产生身心愉悦体验的教学行为。通常而言，教学艺术就是教师在课堂上遵照教学法则和美学尺度的要求，灵活运用语言、表情、动作、心理活动、图像组织、调控等手段，充分发挥教学情感的功能，为取得最佳教学效果而施行的一套独具风格的创造性教学活动。教学艺术是教师教学能力的综合展现，是教师教育智慧的集中表达。教学艺术是教师在教学过程中智慧统领并协调知识与情感、理性与经验、具体与抽象以及教与学关系的一种综合性能力。

我国学者杨晓提出："教学是一种艺术，教学过程是一个完整的美感经验的生成、创造、表达的过程，即师生用类比、比喻、夸张、拟人等形象化手段，以神话、戏剧、音乐、舞蹈、诗、故事等艺术形式创造性地表达自己对事物的直觉认识和情感体验，表达特定的教学内容和教学结果。"[①]

教学艺术是教师教学智慧在教学过程中的全面展示，是教师创设良好教学生态，拉近与学生的心灵距离，实现良好教学效果的重要保障。教学艺术的渗透意味着教学层次与境界的提升。高层次的教学不仅进行理性传授，而且进行审美陶冶。它不仅通过概念、言语(逻辑思维)传授教学大纲规定的知识，而且借助感悟、体验(审美思维)传授大纲未规定的、看不见的感受、灵性等更深层次的内容。它是通过教育者和受教育者的心心感应实现的。[②]

当然，关于教学艺术，不同的人有着不同的理解和认识。但是，关于教学艺术一般意义层面的理解与认知不能绕开以下几方面要义。

① 杨晓. 教学的诗性智慧[J]. 教育研究，2016(4)：97-104.
② 吕渭源. 教学模式·教学个性·教学艺术[J]. 中国教育学刊，2000(1)：29-32.

（一）教学艺术属于教学实践活动的范畴，是一种高度综合的艺术

教学艺术是服务于教学目标的一种高级教学策略，是教师对教学过程的总体设计与规划，也是教师教学风格在教学过程中的全面渗透。教学艺术的价值在于教师通过赋予教学过程以更多欣赏性的元素，打破传统教学过程的严肃、刻板与死气沉沉的场面，使教学充满观赏性、愉悦性和趣味性，让教学变成轻松的互动与享受过程。作为调节教学活动的综合性教学策略，教学艺术关注的教学焦点已不再是单纯的知识传授，而是教学过程中师生的情感体验，教学艺术关注整个教学过程中教育效果的创新性与最优化呈现。教学艺术通常体现的是一种整体性的教育思维和发展性的教育视野。在教学艺术视野下，教学过程就像一件艺术品，需要不断地打磨与精修，艺术的境界是没有止境的。因此，教学艺术的创设会将教学过程引向追求卓越的动态过程中。

（二）教学艺术是教师的一种隐性教育能力，与教师的教学经验、教学智慧密切相关

教学艺术是教师用审美思维方式把握教学实践，揭示教学规律及教学过程中各教育要素之间关系。它关注学生的精神世界，强调直觉、体验、灵感在教学中的渗透。教学艺术的表达是无形的，它蕴藏于教师的教学思想与教学理念之中，是教师教学逻辑思维和审美思维的统一。教师的教学艺术性是无法用定量与定性的教育评价指标来加以衡量的。

教师用一个简单的眼神就能让一班吵吵嚷嚷的孩子们安静下来，教师用一个难以捉摸的微笑就能激发起学生的学习兴趣，教师用一个惊讶的表情就足以让学生满血复活地去开始努力学习。这些行为是不容易模仿的，也是无法进行定性评价的。理由是这些行为本身必须从教师身上由衷地体现出来。教师因此运用某些习惯性的行为和表现方式在与孩子的生活交往中表现自己，这是教师内心教育情感的流露与表达，很多情形下这些教学艺术是无法捕捉到的。因此，教学艺术是一种润物细无声的教育表达，是一种能够润泽学生心灵、照亮师生智慧教学之路的隐性教学策略。

（三）教学艺术具有形象性和情感性特征，是教师用智慧生成的一种独特的教学魅力

教学艺术的生成会让抽象的教学内容形象化、枯燥的过程生动化。教学艺术也是用智慧连接知识与情感、教师与学生的有效纽带。在教学艺术的引领下，师生双方的教学活动是情感交流、心灵碰撞的过程，是师生共同发现美、感受美与创造美的过程。此外，教学艺术还具有创造性特点，教学艺术会创设出新颖的教学形式，能解决教学过程中出现的各种复杂问题，教师独特的教学风格、富有艺术气息的教学过程能使教师形成吸引学生的独特魅力。

教师教学艺术的表达方式是多种多样的，可以是宏观教学层面的精心策划与设计，也可以是微观层面的教育影响与渗透。教师可以通过教学语言来调和教学气氛，可以用动作来创设幽默的教学情境，可以用关心和爱在孩子的心灵上留下痕迹，激发学生的自觉与自律。

教师教学艺术可以在教学过程中的诸多环节展现出来，例如教学语言、教学板书、教学设计及教学沟通等。教师语言是整个教育教学工作中最主要、最直接、最常用的一种手段，是教师"传道、授业、解惑"的主要媒介。因此，教师教学语言的艺术性对教师的教学效果有着直接的影响。教师语言的艺术性是教师教学艺术的重要表达形式，往往不同的表达方式，教育效果也会有很大的差异性。教学板书也是课堂教学不可缺少的部分，板书艺术直接关系到课堂教学质量的优劣。合理的总体布局，提纲挈领的内容，规范的例题解答，优美的图形设计，适当的色彩搭配，必要的线条勾画，知识结构的列表归纳，图文的合理结合，板块的恰当拼接，以及或端正秀丽，或苍劲有力的字体等，都可以构成一件独特的艺术品，从而倍增教学效果。

综上，教学艺术是教师教育智慧的直接产物，是教师有效教学的"调味剂"。有效的教学艺术的运用能够将教师的教学引入"春风化雨、引人入胜"的境界，能够将学生的学习由枯燥乏味转变为生机盎然。对于小学教师而言，教学艺术更是其达到理想教育境界的重要媒介。教学艺术是小学生学习与身心健康发展的重要保护策略。小学生的学习热情和发现探索精神需要教师用心去呵护，机械呆板的教学模式和教学风格只会扼杀小学生在学习过程中的探索与创新欲望。小学教师需要用教育智慧创设丰富多彩的教学环境，用教学艺术唤起小学生的学习热情，用诗性智慧创设智慧教学空间。

三、教学案例分析

当前，我国小学教育领域的改革名目繁多，各种新的教育理论、教育思想、教育技术不断涌进教师的课堂教学过程之中，小学教师在多样化的教学改革过程中了解并学习了大量的教育改革新思想、新方法及新技能。如今的小学课堂教学花样越来越多，课堂里的新鲜事物越来越多，而真正能够培养小学生的好奇心、想象力及创造力的优秀教学案例却屈指可数。原因在于，小学教师在繁杂的教育新理念、新思想的指引下，常常容易丧失自我的教学个性和教学风格，迷失自我专业成长的方向。对小学教师而言，他们最宝贵的教育财富，应该是他们的个体经验，特别是那些值得总结、挖掘和提炼的优秀教学经验。来源于一线教师的这些优秀的教学经验是值得学习、研究并广泛推广的教育智慧。

以下是小学教育专业本科生在教学实习过程中收集到的经典教学案例，这是教师运用教学策略激励启发学生进行创造性学习的教学案例，具有一定的教学启发性。

教学案例1：

画出你心中的太阳

这是小学一年级的一节美术课，课程的主题是画太阳。这是一节特殊的美术课，原因是这是该校小学生由幼儿园跨入小学的第一节美术课，对孩子们来说很有纪念意义。任课教师是某师范院校毕业的研究生，教师采用启发式和建构主义的教学策略，不仅很好地调动了孩子们的学习积极性，还培养了孩子们的发散思维和创造性思维。

上课铃声响起，简单的教学仪式过后，老师开始导课："同学们，你们看今天的阳光多明媚啊！因为有太阳，我们的教室才如此明亮；因为有太阳，大自然里的万物才能生长。太阳和我们的生活密切相关，是地球的好朋友。今天啊，我们就要来尝试画一画太阳。平时我们所观察到的太阳是什么样子呢？"孩子们纷纷进行描述，如"圆圆的""金黄的""刺眼睛的""会发光的大火球"……孩子们的回答真实而朴素。接下来，老师开始了积极的启发和引导："同学们，你们认为太阳有哪些优点，又有哪些缺点呢？"孩子们热烈发言，有的孩子说，"太阳能给我们温暖，当然有时候也让我们感到过于炎热，如果温度适宜就更好了""太阳总是发出强烈的光，我们都不敢直接看它，如果它能再温柔一些就好了"……孩子们纷纷发表意见，总结出许多关于太阳的优点和缺点，非常具有想象力。老师非常满意地接着孩子们的话题说道："接下来，大家就来画出你心中的太阳，让大家看看你理想中的太阳是什么样子的。一会儿老师让你们来展示作品哦。"

孩子们纷纷拿起画笔，开始动手画自己心中的太阳。我们也是满心期待，期待孩子们的精彩表现。十五分钟过去了，老师环视一周教室，孩子们都已经完成了自己的作品。接下来，老师让每一个孩子带上自己的"太阳"来到讲台前，向全班同学分享自己心中的太阳。

第一个分享的孩子，把自己心中的太阳展示出来，只见画纸上并排画了四个太阳，还手拉着手，分别涂上了红色、绿色、黄色和金色。老师眼里闪着兴奋的光，似乎很欣赏孩子的作品："给大家介绍一下你心中的太阳吧。""我希望有四个太阳，各自分工，分别负责春、夏、秋、冬四个季节。冬天的太阳应该是火红的，要足够温暖；春天的太阳应该是黄色的，要为万物生长提供营养；秋天的太阳应该是金色的，象征着收获；夏天的太阳应该是绿色的，不要太热，要给人们带来阴凉。"多有创意的回答啊！老师给予孩子非常高的评价和鼓励。

第二个孩子开始分享自己心中的太阳，他给太阳画上了眼睛和耳朵："我希望太阳是有生命的，它能看到大地上的万物，能听到海水的声音，这样它就会知道哪里需要更多的光和热，哪里需要凉爽一点，这样就可以按需分配、节约能源。"又是一个想象力极其丰富的孩子……

第三个、第四个、第五个……全班三十一个孩子都分享了自己心中的太阳的模样，每一个太阳都是孩子好奇心与创造力的表现，每一幅画都有一个关于太阳的"故事"，简直超乎我们成年人的想象。

　　一年级的学生，六岁多的孩子，他们心目中的世界万物都有生命，都会说话，都有情感。通过学习，激发他们的想象力，让他们不仅可以表达自己的所见所闻，也可以表现所想所望，只要是有趣、美好的想法都可以表现出来。这位美术老师通过运用富有启发性的教学策略，很好地调动起小学生发现与探索的积极性，使小学生的创造性潜质得到有效发掘和培养。同时，教师通过创设启发性的教学情境，将孩子们的想象力充分发掘出来，形成了丰富的生成性教学资源。可以说，本节课教师教学策略的选择与运用是恰到好处的。

　　美术老师如果按照传统的经典教学模式来授课，首先给孩子们展示一个预设好的太阳模样，让孩子们临摹，看谁画得像，孩子们呈现出来的可能是三十一个一模一样的太阳，那几十个关于太阳的"故事"可能就不会诞生了，孩子们的思维可能会陷入模仿、循规蹈矩的模式中，一切创新性可能都不复存在了。由此可见，高效的教学策略的选择与运用会对学生的学习及创造力培养产生重要影响，教学策略是教师教育智慧在实践教学中的直接体现。小学教师要善于创设多元化的教学策略，为课堂教学注入足够的启发性与趣味性，为小学生的智慧学习注入足够的活力和动力，从而收获智慧教学的丰硕成果。

教学案例2：

新孔融让梨

　　这是某小学一年级的一节语文课，课程内容是人教版一年级语文上册课文——《孔融让梨》。课文讲述的是中国千百年来流传的一个道德教育故事，这个故事告诉人们，为人处世应该懂得谦让的礼仪。这些都是幼儿就应该知道的道德常识。

　　课文的大致内容是这样的：孔融小时候聪明好学，才思敏捷，巧言妙答，大家都夸他是神童。4岁时，他就能背诵许多诗词，并且还懂得礼节，父母亲非常喜爱他。一天，父亲的朋友带了一盘梨，给孔融兄弟们吃。父亲叫孔融分梨，孔融挑了个最小的梨，其余按照长幼顺序分给兄弟。孔融说："我年纪小，应该吃小梨，大梨该给哥哥们。"父亲听后十分惊喜，又问："那弟弟也比你小啊？"孔融说："因为弟弟比我小，所以我也应该让着他。"孔融让梨的故事，很快传遍了汉朝，小孔融也成了许多父母教育子女的好榜样。

　　这位小学语文老师是这样设计教学过程的。上课前，老师准备了五个大小不等的梨，奖励给昨天作业完成最好的孩子，孩子很是惊喜。接下来，老师问："这五个梨你带回家后怎么处理呢？"获得梨的孩子毫不犹豫地回答："吃掉。""那会分享给爸爸、妈妈吃吗？"孩子很机灵地回答："会啊。"老师会心地笑了："今天我们就来学习一个和'梨'有关的故事，看看故事里的小朋友是如何分梨的。"

　　老师开始领读课文，教大家认识生字。当老师把孔融让梨的课文讲解完之后，按照课文的教学目标让孩子们明白了尊老爱幼的道理。但是，这位老师并没有就此为教学画上句号，而是进行了有效的教学延伸和拓展。

　　老师问孩子们："假如你是故事中的孔融，你会怎样分配梨呢？"恰是这一句拓展性的教学启发，使孩子们的发散性和创新性思维得到了有效培养。"我不会把大梨让给哥哥和弟弟，我会去问每个人的需求，也许哥哥和弟弟根本就不喜欢吃梨，这样不是浪费吗？哥哥和弟弟也不会因为得到大梨而高兴。我觉得尊老爱幼要有原则。"多么有智慧的分析！也有一定的道理。"我也不会去让梨，我觉得应该让大家来选择，这样才最公平。"每一个孩子都表达了不同的见解，这些"另类"的声音其实是孩子本真的声音，是极具智慧和创造力的声音，也是我们的新基础教育改革鼓励孩子发出的声音。

听到孩子们的不同见解，老师表现得很兴奋："同学们的想法和观点都非常好，但是大家在生活中一定要尊老爱幼，单纯就分梨的事情来说，老师赞同大家的观点，我们的社会要由规则和制度来维系，就像马路上要有红绿灯来指挥交通一样，大家只有遵守交通规则才能做到有序出行。因此，我们在生活中要有规则意识，这也是今天大家在课堂教学中学到的一个重要内容。"

这节语文课具有新基础教育改革的"味道"，被我们称为新时代的"孔融让梨"。老师既遵照课文对学生进行了有效的道德教育，告诉孩子们应该懂得谦让的礼仪。同时，在老师的巧妙设计下，充分引导学生进行独立思考，积极分析问题，敢于亮出自己的观点，很好地培养了学生的探究意识及创新性思维，培养了小学生同辈群体间进行合作学习的意识，取得了很好的教学效果。假如老师浅尝辄止，照搬课程内容，教授完课程内容便结束课程，学生的学习可能局限于懂得谦让的礼仪，就不会有后面的遵守规则、尊重选择的思想的呈现。可见，教师的教学策略和教学艺术对学生的创新性思维培养至关重要。

第五节　教师与学生：实践教育场域中的智慧交流

智慧会让社会个体的劳动实践行为更加理性、科学、有意义或效率最大化。智慧让人可以深刻地理解人、事、物、社会、宇宙、现状、过去、将来，拥有思考、分析、探求真理的能力，可以使我们做出导致成功的决策。教师教育智慧可以让教育教学活动效率最大化，也可以让师生达成有效的"教育协议"，实现教学效果的最优化。教师教育智慧在小学教育实践领域的直接映射就是，教师通过与学生的智慧交流，构建起师生间的情感交流纽带，从而形成对学生的感召力与吸引力，使学生乐于走进教师引领下的教育世界，进行积极的学习探索。与此同时，教师要善于抓住教育的关键契机，教育学生学会学习、学会思考。

一、教育学生学会学习和思考

2014年，教育部颁布了《关于全面深化课程改革落实立德树人根本任务的意见》，提出"教育部将组织研究提出各学段学生发展核心素养体系，明确学生应具备的适应终身发展和社会发展需要的必备品格和关键能力"。2016年，又出台了我国学生核心素养的总体框架，中国学生发展核心素养以培养"全面发展的人"为核心，分为文化基础、自主发展、社会参与三个方面，综合表现为人文底蕴、科学精神、学会学习、健康生活、责任担当、实践创新六大素养，具体细化为国家认同等十八个基本要点。各素养之间相互联系、互相补充、相互促进，在不同情境中整体发挥作用。

在我国学生核心素养总体框架中，明确将培养学生的自主性和学会学习能力作为重要内容列了出来，并已经引起各级各类学校的重视。培养学生的自主发展能力，重在强调学生能有效管理自己的学习和生活，认识和发现自我价值，发掘自身潜力，有效应对复杂多变的环境，成就出彩人生，发展成为有明确人生方向、有生活品质的人。学会学习，主要是学生在学习意识形成、学习方式方法选择、学习进程评估调控等方面的综合表现，具体包括乐学善学、勤于反思、信息意识等基本要点。

我国学生发展核心素养总体方案的出台，意味着一个新的教育时代的到来，对于各级各类学校教育而言，单纯的知识传授时代已经过去，学校教育已经迎来新的发展使命——引领智慧生成，培养创新型、智慧型人才。这种能力本位、智慧文化导向的教育新理念将促使人们转变原有的教育观念，不再把教育看成单纯的传授知识的工具，教育的目的在于开启国民智慧，培养智慧型公民。如果说传统教育的内核是知识，那么未来教育的视野应该是能力、素养及智慧。所以，今天我们的教育观必须实现由知识本位向能力本位的转变。综合素养培养及能力本位视域下的学校教育要把培养学生的创新性思维品质作为教育的第一要务，要把教会学生思考、学会智慧学习作为教育的根本任务。

对于小学教师而言，传统的知识传授者的职业角色也已经发生根本性转变。小学教师要积极扮演具有新时代内涵的教师角色，要成为小学生智慧开启与智慧学习的引领者，要将小学生的智育培养过程看成小学生理解自我、理解世界的思维通道，借助这一通道，培养小学生应对未来人生中出现的未知问题的关键能力，这种思维通道的最高水平就是智慧。智慧不是单一的某种知识或能力，而是一个人的知识、经验、能力、技巧、情感等各种智力因素和非智力因素的融合，往往表现为在解决实际问题和困难的过程中，个体所展现出来的明智、果断、勇敢、创造性判断、选择或行动。

小学生学习智慧培养的核心是思维品质的培养，小学教师要教育学生学会学习并善于智慧思考。培养思维品质，教育学生学会独立思考是发展小学生智力与能力的突破口，也是小学教育各项核心素养落地的关键。小学生思维品质的培养主要包括对学生思维的深刻性、灵活性、独创性、批判性和敏捷性的训练，具体实施策略如下所述。

（一）小学教师要基于小学生的学习与心理发展特点，在教学实践中充分突显学生的主体地位，为学生的学习创设思考的空间与自由

小学教师要重视培养学生的独立思考能力、分析问题和解决问题的能力，要在教学实施过程中有效运用启发式教学策略，调动小学生积极参与到教学过程中来，通过智慧引领，激发小学生独立思考问题、发现问题，通过自我思考、探究、提出质疑等途径进行智慧学习。

脑科学和心理学的研究表明，6～12岁是儿童的思维品质发展与培养的黄金时期，这一时期的儿童常常表现出好奇心强、喜欢发问、喜欢探索等行为特征，教师要善于在教育教学过程中发现有效的教育契机，沿着儿童的好奇心和探知欲望积极启发、引导，帮助儿童建立良好的学习自信心以及独立思考、发现问题的学习习惯。

在教育教学过程中，小学教师要让学生理解知识的形成过程，以建构和理解的方式而非简单记忆的方式来学习，要让学生像科学家的发现和发明那样，在知识学习过程中能够主动质疑、提问。而这样的学习，需要思考的空间和自由。具体来说，"教学不应是把现存的结论教给学生，而是要引导学生自己探索，寻求事物发生发展的起因，探讨它与其他事物的联系，从中找出规律，形成概念……当然这种探索不是让学生盲目重复科学发现的过程，而是在教师引导之下让学生自己动脑、动手"。[①]

小学教师教学智慧性的一个重要体现就是，教师能够有效激发小学生的学习激情，能使小学生积极参与教师的教学过程，并善于发现问题、提出问题，亮出自己的观点。为此，教师要真正把课堂还给学生，让学生成为课堂学习的主体，要鼓励学生表达自己的真实想法，而不是一味被动接受，迷信教育权威。教师要在教学策略选择与运用，尤其是提问策略的运用上体现充分的智慧性，要能够很好地调动学生的好奇心与探索欲望，为学生的发现学习与大胆质疑创设自由开放的学习空间环境和心理氛围，让孩子们真正摆脱焦虑和紧张的学习情绪，完全在民主和谐的学习氛围中完成自主探究式学习。小学教师要给予学生足够的参与权利，使他们广开思路，创造性地开展学习。同时，教师还要注重教学的过程，而非结果，尤其是要关注学生的参与、思考乃至犯错和自我完善的过程，而不是让他们得出一个和教科书上一样的标准答案。

什么是好的课堂？好的课堂是学生以主体的方式从事主体活动的课堂，不是看起来热闹的、形式主义的"假主体"活动，是"能够把学生的思维调动起来"的课堂。在这样的课堂里，学生能够产生强烈的学习兴趣与愿望，能够感受学习的愉悦。[②]

---

① 顾明远. 论教育的传统与变革[J]. 中国社会科学，1987(4)：123-138.
② 顾明远. 新常态 新教育[J]. 新教师，2016(1)：5-7.

（二）小学教师要改变传统的、机械化的知识传递的教学模式，要努力创设师生共研、共创、共生的生成性课程教学模式，不再直接告知学生"知识是什么""世界是什么"，而是与学生携手共同去发现和探索

培养小学生的独立思考能力以及智慧学习能力，课程教学理念和形式是关键落脚点。小学教师要从僵化的、教条化的传统教学思维中走出来，重新建构新时代的知识观与课程观。

首先，小学教师要打破知识和课程教学的单向度模式，教师不再是知识的"百科全书"以及自上而下的传递者，而是与学生共同探索与发现知识的知识建构者。基于建构主义的课程观来引导学生积极主动地建构知识，把课程知识的建构权利交给学生，引导学生从生活中发现并生成有意义的知识，从教材中探索发现新知识和新方法。教师要牢固树立"用教材教，而不是教教材"的教学理念，在教学过程中要想教会学生学习以及独立思考，就要让学生以"活"的方式学到"活"的知识。

其次，小学教育在遵从国家课程设置的基础上，要增强课程设置的丰富性和综合性，发挥不同学科课程在学生思维培养中的独特功能。促进小学生的思维品质发展是小学教育所有学科在育人过程中所承担的任务和目标。不同学科在促进学生思维品质发展方面都有其自身的独特作用。例如，体育对小学生思维品质的培养体现在灵活性、敏捷性方面，美育对小学生思维品质的培养则体现在创造性、深刻性方面。因此，小学教育课程设置要具有一定的综合性特点，要强调德智体美劳"五育"之间的协同性与渗透性。小学教育在原有分科教学的基础上，要积极促进课程设置的综合化，通过开展主题式、项目式的学习，开展丰富的多学科、跨学科的小学综合教育实践活动，直接指向学生多角度思维、系统思维、批判性思维、创造性思维等一系列高阶思维的培养。

此外，小学教师还要善于基于本地的特色教育资源，与学生一起开发创设特色化的校本课程。例如，各地各校小学教师可结合实际开设园艺、非物质文化遗产、农耕、养殖、剪纸、陶艺等特色课程。特色化教育课程的创设与实施应坚持思想性、适度性和教育性原则，要把培养小学生积极的学习情感和态度作为首要目的，要将特色化课程与小学生的综合素质培养相结合，促进学生德智体美劳全面发展。

小学生独立思考能力的培养需要在积极的实践过程中完成，因此，创建生活实践导向的、富有时代感知力的小学教育课程体系十分重要。

（三）小学教育要改变传统的知识和分数取向的教育评价模式，构建能力本位的多元化教育评价体系

只有在民主、宽松的教学评价体系中，小学教师才能够获得更多的在课堂教学过程中

的教学自主权和决策权，才能够引领学生进行大胆的教学改革与创新，才能创设出丰富多样的生成性教育资源，促进学生创新性思维的培养。教育评价制度是教师教学行为的指挥棒，传统的分数和知识取向的教育评价制度在一定程度上能够束缚教师的教学创新行为，在传统教学管理评价框架内，教师的教学思维被限定在硬性的制度规约内，教师在学校教育教学过程中较少拥有变革与创新的权利及自由，因此，在与学生的教学沟通与交流过程中，自然会显现一定的拘谨性，缺乏必要的自由和灵活性。在这样的教育心理环境下，师生间的交流很难达到智慧交流的境界，师生间也很难在交流中产生情感上的共鸣。据此，培养小学生的独立思考能力、教育学生学会学习，需要民主的、多元化的教育评价制度的支持和保障。

英国著名教育哲学家怀海特(A. N. Whitehead) 认为：“理想的智育是培养心灵手巧的人。”支撑“心灵手巧”的内在结构是学生的思维品质。与那些现在看起来确定的知识和技能相比，帮助孩子形成好的思维品质，更能帮助他们应对未来的各种不确定性和可能性。所以，我们应从学生的全面成长和终身发展出发，在智育的过程中真正关注学生内在的思维品质，培养能够迎接未来、全面发展的智慧之人。

二、与学生共情

共情(Empathy)，通常是指在人与人交往中发生的一种积极的感觉能力，是一种能深入他人主观世界，了解其感受的能力。共情又分为广义的共情和狭义的共情，广义的共情是指所有人际场合中产生的设身处地为他人着想的能力；狭义的共情是指从临床心理学中发展的一种特殊的理解能力。广义的共情以狭义的共情为基础。

关于共情，相关学者分别做出了不同的阐述。著名哲学家梅耶罗夫(Mayeroff) (1971)认为：“关怀一个人，必须能够了解他以及他的世界，就好像我就是他，我必须能够好像用他的眼看他的世界及他自己一样，而不能把他看成物品一样从外面去审核、观察，必须能与他同在他的世界里，并进入他的世界，从内部去体认他的生活方式，以及他的目标与方向。”

交往心理学的研究表明，在教育教学过程中，师生之间如果能够达成共情，教师善于从学生的视角来看待教育问题，通常会取得较好的教育效果。对于小学教师而言，与小学生们共情，能够深入小学生的主观世界，了解小学生的心理及学习感受，是其进行智慧教学的重要基础。与学生共情的能力是小学教师教育智慧的体现，是培养小学生创新意识及创造性思维的必要素养，具体体现在以下几个方面。

(一) 小学教师要有童心，善于用儿童的视角看教育，用儿童的语言与学生交流，进而走进学生的心灵世界

小学生的身心发展尚不成熟，他们对家庭、对父母有着强烈的依赖感。教育实践经验表明，小学生如果能够在学校教学过程中形成足够的安全感，对教师产生充分的亲近感与教育信任，其学习动机及学习成绩都会显著提升。小学生会因为特别喜欢某一位老师而喜爱一门课程，这种案例大量存在。因此，作为智慧型小学教师，知识的教授要建立在良好的教育信任和情感交流的基础之上，小学教师要充分了解儿童的学习心理，用儿童的视角与儿童对话，要走下讲台，放下"权威"，营造温馨、祥和、愉悦的教育环境，消除儿童的学习焦虑感。

在小学教育实践中，我们会发现这样的现象：一些小学教师自身的学历层次和文化水平非常高，对于小学的课程教学内容也是信手拈来，但是学生的学习效果并不十分理想，教师也不是小学生心目中的"好老师"。究其原因，从小学生的学习心理分析，小学生对教师高高在上的教学姿态是持回避和消极态度的，他们常常在这样相对严肃和拘谨的教育氛围下，处于"失语状态"，孩子的创新性学习与探究意识也会悄悄隐蔽起来。相反，如果孩子们在课堂中感受到的是教师的亲切与温柔，听到的是自己熟悉的话语模式，学习的过程中充满了赏识和鼓励，孩子就会建立起足够的学习自信，积极参与到教师的教学过程中来。

小学教师与学生共情的前提是尊重、换位思考以及必要的倾听。小学教师在教育教学过程中，要尊重每个孩子的教育表现，不要轻易给哪个孩子贴上"笨蛋""坏孩子""调皮鬼"等伤害孩子自尊心的教育标签。相反，教师要尊重课堂上的不同声音，鼓励孩子们发出不同的声音，智慧课堂本来就不应该只有一种声音，也不应该被所谓的标准答案所掌控。教师要用智慧引导小学生进行多元化探索和发现，要通过与小学生的智慧交流，建立与小学生之间的情感基础，给小学生的学习与身心发展创设出自由和谐的教育环境。

(二) 小学教师要善于运用基于师爱的情感智慧来感召学生，与学生建立良好的情感交流基础

小学教师要用智慧赢得孩子们的信任与喜爱，进而走进孩子们的心灵世界，首先就要对孩子施以充分的教育之爱。"教育爱是小学教师人格的灵魂。"前文已经提到，小学教师的教育爱之情感不同于母爱，它是在教育环境、教学实践中形成发展起来的高级社会性情感，体现着人类特有的一种无私、深沉、持久的理智之情、事业之爱，凝结着教师对教育理想的憧憬、对真善美的追求、对祖国人类未来的奉献。[①] 小学教师每天面对的是6~12

① 王智秋. 小学教育专业人才培养模式的研究与探索[J]. 教育研究，2007(5)：25-30.

岁的心智发展水平尚不成熟的孩子，试想一个没有爱心和耐心、不爱孩子的老师如何能够做到用心去启发和保护孩子的好奇心，引导并影响孩子的创新意识发展呢？小学教师特别需要用目光、笑容、肤触及各种体态语言向儿童传递爱的信息，使小学生建立对学校及老师的依恋、信任关系。[①] 从此意义上说，教育之爱是任何一位小学教师从事小学教育事业的基本职业素养之一，是智慧型小学教师教育智慧的重要表现之一。

师爱的表达与传递需要艺术性和策略性，需要小学教师运用教育智慧，将师爱的意义和价值发挥到极致。小学教师在运用基于师爱的情感智慧来感召学生，与学生建立良好的情感交流基础的过程中，要把握好师爱的表达契机和形式，既不能让师爱"泛滥"，也不能让师爱"圣德"化，流于形式，缺乏实质性内涵。

首先，小学教师在表达关心与爱护的时候需要因人而异，针对不同学生、不同教育情境，采用不同的师爱策略。在学生受到伤害、受到误解或情绪低落时，教师要给予学生足够的关心与爱护，要像母亲一样抚慰孩子的心灵，要带给孩子足够的温暖和亲切，让孩子真实地感受到教师的爱，并能够在这种特殊的教育之爱的滋润下重建学习与交往自信。在学生做错事、犯错误的时候，同样需要小学教师的教育之爱，此刻教师需要以真诚和耐心来教导孩子，要用渗透着威严与呵护的师爱引导孩子正视自己的错误，并能够积极改正错误，要善于利用情感智慧来引导学生发现自身问题并积极改正。在对待学生的错误问题上，运用基于师爱的情感智慧的教育效果要远远好于单纯的批评与警告。当学生展现出某一方面的天赋和兴趣，进行积极探索之时，同样需要教师的教育之爱，此时的教育爱更加需要教师的教育智慧，需要教师小心翼翼地呵护学生的好奇心、求知欲及学习积极性，要加以智慧引导，给学生的创新与创造行为注入积极的能量，向学生传递出教师正在关注我、对我充满期待的爱的信息，这会对学生形成有效的激励，促进学习效率的提升。

其次，小学教师在表达师爱的过程中应把握好时机，师爱应适度。教师师爱的表达要适时适需，师爱的表达过程也是教师教育智慧生成的过程，恰到好处的师爱才会在孩子心灵深处留下烙印，对孩子产生深刻影响。新时代的小学生思维敏捷，善于观察分析问题，也善于对教师的各种教育行为进行评价，只有真诚深切的教育关怀才能真正唤起学生的情感共鸣，形成师生间的行为默契。小学教师只有发自内心地爱孩子、爱教育，才能在教育教学过程中生成真正意义上的基于师爱的情感智慧，才能发展成为卓越教师。

小学教师对学生的爱不能事无巨细、面面俱到，要抓住释放爱的信号的关键契机，对学生施加有效的教育之爱。教师不能滥用和误用教育之爱，这样会降低爱的效率，弱化爱的意义和价值。教师在传递教育之爱的过程中，要在学生心灵最脆弱的时候，要在学生疑惑、犹豫，处于教育选择状态之时。教师要洞察这些有利契机，对学生施以春风化雨似的

---

① 朱小蔓. 中国教师新百科(小学教育卷)[Z]. 北京：中国大百科全书出版社，2002：374.

智慧之爱，解除学生的焦灼情绪，释放学习负担和学习压力，并让学生形成对教师的亲近感和信任感。

此外，小学教师在表达师爱的过程中要善于使用肢体语言。例如，一个神秘的微笑，一个智慧的眼神，一次充满关心的抚摸，一次充满激励的击掌，意味深长的握手，等等。教师与学生之间的这种简单又温馨的肢体交流语言会拉近师生间的心理距离，会塑造出多元化的和谐师生关系，基于这种和谐的师生关系，教育的过程才有可能是学生创造力迸发的过程，才有可能是教师教育智慧生成的过程。

(三) 小学教师在教育教学世界里要放慢自我的节奏，融入孩子的文化世界，做到师生同频共振

人与人之间，如果能主动寻找共鸣点，使自己的"固有频率"与别人的"固有频率"相一致，就能够增进友谊、结成朋友，发生"同频共振"。我们的想法是一种振动，因此也会产生共振、共鸣，相吸并相互影响。同样频率的东西会共振，同样性质的东西会因为互相吸引而走到一起。共振会产生同质性，同质性会产生吸引力，吸引力会把这两个共振体牵扯到一起。

小学教师教育智慧的一个重要体现就是教师熟悉学生的生活规律，了解儿童的文化世界，能够俯下身来用儿童的姿态与儿童进行交往，构建与学生之间的无障碍沟通的桥梁。只有当教师走下讲台，走出权威，和学生打成一片，融入学生的生活世界，师生间才能产生同频共振。

首先，小学教师在教育教学的世界里要放慢自我的节奏，主动寻找与学生的共鸣点，运用教育智慧使自己的固有"教育频率"与学生的固有"学习频率"相一致，创造条件，使师生间互相吸引而且引起共鸣，从而形成师生间思想、意识、行为等方面的协同统一。教师要在教育教学过程中运用敏锐的观察力与教育反思力发现孩子的行为特征，要善于总结分析孩子们的学习心理特点。熟悉每一个孩子的生活轨迹及学习习性是找寻师生间共鸣点的基础和前提，只有基于充分的了解，教师才能精准地施加对每个学生的智慧影响，抓住每个孩子的学习心理，投其所好，进行有效沟通，最终实现理想的教育效果。

其次，小学教师要将自身"儿童化"，将拥有童心、拥有儿童般的表达方式作为教师专业化的一项必要修炼内容。拥有童心，善于用儿童的方式来与儿童进行沟通交流是教师的一种教育智慧，也是小学教师教育智慧特殊性的体现。懂得儿童的学习与交往心理特点，才能将自身"儿童化"，用儿童的视角看问题，用儿童的话语聊教育，这样会给小学生营造出一种愉悦的学习氛围，学生会在师生交往以及学习过程中产生必要的愉悦体验和积极心理。据此，小学教师要在教学过程中修炼自己的声音和态度，要在教学语言中传递出亲切、活泼、友善与慈爱的讯息，要让孩子从喜欢你的声音开始，走进教师的教育世界，在教师充满智慧的声音中发现学校教育的美好。

最后，小学教师要善于与儿童一起"玩"，所谓寓教于乐，就是教师要抓住小学生的学习特点，尤其是低年级的小学生，玩是训练其思维能力及记忆能力的最佳方式。因此，小学教师要将"玩"视为一种智慧教学的方法，以此来调动学生的学习积极性。通过巧妙设计游戏环节，将知识学习与儿童的创造力培养融合起来，会取得意想不到的教育效果。在教学中穿插"玩"的环节，不仅可以增加小学低年级课堂教学的趣味性，增加教学内容对小学生的吸引力，从而提高教学效率，还有助于和谐师生关系的构建，帮助教师与学生建立必要的情感基础。当然，在小学课堂中增加"玩"的元素，并不是无序、无原则的，而是要遵循必要的教育性原则，要以启发学生思考、积极参与教学过程为主要目的，教师要参与到学生"玩"的过程中，在其中扮演必要角色，在"玩"的过程中实现师生间的同频共振。

三、构建新型师生关系

小学教师与小学生的智慧交流具有以下几个鲜明特点：其一，教师的话语应彰显基于"师爱"的情感智慧，要能够给小学生带来"教育安全感"，对小学生形成重要的教育感召力和吸引力。其二，小学生在与教师对话交流的过程中能够有足够的兴趣和好奇心，即小学生要对与教师的交流感兴趣，乐于与教师谈话、分享自我的真实想法。其三，小学教师通过与小学生的交流，会达成一定的"教育契约"，包括小学生发自内心的对学习的承诺，产生积极的学习心理，要改变自我积极向上"生长"的学习动力等。小学教师与小学生在教育实践场域中实现智慧交流的一个必要前提是建构起多元民主的师生关系，只有基于民主、平等的师生关系，小学生才敢于并乐于在教师面前表达自我最真实的声音，教师才能本能地去关心、爱护、引导每一个孩子，教育智慧才会在这样的自然交往与互动过程中生成。

(一) 小学教师与学生应建立起基于平等、对话、互助与协商的民主型师生关系

在传统的师生关系中，教师往往扮演着"专业""权威""管制者"等角色，尤其是在小学生的心目中，教师常常是绝对的权威与权力的象征，对教师的感觉是敬而远之，缺少了必要的亲切感，师生之间的关系仅仅是教学过程中的教与学关系，缺少基于师爱的情感沟通和交流。

新时代背景下，伴随着学校知识文化的转型，传统的以"知识传授"为纽带的师生关系已经开始消解，师生关系已经由单纯的知识传授转变为以智慧交流为纽带的互助协商的关系。教育智慧成为新时代卓越教师必备的内在职业品质，教师需要用智慧为师生间的关

系构建注入新思想、新理念，构建新型师生关系。

教育智慧可以帮助小学教师深刻地理解小学教育实践中各要素之间的关系，拥有思考、分析、探求小学教育真谛的能力，让师生达成有效的"教育协议"，实现教学效果的最优化。教师教育智慧在小学教育实践领域的直接映射就是，教师通过与学生的智慧交流，构建起师生间的情感交流纽带，从而形成对学生的感召力与吸引力，学生乐于走进教师引领下的教育世界，进行积极的学习探索。在教师教育智慧的引领下，小学教师与学生应建立起基于平等、对话、互助与协商的民主型师生关系，这种新型师生关系具有如下特点。

(1) 小学教师要学会倾听，要成为师生关系中平等的倾听者。在教育教学过程中，教师要成为智慧型的倾听者，要调动起小学生发现与探索新知识的积极性，并鼓励学生进行有效表达；教师则要认真倾听，理解并分析学生所表达的内容。在倾听的过程中，教师要对学生进行有效的教育启发和引导，保护学生的教育探索欲望和好奇心。教师倾听的过程是帮助小学生建立教育自信，拉近师生心灵距离的过程。在倾听的过程中，教师要善于运用教育智慧，运用眼神、微笑等肢体语言向学生传递尊重、支持、理解、关爱、鼓励与欣赏等情感。在教师这些"无声"的教育情感传递与表达过程中，学生会受到极大的鼓舞，会形成一种积极的学习情感，如"老师是关注我的""我的想法和意见老师是重视的""我在老师心中是'好学生'"等。这些积极的学习情感是教师进行智慧教学的必要前提，也是学生积极走进课堂教学，与教师共情的重要基础。

(2) 小学教师要学会在教育中"示弱"，要在师生关系中给学生的权利表达留有空间。所谓的示弱，并不是要教师服从学生的意愿，纵容学生的错误，而是要教师走下讲台，放下权威，走进学生的世界。教师要用行动打破在学生心目中的强势形象，要运用智慧重塑具有亲和力、向心力及感召力的智慧教师形象，要让学生乐于亲近教师，乐于把心底最真实的声音传递给教师，而不是拒教师于千里之外。小学教师要在构建师生关系的过程中，给学生表达的机会和权利，关注每个孩子的情感表达意愿，尤其是要给性格内向的孩子创造表达的机会。此外，小学教师要适度"放权"，要让学生主动承担一些力所能及的班级管理事务，要让小学生在班级管理和教学过程中形成主人翁意识和责任感。教师的适度"示弱"是为小学生的创新与创造意识培养创造有利时机，是为教师的教育智慧生成提供有效契机。

(3) 小学教师要学会发现，发现学生内心世界的微妙变化，捕捉师生交往中的生成性教育资源。基于民主、平等、对话的新型师生关系要求教师把与学生的每一次交流都视为拓展教学内容，提升教育智慧的有利契机。教师要在与学生的沟通交流过程中，获取学生学习与思想方面的有效信息，发现学生的学习特点和兴趣，及时有效地予以引导。伴随着智慧文化对基础教育阶段学校教育文化影响的加深，小学教育领域也正在经历一场教育观念的变革，关于教师与学生、教与学的认知都发生了深刻变化，教师与学生的教与学关系得到了无限延伸与扩展，已不再局限于单一的课堂教学及学校教育空间，教师与学生的日常交往都可以成为有效的教育活动，而且日益成为教师教育智慧生成的重要教育资源。

(二) 小学教师与学生应突破传统束缚，建立起基于师生个性全面交往的情感关系

在新时代背景下，小学教师职业角色已经发生了深刻改变。小学教师不再是单纯的知识教授者，更是学生身心健康发展的引领者，学生智慧学习与思考的培育者。小学教育领域的师生关系应彰显智慧文化对师生关系的新理念和新诉求，体现新时代特色。在智慧文化视域下，教师引领学生智慧生成的必要前提是教师要与学生建立起多维的、基于师生个性全面交往的情感关系。基于教育信任，以情感沟通为纽带的和谐师生关系，是新型师生关系构建的重要内涵之一。

新型良好的师生情感关系应该是建立在师生个性全面交往基础上的情感关系，它是一种基于教师与学生的心灵沟通，基于教师与学生间的充分信任的相互促进关系。这种新型师生关系是师生间相互关爱的结果，是师生彼此触碰心灵后而建立起的相互理解与支持的温馨关系。这种新型师生关系是促进教师与学生的性情和灵魂提升的沃土，是教师与学生进行情感交流的基础，是和谐、真诚和温馨的课堂教学氛围生成的重要前提。这种心理氛围应该贯穿于小学教育实践全过程。

实践表明，在小学教育实践场域中，小学教师与学生之间如果缺乏积极的情感联系，小学生不能从教师那里获得足够的教育安全感与信任感，不仅教师的教学效果会大打折扣，而且一直为人们所珍视的师生情谊也会黯然失色，小学教育活动就会失去宝贵的动力源泉以及温馨的教育氛围。在新时代背景下，优化小学教育过程中的师生情感关系，重建基于师爱的师生情谊，是小学教育教学改革的一项重要内容。

四、教学案例分析

教育智慧会让小学教师的教育实践行为更加理性、科学、有意义或效率最大化。在小学教育实践领域中，教师的教育智慧除了表现为富有智慧的实施教育教学活动外，还主要表现为小学教师与小学生在教育实践过程中的智慧交流。智慧型小学教师善于用眼神等肢体语言来表达对学生的关切，达到与学生进行心灵沟通与有效交流的目的。在小学教育实践场域中，教师与学生进行智慧交流的成功案例有很多，对我们的教育研究与教育实践具有启发意义。

以下是小学教育专业本科生在教学实习过程中收集到的经典教学案例，这是教师运用

教学策略激励并启发学生进行创造性学习的教学案例，具有一定的教学启发性。

教学案例1：

刘老师的"画像"

刘老师是大连市某小学四年一班的班主任，来到这所小学任教的时间不满一年。所以，刘老师在不断地熟悉学校的教育环境，熟悉所带班级的教学管理情况，尝试了解、熟悉、走进每一个学生的心灵世界。刘老师运用智慧的语言沟通策略，与学生建立起深厚的情感交流基础，虽然与学生接触的时间不长，但是得到了学生的充分信任。学生眼里的刘老师亲切、和蔼、有爱心、有文化，非常值得信赖。那么，刘老师在小学教育实践场域中与学生进行智慧交流的秘密究竟是什么呢？下面，我们一起来深入了解和分析。

这个案例发生在刘老师来学校工作的第四个星期。某天上午第二节课是刘老师的语文课，刘老师和往常一样带着教学材料，在上课铃声响起前来到了教室。当刘老师走进教室的时候，发现黑板上画着一幅超大的、体态夸张的画像，他仔细端详，发现画像和自己有些神似。不过，从画像的夸张手法来看，绘画者要表达的意思不是尊重，而应该是恶搞或是挑衅。

刘老师在做好充分的心理准备后，微笑着走上讲台，指着"自己"的画像打趣地说道："怎么看着有点像我呢？"孩子们本来都静静地等着看刘老师的反应，刘老师突然发问，孩子们忍不住哈哈大笑起来，但很快又静了下来，用恐惧的眼神望向刘老师。刘老师微笑着说："画工不错，而且观察得很仔细，想象力也蛮好的，就是脸画得太大了，我的脸有那么大吗？"学生又是一阵大笑，然后不约而同地看向班级的一位同学。刘老师顿时明白了，此画应该是该同学画的。刘老师轻轻地走到这位同学近前，轻轻地拍了下他的肩膀，说："画工不错，好好练习，下课咱俩再交流，我的素描也不错呢。"

接下来，刘老师开始上课了……事后，刘老师了解到恶搞自己的学生来自单亲家庭，以前的班主任老师特别关照她，师生感情非常好，后来刘老师接管了班级，这个孩子很失落，失去了情感依靠，没有和新老师建立起新的情感沟通纽带，和老师存在心理隔阂，才做出这样的事。刘老师了解事情真相后，主动和该学生谈心，对其表达关心，渐渐地，这个孩子开始信任刘老师，愿意把心里话告诉刘老师，学习成绩也逐渐提高。

这个教学案例很好地诠释了教师教育智慧的内涵，以及教师与学生建立起良好的情感交流基础的重要性。实践表明，越是低年级的小学生，其学习态度和学习成绩越容易受心理环境的影响，师生间建立起基于信任、关爱的和谐师生关系是促进小学生身心健康发展的重要前提。

此外，教师与学生的交流智慧也是影响小学生发展的关键要素。教师选择怎样的交流方式，运用什么样的肢体语言，选择怎样的感情基调，都会向学生传达出不同的价值倾向性，从而对学生的身心发展产生潜移默化的影响。

教学案例2：

"隐性"的智慧交流

教师教育智慧通常体现为师生交往过程中的点点滴滴，比如，犯错误后的智慧批评，失败后的智慧鼓励，挫折中的智慧帮助……教师教育智慧可以渗透在学生学习与生活的方方面面，但更多地渗透在师生的日常交流之中。教师与学生之间基于不同主题、不同情境进行的不同形式的交流，所产生的效果也会不一样。教师所选择的交流形式，在一定意义上会对师生间的感情带来不同影响。交流方式不同，教育效果也会不同，因为交流方式本身就传递了某种信息。在教育实践过程中，有些时候，教师选择直白的面对面对话形式与学生进行交流，往往不能产生理想的教育效果，因此，教师需要采用一些间接的手段，创设出隐性的教育空间，来对学生进行智慧教育，常常会取得意想不到的效果。

下面是来自大连市某小学四年级某班的一则教学案例。班上有一个男孩子经常打架，学习成绩非常差，课堂上不专心听讲，还干扰其他同学学习。面对这样一个"另类"的学生，班主任王老师绞尽脑汁，尝试了各种教学策略和教育手段，晓之以理，动之以情，都没有取得显著效果。男孩对王老师的谆谆教诲以及良苦用心，似乎不太理解，总不知悔改。王老师在使尽浑身解数之后，把想对他表达的良苦用心都写进了信里，以下是其中的一个片断：

"今天，老师再一次目睹你欺负其他同学的经过，如果能有什么办法让你明白老师此刻的心情，那该有多好。老师对于你以前的作为有过严厉的批评，甚至是责骂，但是每次看到你在打架过程中受伤的小脸儿和小手儿，老师心里都有一种难以言说的痛。老师一直对你有一种特别的期待，你在老师心目中是特别的，老师批评你不代表不爱你。我是你的老师，看到你做错事，不会放任不管，更不会放弃你。老师责骂你，但心里并没有生你的气。我知道，你之所以打架，除了自身的原因，还有许许多多的客观因素，不能全怪你。对于你，老师更多的是同情。因为同情，老师想帮你，所以在推你进办公室的刹那，老师想的是如何帮你改掉打架的习惯，如何成为一个好孩子……

老师心里一直把你放在一个特殊的位置上，为此老师一直在坚持做一件事，那就是对你成长有帮助的事。好好想一想，把你的委屈告诉老师，把你的不易告诉老师，跟老师一起坚持吧，老师期待你的改变……"

孩子收到老师的信后，发生了很大的变化，课堂上不再做出各种奇怪的动作干扰同学学习，每次下课还主动为老师擦黑板，和老师渐渐有了交流的话题。看着孩子的变化，老师特别激动。这说明，只要老师是真心爱孩子的，每个孩子都可以朝着更好的方向发展。

这则教育案例对小学教育一线的老师们颇具启发性。教师与学生的交流要讲求技巧，要把握并揣摩小学生的心理特点。一些具有特殊生活背景的学生在面对教师的直接说教或批评后，不但不会收敛自己的"破坏"情绪和行为，还会变本加厉，甚至会激化师生矛盾，酿成严重后果。面对这些"特殊"儿童，教师需要静下心来，仔细反思自我的教育方法和手段，由直接说教批评转为间接和隐性的书信沟通交流等形式，往往会取得更佳的效果。通过间接的书信等表达方式，可以将一些无法面对面传递的语言和感情通过字面传递出去，更能创设出情真意切的教育场效，打动孩子的内心。这无疑也是一种师生交流的智慧，是构建新型师生关系的一种有效途径。

　　综上所述，教育智慧作为教师的一种高级的、综合性教育能力，不仅能够改变教师教育教学的轨迹和意义，也能够对学生的学习及身心发展产生不一样的效力。智慧型教师的教育理念与教育决策甚至会对孩子的一生产生重要影响。教师富有教育智慧是学生的福音，更是教育的幸事，对于基础教育的改革与发展来说，教师教育智慧是推动新时代基础教育改革与创新发展的重要元素。基础教育改革的实践历程表明，基础教育改革与创新发展的关键在于教师，教师的专业素养与教育水平是影响并制约教育改革的关键。教育改革重在理念引领与实践创新，而这些都需要落实到教育教学过程中去。无论是对教育改革理念的领悟，还是对教育实践创新的落实，都需要有一支高素质的教师队伍来完成。在很大程度上，教师的教育专业素养、教育悟性以及教育机智水平决定着教育改革的深度与效度。

　　伴随着基础教育改革的不断深入，深层次教育改革的推行更加需要教师教育智慧的浸润与牵引。尤其是在小学教育阶段，越是在低学段的教育世界里，教师教育智慧越能够展现出无穷的教育魅力。因此，对于小学教师而言，教育智慧是帮助其融入孩子心灵世界、与孩子共同完成知识探索的最佳能力。教育智慧能够使小学教师的教学实践折射出无限的创造性和智慧性，给教育改革注入无限生机，令人向往并充满期待。

参考文献

著作类：

[1] 范梅南. 教学机智——教育智慧的意蕴[M]. 李树英，译. 北京：教育科学出版社，2014.

[2] 波兰尼. 个人知识——迈向后批判哲学[M]. 许泽民，译. 贵阳：贵州人民出版社，2000.

[3] 尼采. 权力意志：重估一切价值的尝试[M]. 北京：商务印书馆，1991.

[4] 霍奇金森. 教育中哪些依然是正确的[A]. 赵中建，译. 瞿葆奎. 教育学文集·美国教育改革[C]. 北京：人民教育出版社，1990.

[5] 范梅南. 生活体验研究[M]. 宋广文，等，译. 北京：教育科学出版社，2003.

[6] [澳]康内尔. 二十世纪世界教育史[M]. 张法琨，等，译. 北京：人民教育出版社，1990.

[7] 帕普克. 知识、自由与秩序[M]. 黄冰原，译. 北京：中国社会科学出版社，2001.

[8] 科顿姆. 教育为何是无用的[M]. 南京：江苏人民出版社，2005.

[9] 利奥塔尔. 后现代状态：关于知识的报告[M]. 车槿山，译. 北京：三联书店，1997.

[10] 韦伯. 社会科学方法论[M]. 杨富斌，译. 北京：华夏出版社，1999.

[11] 霍尔，霍德. 实施变革、原则与困境[M]. 杭州：浙江教育出版社，2004.

[12] [美]阿尔温·托夫勒A，托夫勒H. 创造一个新的文明[M]. 陈峰，译. 上海：三联书店，1996.

[13] 杜威. 民主主义与教育[M]. 王承绪，译. 北京：人民教育出版社，1990.

[14] 伽达默尔. 科学时代的理性[M]. 薛华，等，译. 北京：国际文化出版公司，1988.

[15] 佐藤学. 教师花传书：专家型教师的成长[M]. 陈静静，译. 上海：华东师范大学出版社，2016.

[16] 斯莱文. 教育心理学[M]. 7版. 姚梅林，译. 北京：人民邮电出版社，2004.

[17] 布迪厄. 实践感[M]. 蒋梓骅，译. 南京：译林出版社，2003.

[18] 马克思全集(19)[M]. 北京：人民出版社，1972.

[19] 诺思. 制度、制度变迁与经济绩效[M]. 上海：三联出版社，1994.

[20] 科顿姆. 教育为何是无用的[M]. 仇蓓玲，卫鑫，译. 南京：江苏人民出版社，2005.

[21] 雅斯贝尔斯. 什么是教育[M]. 邹进，译. 北京：生活·读书·新知三联书店，1991.

[22] 杜威. 杜威全集·中期著作(第十四卷)[M]. 罗跃军，译. 上海：华东师范大学出版社，2012.

[23] 陈依萍. 反省实践取向教育人员专业发展——以校长为例[M]. 台北：师大书苑有限公司，2002.

[24] 米德. 代沟[M]. 曾胡，译. 北京：光明日报出版社，1988.

[25] 麦克·扬. 知识与控制[M]. 谢维和，等，译. 上海：华东师范大学出版社，2002.

[26] 舍勒. 知识社会学问题[M]. 艾彦，译. 北京：华夏出版社，1999.

[27] 伯恩斯坦. 社会阶级、语言与社会化[A]. 张人杰. 国外教育社会学基本文选[C]. 上海：华东师范大学出版社，1989.

[28] 塞德曼. 有争议的知识：后现代时代的社会理论[M]. 刘北成，译. 北京：中国人民大学出版社，2002.

[29] 麦克·扬. 知识与控制：教育社会学新探[M]. 谢维和，译. 上海：华东师范大学出版社，2002.

[30] 江山野. 简明国际教育百科全书[M]. 北京：教育科学出版社，1991.

[31] 郭晓明. 课程知识与个体精神自由：课程知识问题的哲学审思[M]. 北京：教育科学出版社，2005.

[32] 孙孔懿. 教育失误论[M]. 南京：江苏教育出版社，1997.

[33] 马健生. 教育改革动力研究：新制度主义的视角[M]. 长春：吉林人民出版社，2001.

[34] 刁培萼，吴也显. 智慧型教师素质探新[M]. 北京：教育科学出版社，2005.

[35] 邓友超. 教师实践智慧及其养成[M]. 北京：教育科学出版社，2007.

[36] 林崇德. 教育的智慧[M]. 杭州：浙江教育出版社，2019.

[37] 叶澜. 教育理论与学校实践[M]. 北京：高等教育出版社，2000.

[38] 吴康宁. 教育社会学[M]. 北京：人民教育出版社，1997.

[39] 张华. 课程与教学论[M]. 上海：上海教育出版社，2000.

[40] 蔡汀，王义高，祖晶. 苏霍姆林斯基选集(5卷本)第5卷[M]. 北京：教育科学出版社，2001.

[41] 瞿葆奎. 教育学文集·教育与人的发展[M]. 北京：人民教育出版社，1989.

[42] 邹进. 现代德国文化教育学[M]. 太原：山西教育出版社，1994.

[43] 联合国教科文组织. 反思教育：向"全球共同利益"的理念转变[M]. 联合国教科文组织总部中文科，译. 北京：教育科学出版社，2017.

[44] 梁宁建. 基础心理学[M]. 北京：高等教育出版社，2004.

[45] 朱小蔓. 中国教师新百科(小学教育卷)[Z]. 北京：中国大百科全书出版社，2002.

[46] 皇至道. 人类的教师与国民教师[M]. 东京：玉川大学出版部，1975.

[47] 教育部教师工作司. 小学教师专业标准(试行) 解读[M]. 北京：北京师范大学出版社，2013.

[48] 叶澜. 教师角色与教师发展新探[M]. 北京：教育科学出版社，2017.

[49] 费菊瑛. 改善义务教育投融资体制研究[M]. 广州：中山大学出版社，2007.

[50] 朱旭东. 教师教育思想流派研究[M]. 北京：北京师范大学出版社，2017.

[51] 石中英. 知识转型与教育改革[M]. 北京：教育科学出版社，2001.

[52] 王策三，孙喜亭，等.基础教育改革论[M]. 北京：知识产权出版社，2005.

期刊论文类：

[1] 孙迎光. 教育的知识文化观与智慧文化观[J]. 教育理论与实践，2000(1).

[2] 肖远骑. 教育智慧刍议[J]. 教育研究，2015(4).

[3] 杨启亮. 体验智慧：教师专业化成长的一种境界[J]. 江西教育科研，2003(10).

[4] 胡朝阳. 论走向教育智慧的教师教育[J]. 湖南师范大学教育科学学报，2017(6).

[5] 多尔. 寻找精神：对西方课程思想的反思[J]. 全球教育展望，2004(1).

[6] 傅维利.科学发展观视域下的人民满意的教育[J]. 中国教育学刊，2008(1).

[7] 叶澜.思维在断裂处穿行——教育理论与教育实践关系的再寻找[J]. 中国教育学刊，2001(8).

[8] 吴玉冬.小学教师角色冲突的调适[J]. 教学与管理，2019(3).

[9] 张卫东.智慧的多元一平衡一整合论[J]. 华东师范大学学报(教育科学版)，2002(4).

[10] 田慧生. 时代呼唤教育智慧及智慧型教师[J]. 教育研究，2005(2).

[11] 李树英. 智慧教育需要教育智慧：教师专业发展的人文选择[J].现代远程教育研究，2019，31(6).

[12] 李长伟. 何谓教育智慧——从亚里士多德实践智慧的角度分析[J]. 教育理论与实践，2013(7).

[13] 杜萍，田慧生. 论教学智慧的内涵、特征与生成要素[J]. 教育研究，2007(6).

[14] 叶澜. 新世纪教师专业素养初探[J]. 教育研究与实验，1998(1).

[15] 张金远. 教育场域中敬畏感的缺失与重塑[J]. 当代教育科学，2017(12).

[16] 罗滨. 人才培养升级需要具有创新能力的教师[J]. 北京教育，2019(3).

[17] 李润洲. 智慧型教师成长的课程论解读[J]. 当代教育科学，2018(2).

[18] 刘福波. 智慧型教师培养谈[J]. 基础教育论坛，2019(1).

[19] 罗勇. 教师专业发展中"术"的突破与"道"的提升[J]. 教育理论与实践，2019(23).

[20] 毛菊.知识型教师困境之探微[J]. 当代教育科学，2007(3).

[21] 王萍，田慧生. 智慧型教师情意品质的发现与认同——基于智慧型教师成长的案

例[J]. 中国教育学刊，2015(3) .

[22] 邓友超，李小红. 论教师实践智慧[J]. 教育研究，2003(9) .

[23] 于泽元，田慧生. 觉察力在教师教育智慧生成中的意义与提升策略[J]. 国家教育行政学院学报，2011(3) .

[24] 王智秋. 小学教育专业人才培养模式的研究与探索[J].教育研究，2007(5) .

[25] 余清臣. 论课堂教学中的仪式[J]. 宁波大学学报(教育科学版)，2005(6) .

[26] 李艳红，严育洪. 仪式感：给学生"幸逢其时"的学习动力[J]. 辽宁教育，2018(12) .

[27] 王晋. 教育仪式的社会学分析[J]. 教育理论与实践，2010(4) .

[28] 张家军，陈玲. 学校仪式教育的价值迷失与回归[J]. 中国教育学刊，2016(2) .

[29] 赵文平. 论生成性课程的价值诉求[J]. 教育发展研究，2009(8) .

[30] 钱雨. 论生成课程的理论与实践[J]. 教育理论与实践，2012(31) .

[31] 李庆林. 教师教学幽默的培养和课堂教学幽默的生成策略[J]. 教育理论与实践，2018(29) .

[32] 张宝臣.论教师幽默素质及其养成[J]. 教育评论，2001(6) .

[33] 王双龙. 教师的教学风格对学生创造力的影响研究[J]. 中小学教师培训，2017(9) .

[34] 潘洪建. 当代知识观及其对基础教育课程改革的启示[J]. 课程·教材·教法，2003(8) .

[35] 彭泽平. 对教育理论功能的审视和思考[J]. 教育研究，2002(9) .

[36] 舒尔曼.理论、实践与教育的专业化[J]. 王幼真，刘捷，编译. 比较教育研究，1999(3) .

[37] 易凌云. 论教师的教育理论意识[J].教师教育研究，2007(4) .

[38] 陈琳，王蔚，等. 智慧学习内涵及其智慧学习方式[J].中国电化教育，2016(12) .

[39] 李树英. 教育现象学：一门新型的教育学——访教育现象学国际大师马克斯·范梅南教授[J]. 开放教育研究，2005(3).

[40] 郝明君，靳玉乐. 教师文化的变革[J]. 中国教育学刊，2006(3) .

[41] 袁长青. "适应"抑或"超越"：中国教育文化的价值批判与建构[J]. 当代教育科学，2014(18) .

[42] 于伟. 创新素质培养与教育文化氛围[J]. 现代中小学教育，2001(5).

[43] 申继亮，王凯荣. 教师职业及其发展[J]. 中小学教师培训，2000(3).

[44] 王俊. 联合国教科文组织：赋予教师权利是实现优质教育的关键[J]. 世界教育信息，2015(18) .

[45] 严燕. 论传统教育与现代教育的文化意识冲突与融合[J]. 教育评论，2018(12) .

[46] 冯娅妮. 教育惯性论[J]. 教学与管理，2014(11) .

[47] 高德胜. 习惯与习惯培养的再思考[J]. 教育学报，2019(3) .

[48] 潘建新. 教师专业阅读应有四种境界[J]. 江苏教育，2017(1) .

[49] 胡军哲. 让教研成为一线教师生存常态[J]. 中国教育学刊，2010(3) .

[50] 王艳玲，苟顺明. 基于《教师教育课程标准(试行) 》的高师教育学课程开发[J]. 课程·教材·教法，2013(3) .

[51] 鲁洁. 一个值得反思的教育信条：塑造知识人[J]. 教育研究，2004(6) .

[52] 吴支奎，周兴国. 多样化：课程知识选择的理性路向[J]. 教育科学，2011(1) .

[53] Bernstein B. On the Classification and Framing of Educational Knowledge, in Bernstein, B. Class, Codes and Control, 1997.

[54] National Council for the Sociai Studies. Curriculum Standards for Social Studies: Expectations of Excellence. Maryland, Fourth Printing, 2000.

[55] Apple M W. Ideology and Curriculum (Third Edi-tion). New York and London: Routledge Falmer, 2004. 2.

[56] Lin P C，Lu H K，Fan S M. Exploring the impact of perceived teaching style on behavioral intention toward moodle reading system[J]. International Journal of Emerging Technolo-gies in Learning (i JET)，2014，9(3): 64 -67.

[57] Conti G J. "Identifying your teaching style. "[M]//M. W. Galbraith (ed.)，Adult learning methods: a guide for ef-fective instruction. Malabar，Fla: Krieger，1998.

[58] The Commission on Excellence in Education.A Nation at Risk:The Imperative For Educational Reform[EB/OL].http://www.goalline.org/Goal%20 Line/Nat At Risk.html.2005-05-08.

后　记

伴随着2020年新年钟声的敲响，我终于为本书画上了最后一个句号。窗外盛开的烟花，绚丽而迷人，让人感到无限美好，正如我此刻的心境。书稿的付梓，作为一个时期内学习与研究的结晶，自然令人欣慰，但更多的欣喜来自书稿撰写过程中的顿悟、发现与求索，来自百思不得其解之时，与好友交流而获得灵感的瞬间感动……

《提升教师的教育境界：小学教师教育智慧的生成与培养》一书的构思，萌发于我为大连大学小学教育专业的本科生讲授"小学教师专业发展"专业课程的经历。在课程准备与教授的过程中，我在反复思考这样一个问题：当代小学生视野开阔，思维活跃，反应灵敏，遇事善于分析，敢于亮出自己的观点，学生的这种积极主动的求索、创新精神，无疑给我们的课堂教学增加了难度。新时代的中小学教师不仅要具有知识修养，还要有灵活地运用知识、机智地处理问题和圆满地组织课堂教学的能力。那么在新时代背景下，决定中小学教师专业发展的关键要素有哪些？评判"好老师"的标准又应该是什么……带着这些思考我走进了课堂，就这样开启了两年的教学研究之旅。

两轮课程教学结束，我越发坚定了这样一条教育认知：教育是一项需要智慧的事业，教师更是一种需要智慧的特殊职业。正如20世纪德国著名哲学家雅斯贝尔斯所言："教育是人的灵魂的教育，而非理智知识和认识的堆积。"智慧之于教师的重要性不只是能够进行创造性的教学，更是教师由优秀走向卓越，实现自我专业发展的有力武器。在传统的教学理念与育人模式下，我们一直奉行着"教师要给学生一碗水，自己首先要有一桶水"的经典教学信条，这一教育信条实际上是把教师的专业成长归于单纯的知识总量的增加，将教师的专业成长引向一场关于知识的"量化危机"，这其实是对教师专业发展内涵的狭隘化，是一种致力于培养"教书匠"的教师专业发展理念。在这样狭隘化的教师专业发展理念指引下，一线小学教师大多将知识学习作为自身专业成长的目标。诚然，知识和能力都是教师专业发展不可或缺的条件，但是知识和能力不等于教育智慧。

今天，我们正处在一个信息化、数字化、网络化的时代，知识以前所未有的速度在增长和更新，每个人都可以通过网络获取自己所需要的信息和知识。在这个知识内储化时代趋向衰落，而知识外储化趋向增强的时代里，智慧也就真正要从掌握知识过程中成长的"附属"角色，转换为"主要"角色了。这意味着今日的教师无须也不可能成为知识的"百科全书"，但必须拥有教育智慧。教师拥有了教育智慧，就可以深刻地理解事物，觉察事物和情境的教育意义，并在教育实践中采取合理的决断和行动处理教育问题。

新时代的教师专业成长应是基于教师教育智慧提升的内涵式成长，教育智慧是教师建立专业理想、树立教育情怀、拓展专业知识的智力基础。对于一线小学教师而言，只有顺应新时代社会发展及教育发展的新趋势和新需求，积极建构走向教育智慧生成的教师专业成长模式，才能通过自身的专业发展，启迪学生的智慧生成，在自身专业发展过程中体验教师职业幸福，过一种"智慧型"的教师生活。

该书算是我第二段职业生涯的一个结晶吧。自2017年调入大连大学工作以来，重新确立并开启了自己的研究方向，开始了小学教育和教师教育的研究。因此，书稿的付梓对我本人来说是一种极大的鞭策和激励，更加坚定了自己沿着这个方向一直走下去的信心和勇气。

收获的时刻总是幸福的，让人为之振奋；收获的时刻，也总是让人感动，感动于收获道路上大家的倾情相助。

首先，我要感谢大连大学教育学院庞国彬院长。院长富有智慧的点拨，在专业发展道路上的深情指引，都对我产生了极大的影响。院长毫无保留地将其多年的研究心得，甚至是个人独特的研究视角和研究思想都传递于学生，这些都将令学生终生难忘。初来大连大学的日子里，我是迷惘的，甚至有着强烈的挫败感，一度没有了方向感，院长如恩师般的教诲至今记忆犹新，令学生受益匪浅。书稿中的很多观点和思想也来自庞院长的指引和启发，在此向院长表达深切的谢意！

我还要衷心感谢清华大学出版社对本书的出版所提供的支持，感谢施猛编辑对本书出版提供的大力帮助。

本书在撰写过程中，参阅、引用并借鉴了国内外很多专家学者的研究成果，在此向他们表示衷心的感谢。

由于本人的学识和研究能力的有限性，书中的许多观点不可避免地存在漏洞和错误，也恳请广大读者和各位同仁不吝赐教，提出宝贵的批评意见。

学术之路注定会是寂寞的，我想能够让我为之孜孜以求的最大动力应该是爱，是作为母亲的责任之爱，是基于良师的责任之爱，是基于对生活的爱，更是基于对教师这份职业的爱，希望这些爱能够一直伴随并激励着我不断前进！

卢丽华

2020年1月24日　除夕夜